U0117930

中外哲学典籍大全

总主编 李铁映 王伟光

外国哲学典籍卷

逻辑大全

〔英〕奥卡姆 著

王路 译

商务印书馆
The Commercial Press

Guillelmi de Ockham

SUMMA LOGICAE

中外哲学典籍大全

总主编 李铁映 王伟光

顾　问（按姓氏笔画排序）

王树人　邢贲思　汝　信　李景源　杨春贵　张世英　张立文

张家龙　陈先达　陈晏清　陈筠泉　黄心川　曾繁仁　楼宇烈

学术委员（按姓氏笔画排序）

万俊人　马　援　丰子义　王立胜　王南湜　王柯平　王　博

冯颜利　任　平　刘大椿　江　怡　孙正聿　李存山　李景林

杨　耕　汪　晖　张一兵　张汝伦　张志伟　张志强　陈少明

陈　来　陈学明　欧阳康　尚　杰　庞元正　赵汀阳　赵剑英

赵敦华　倪梁康　徐俊忠　郭齐勇　郭　湛　韩庆祥　韩　震

傅有德　谢地坤

总编辑委员会

主　任 王立胜

副主任 张志强　冯颜利　王海生

委　员（按姓氏笔画排序）

甘绍平　仰海峰　刘森林　杜国平　李　河　吴向东　陈　鹏

陈　霞　欧阳英　单继刚　赵汀阳　郝立新

外国哲学典籍卷

中外哲学典籍大全
总　　序

　　《中外哲学典籍大全》的编纂,是一项既有时代价值又有历史意义的重大工程。

　　中华民族经过了近一百八十年的艰苦奋斗,迎来了中国近代以来最好的发展时期,迎来了奋力实现中华民族伟大复兴的时期。中华民族只有总结古今中外的一切思想成就,才能并肩世界历史发展的大势。为此,我们须要编纂一部汇集中外古今哲学典籍的经典集成,为中华民族的伟大复兴、为人类命运共同体的建设、为人类社会的进步,提供哲学思想的精粹。

　　哲学是思想的花朵、文明的灵魂、精神的王冠。一个国家、民族,要兴旺发达,拥有光明的未来,就必须拥有精深的理论思维,拥有自己的哲学。哲学是推动社会变革和发展的理论力量,是激发人的精神砥石。哲学能够解放思想,净化心灵,照亮人类前行的道路。伟大的时代需要精邃的哲学。

一　哲学是智慧之学

　　哲学是什么? 这既是一个古老的问题,又是哲学永恒的话题。追问"哲学是什么",本身就是"哲学"问题。从哲学成为思维的那一天起,哲学家们就在不停的追问中发展、丰富哲学的篇章,给出一张又一张答卷。每个时代的哲学家对这个问题都有自己的诠释。哲学是什么,是悬在人类智慧面前的永恒之问,这正是哲学之为哲学的基本特点。

哲学是全部世界的观念形态、精神本质。人类面临的共同问题,是哲学研究的根本对象。本体论、认识论、世界观、人生观、价值观、实践论、方法论等,仍是哲学的基本问题,是哲学的生命力所在!哲学研究的是世界万物的根本性、本质性问题。人们已经对哲学作出许多具体定义,但我们可以尝试再用"遮诠"的方式描述哲学的一些特点,从而使人们加深对"何为哲学"的认识。

哲学不是玄虚之观。哲学来自人类实践,关乎人生。哲学对现实存在的一切追根究底、"打破砂锅问到底"。它不仅是问"是什么(being)",而且主要是追问"为什么(why)",特别是追问"为什么的为什么"。它关注整个宇宙,关注整个人类的命运,关注人生。它关心柴米油盐酱醋茶和人的生命的关系,关心人工智能对人类社会的挑战。哲学是对一切实践经验的理论升华,它关心具体现象背后的根据,关心"人类如何会更好"。

哲学是在根本层面上追问自然、社会和人本身,以彻底的态度反思已有的观念和认识,从价值理想出发把握生活的目标和历史的趋势,从而展示了人类理性思维的高度,凝结了民族进步的智慧,寄托了人们热爱光明、追求真善美的情怀。道不远人,人能弘道。哲学是把握世界、洞悉未来的学问,是思想解放与自由的大门!

古希腊的哲学家们被称为"望天者"。亚里士多德在《形而上

学》一书中说："最初人们通过好奇－惊赞来做哲学。"如果说知识
源于好奇的话,那么产生哲学的好奇心,必须是大好奇心。这种
"大好奇心"只为一件"大事因缘"而来。所谓"大事",就是天地之
间一切事物的"为什么"。哲学精神,是"家事、国事、天下事,事事
要问",是一种永远追问的精神。

　　哲学不只是思想。哲学将思维本身作为自己的研究对象之
一,对思想本身进行反思。哲学不是一般的知识体系,而是把知识
概念作为研究的对象,追问"什么才是知识的真正来源和根据"。
哲学的"非对象性"的思维方式,不是"纯形式"的推论原则,而有其
"非对象性"之对象。哲学不断追求真理,是认识的精粹,是一个理
论与实践兼而有之的过程。哲学追求真理的过程本身就显现了哲
学的本质。天地之浩瀚,变化之奥妙,正是哲思的玄妙之处。

　　哲学不是宣示绝对性的教义教条,哲学反对一切形式的绝对。
哲学解放束缚,意味着从一切思想教条中解放人类自身。哲学给
了我们彻底反思过去的思想自由,给了我们深刻洞察未来的思想
能力。哲学就是解放之学,是圣火和利剑。

　　哲学不是一般的知识。哲学追求"大智慧"。佛教讲"转识成
智","识"与"智"之间的关系相当于知识与哲学的关系。一般知识
是依据于具体认识对象而来的、有所依有所待的"识",而哲学则是
超越于具体对象之上的"智"。

　　公元前六世纪,中国的老子说:"大方无隅,大器晚成,大音希
声,大象无形,道隐无名。夫唯道,善贷且成。"又说:"反者道之
动,弱者道之用。天下万物生于有,有生于无。"对"道"的追求就是
对有之为有、无形无名的探究,就是对"天地何以如此"的探究。这

种追求，使得哲学具有了天地之大用，具有了超越有形有名之有限经验的大智慧。这种大智慧、大用途，超越一切限制的篱笆，具有趋向无限的解放能力。

哲学不是经验科学，但又与经验有联系。哲学从其诞生之日起，就包含于科学形态之中，是以科学形态出现的。哲学是以理性的方式、概念的方式、论证的方式来思考宇宙与人生的根本问题。在亚里士多德那里，凡是研究"实体（ousia）"的学问，都叫作"哲学"。而"第一实体"则是存在者中的"第一个"。研究"第一实体"的学问被称为"神学"，也就是"形而上学"，这正是后世所谓"哲学"。一般意义上的科学正是从"哲学"最初的意义上赢得自己最原初的规定性的。哲学虽然不是经验科学，却为科学划定了意义的范围，指明了方向。哲学最后必定指向宇宙、人生的根本问题，大科学家的工作在深层意义上总是具有哲学的意味，牛顿和爱因斯坦就是这样的典范。

哲学既不是自然科学，也不是文学、艺术，但在自然科学的前头，哲学的道路展现了；在文学、艺术的山顶，哲学的天梯出现了。哲学不断地激发人的探索和创造精神，使人在认识世界的过程中不断达到新境界，在改造世界的过程中从必然王国到达自由王国。

哲学不断从最根本的问题再次出发。哲学史在一定意义上就是不断重构新的世界观、认识人类自身的历史。哲学的历史呈现，正是对哲学的创造本性的最好说明。哲学史上每一个哲学家对根本问题的思考，都在为哲学添加新思维、新向度，犹如为天籁山上不断增添一只只黄鹂、翠鸟。

如果说哲学是哲学史的连续展现中所具有的统一性特征，那么这种"一"是在"多"个哲学的创造中实现的。如果说每一种哲学体系都追求一种体系性的"一"的话,那么每种"一"的体系之间都存在着千丝相联、多方组合的关系。这正是哲学史昭示于我们的哲学之多样性的意义。多样性与统一性的依存关系,正是哲学寻求现象与本质、具体与普遍相统一的辩证之意义。

哲学的追求是人类精神的自然趋向,是精神自由的花朵。哲学是思想的自由,是自由的思想。

中国哲学是中华民族五千年文明传统中最为内在、最为深刻、最为持久的精神追求和价值观表达。中国哲学已经化为中国人的思维方式、生活态度、道德准则、人生追求、精神境界。中国人的科学技术、伦理道德、小家大国、中医药学、诗歌文学、绘画书法、武术拳法、乡规民俗,乃至日常生活都浸润着中国哲学的精神。华夏文明虽历经磨难而能够透魄醒神、坚韧屹立,正是来自于中国哲学深邃的思维和创造力。

先秦时代,老子、孔子、庄子、孙子、韩非子等诸子之间的百家争鸣,就是哲学精神在中国的展现,是中国人思想解放的第一次大爆发。两汉四百多年的思想和制度,是诸子百家思想在争鸣过程中大整合的结果。魏晋之际玄学的发生,则是儒道冲破各自藩篱、彼此互动互补的结果,形成了儒家独尊的态势。隋唐三百年,佛教深入中国文化,又一次带来了思想的大融合和大解放。禅宗的形成就是这一融合和解放的结果。两宋三百多年,中国哲学迎来了第三次大解放。儒释道三教之间的互润互持日趋深入,朱熹的理学和陆象山的心学,就是这一思想潮流的哲学结晶。

与古希腊哲学强调沉思和理论建构不同,中国哲学的旨趣在于实践人文关怀，它更关注实践的义理性意义。在中国哲学当中，知与行从未分离，有着深厚的实践观点和生活观点。伦理道德观是中国哲学的贡献。马克思说："全部社会生活在本质上是实践的。"实践的观点、生活的观点也正是马克思主义认识论的基本观点。这种哲学上的契合性，正是马克思主义能够在中国扎根并不断中国化的哲学原因。

"实事求是"是中国的一句古话，在今天已成为深邃的哲理，成为中国人的思维方式和行为基准。实事求是就是解放思想，解放思想就是实事求是。实事求是是毛泽东思想的精髓，是改革开放的基石。只有解放思想才能实事求是。实事求是就是中国人始终坚持的哲学思想。实事求是就是依靠自己，走自己的道路，反对一切绝对观念。所谓中国化就是一切从中国实际出发，一切理论必须符合中国实际。

二　哲学的多样性

实践是人的存在形式，是哲学之母。实践是思维的动力、源泉、价值、标准。人们认识世界、探索规律的根本目的是改造世界、完善自己。哲学问题的提出和回答都离不开实践。马克思有句名言："哲学家们只是用不同的方式解释世界，而问题在于改变世界。"理论只有成为人的精神智慧，才具有改变世界的力量。

哲学关心人类命运。时代的哲学，必定关心时代的命运。对时代命运的关心就是对人类实践和命运的关心。人在实践中产生的一切都具有现实性。哲学的实践性必定带来哲学的现实性。哲学的现实性就是强调人在不断回答实践中的各种问题时应该具有的态度。

哲学作为一门科学是现实的。哲学是一门回答并解释现实的学问；哲学是人们联系实际、面对现实的思想。可以说哲学是现实的最本质的理论，也是本质的最现实的理论。哲学始终追问现实的发展和变化。哲学存在于实践中，也必定在现实中发展。哲学的现实性要求我们直面实践本身。

哲学不是简单跟在实践后面，成为当下实践的"奴仆"，而是以特有的深邃方式，关注着实践的发展，提升人的实践水平，为社会实践提供理论支撑。从直接的、急功近利的要求出发来理解和从事哲学，无异于向哲学提出它本身不可能完成的任务。哲学是深沉的反思、厚重的智慧，是对事物的抽象、理论的把握。哲学是人类把握世界最深邃的理论思维。

哲学是立足人的学问，是人用于理解世界、把握世界、改造世界的智慧之学。"民之所好，好之，民之所惠，惠之。"哲学的目的是为了人。用哲学理解外在的世界，理解人本身，也是为了用哲学改造世界、改造人。哲学研究无禁区，无终无界，与宇宙同在，与人类同在。

存在是多样的，发展亦是多样的，这是客观世界的必然。宇宙万物本身是多样的存在，多样的变化。历史表明，每一民族的文化都有其独特的价值。文化的多样性是自然律，是动力，是生命力。各民族文化之间的相互借鉴、补充浸染，共同推动着人类社会的发展和繁荣，这是规律。对象的多样性、复杂性，决定了哲学的多样性；即使对同一事物，人们也会产生不同的哲学认识，形成不同的哲学派别。哲学观点、思潮、流派及其表现形式上的区别,来自于哲学的时代性、地域性和民族性的差异。世界哲学是不同民族的哲学的荟萃。多样性构成了世界,百花齐放形成了花园。不同的民族会有不同风格的哲学。恰恰是哲学的民族性,使不同的哲学都可以在世界舞台上演绎出各种"戏剧"。不同民族即使有相似的哲学观点,在实践中的表达和运用也会各有特色。

人类的实践是多方面的,具有多样性、发展性,大体可以分为:改造自然界的实践、改造人类社会的实践、完善人本身的实践、提升人的精神世界的精神活动。人是实践中的人,实践是人的生命的第一属性。实践的社会性决定了哲学的社会性,哲学不是脱离社会现实生活的某种遐想,而是社会现实生活的观念形态,是文明进步的重要标志,是人的发展水平的重要维度。哲学的发展状况,反映着一个社会人的理性成熟程度,反映着这个社会的文明程度。

哲学史实质上是对自然史、社会史、人的发展史和人类思维史的总结和概括。自然界是多样的,社会是多样的,人类思维是多样的。所谓哲学的多样性,就是哲学基本观念、理论学说、方法的异同,是哲学思维方式上的多姿多彩。哲学的多样性是哲学的常态,是哲学进步、发展和繁荣的标志。哲学是人的哲学,哲学是人对事物的自觉,是人对外界和自我认识的学问,也是人把握世界和自我的学问。哲学的多样性,是哲学的常态和必然,是哲学发展和繁荣的内在动力。一般是普遍性,特色也是普遍性。从单一性到多样性,从简单性到复杂性,是哲学思维的一大变革。用一种哲学话语和方法否定另一种哲学话语和方法,这本身就不是哲学的态度。

多样性并不否定共同性、统一性、普遍性。物质和精神、存在和意识,一切事物都是在运动、变化中的,是哲学的基本问题,也是我们的基本哲学观点!

当今的世界如此纷繁复杂,哲学多样性就是世界多样性的反映。哲学是以观念形态表现出的现实世界。哲学的多样性,就是文明多样性和人类历史发展多样性的表达。多样性是宇宙之道。

哲学的实践性、多样性还体现在哲学的时代性上。哲学总是特定时代精神的精华,是一定历史条件下人的反思活动的理论形态。在不同的时代,哲学具有不同的内容和形式。哲学的多样性,也是历史时代多样性的表达,让我们能够更科学地理解不同历史时代,更为内在地理解历史发展的道理。多样性是历史之道。

哲学之所以能发挥解放思想的作用,原因就在于它始终关注实践,关注现实的发展;在于它始终关注着科学技术的进步。哲学本身没有绝对空间,没有自在的世界,只能是客观世界的映象、观念的形态。没有了现实性,哲学就远离人,远离了存在。哲学的实践性说到底是在说明哲学本质上是人的哲学,是人的思维,是为了人的科学!哲学的实践性、多样性告诉我们,哲学必须百花齐放、百家争鸣。哲学的发展首先要解放自己,解放哲学,也就是实现思维、观念及范式的变革。人类发展也必须多途并进、交流互鉴、共同繁荣。采百花之粉,才能酿天下之蜜。

三　哲学与当代中国

中国自古以来就有思辨的传统,中国思想史上的百家争鸣就是哲学繁荣的史象。哲学是历史发展的号角。中国思想文化的每一次大跃升,都是哲学解放的结果。中国古代贤哲的思想传承至今,他们的智慧已浸入中国人的精神境界和生命情怀。

中国共产党人历来重视哲学。1938 年,毛泽东同志在抗日战争最困难的时期,在延安研究哲学,创作了《实践论》和《矛盾论》,推动了中国革命的思想解放,成为中国人民的精神力量。

中华民族的伟大复兴必将迎来中国哲学的新发展。当代中国必须要有自己的哲学,当代中国的哲学必须要从根本上讲清楚中国道路的哲学内涵。中华民族的伟大复兴必须要有哲学的思维,必须要有不断深入的反思。发展的道路就是哲思的道路;文化的自信就是哲学思维的自信。哲学是引领者,可谓永恒的"北斗",哲学是时代的"火焰",是时代最精致最深刻的"光芒"。从社会变革的意义上说,任何一次巨大的社会变革,总是以理论思维为先导。理论的变革总是以思想观念的空前解放为前提,而"吹响"人类思想解放第一声"号角"的,往往就是代表时代精神精华的哲学。社会实践对于哲学的需求可谓"迫不及待",因为哲学总是"吹响"新的时代的"号角"。"吹响"中国改革开放之"号角"的,正是"解放思想""实践是检验真理的唯一标准""不改革死路一条"等哲学观念。"吹响"新时代"号角"的是"中国梦""人民对美好生活的向往,就是我们奋斗的目标"。发展是人类社会永恒的动力,变革是社会解放的永恒的课题,思想解放、解放思想是无尽的哲思。中国正走在理论和实践的双重探索之路上,搞探索没有哲学不成!

中国哲学的新发展,必须反映中国与世界最新的实践成果,必须反映科学的最新成果,必须具有走向未来的思想力量。今天的中国人所面临的历史时代,是史无前例的。14 亿人齐步迈向现代化,这是怎样的一幅历史画卷!是何等壮丽、令人震撼!不仅中国亘古未有,在世界历史上也从未有过。当今中国需要的哲学,是结合天道、地理、人德的哲学,是整合古今中外的哲学,只有这样的哲学才是中华民族伟大复兴的哲学。

当今中国需要的哲学,必须是适合中国的哲学。无论古今中外,再好的东西,也需要经过再吸收、再消化,经过现代化、中国化,才能成为今天中国自己的哲学。哲学的目的是解放人,哲学自身的发展也是一次思想解放,也是人的一次思维升华、羽化的过程。中国人的思想解放,总是随着历史不断进行的。历史有多长,思想解放的道路就有多长;发展进步是永恒的,思想解放也是永无止境的;思想解放就是哲学的解放。

习近平同志在 2013 年 8 月 19 日重要讲话中指出,思想工作就是"引导人们更加全面客观地认识当代中国、看待外部世界"。这就需要我们确立一种"知己知彼"的知识态度和理论立场,而哲学则是对文明价值核心最精炼和最集中的深邃性表达,有助于我们认识中国、认识世界。立足中国、认识中国,需要我们审视我们走过的道路;立足中国、认识世界,需要我们观察和借鉴世界历史上的不同文化。中国"独特的文化传统"、中国"独特的历史命运"、中国"独特的基本国情",决定了我们必然要走适合自己特点的发展道路。一切现实的、存在的社会制度,其形态都是具体的,都是特色的,都必须是符合本国实际的。抽象的或所谓"普世"的制度是不存在的。同时,我们要全面、客观地"看待外部世界"。研究古今中外的哲学,是中国认识世界、认识人类史、认识自己未来发展的必修课。今天中国的发展不仅要读中国书,还要读世界书。不仅要学习自然科学、社会科学的经典,更要学习哲学的经典。当前,中国正走在实现"中国梦"的"长征"路上,这也正是一条思想不断解放的道路!要回答中国的问题,解释中国的发展,首先需要哲学思维本身的解放。哲学的发展,就是哲学的解放,这是由哲学的实践性、时代性所决定的。哲学无禁区、无疆界。哲学关乎宇宙之精神,关乎人类之思想。哲学将与宇宙、人类同在。

四　哲学典籍

《中外哲学典籍大全》的编纂,是要让中国人能研究中外哲学经典,吸收人类思想的精华;是要提升我们的思维,让中国人的思想更加理性、更加科学、更加智慧。

中国有盛世修典的传统,如中国古代的多部典籍类书（如《永乐大典》《四库全书》等）。在新时代编纂《中外哲学典籍大全》,是我们的历史使命,是民族复兴的重大思想工程。

只有学习和借鉴人类思想的成就,才能实现我们自己的发展,走向未来。《中外哲学典籍大全》的编纂,就是在思维层面上,在智慧境界中,继承自己的精神文明,学习世界优秀文化。这是我们的必修课。

不同文化之间的交流、合作和友谊,必须在哲学层面上获得相互认同和借鉴。哲学之间的对话和倾听,才是从心到心的交流。《中外哲学典籍大全》的编纂,就是在搭建心心相通的桥梁。

我们编纂的这套哲学典籍大全包括四个方面的内容:一是中国哲学,整理中国历史上的思想典籍,浓缩中国思想史上的精华;

二是外国哲学,主要是西方哲学,以吸收、借鉴人类发展的优秀哲学成果;三是马克思主义哲学,展示马克思主义哲学中国化的成就;四是中国近现代以来的哲学成果,特别是马克思主义在中国的发展。

编纂《中外哲学典籍大全》,是中国哲学界早有的心愿,也是哲学界的一份奉献。《中外哲学典籍大全》总结的是经典中的思想,是先哲们的思维,是前人的足迹。我们希望把它们奉献给后来人,使他们能够站在前人的肩膀上,站在历史岸边看待自身。

《中外哲学典籍大全》的编纂,是以"知以藏往"的方式实现"神以知来";《中外哲学典籍大全》的编纂,是通过对中外哲学历史的"原始反终",从人类共同面临的根本大问题出发,在哲学生生不息的道路上,彩绘出人类文明进步的盛德大业!

发展的中国,既是一个政治、经济大国,也是一个文化大国,也必将是一个哲学大国、思想王国。人类的精神文明成果是不分国界的,哲学的边界是实践,实践的永恒性是哲学的永续线性,敞开胸怀拥抱人类文明成就,是一个民族和国家自强自立,始终伫立于人类文明潮流的根本条件。

拥抱世界、拥抱未来、走向复兴,构建中国人的世界观、人生观、价值观、方法论,这是中国人的视野、情怀,也是中国哲学家的愿望!

李铁映

二〇一八年八月

关于外国哲学

——"外国哲学典籍卷"弁言

李铁映

有人类，有人类的活动，就有文化，就有思维，就有哲学。哲学是人类文明的精华。文化是人的实践的精神形态。

人类初蒙，问天究地，思来想去，就是萌昧之初的哲学思考。

文明之初，如埃及法老的文化；两河流域的西亚文明；印度的吠陀时代，都有哲学的意蕴。

欧洲古希腊古罗马文明等，拉丁美洲的印第安文明，玛雅文化，都是哲学的初萌。

文化即一般存在，而哲学是文化的灵魂。文化是哲学的基础，社会存在。文化不等同于哲学，但没有文化的哲学，是空中楼阁。哲学产生于人类的生产、生活，概言之，即产生于人类的实践。是人类对自然、社会、人身体、人的精神的认识。

但历史的悲剧，发生在许多文明的消失。文化的灭绝是人类最大的痛疾。

只有自己的经验，才是最真实的。只有自己的道路才是最好的路。自己的路，是自己走出来的。世界各个民族在自己的历史上，也在不断的探索自己的路，形成自己生存、发展的哲学。

知行是合一的。知来自于行,哲学打开了人的天聪,睁开了眼睛。

欧洲哲学,作为学术对人类的发展曾作出过大贡献,启迪了人们的思想。特别是在自然科学、经济学、医学、文化等方面的哲学,达到了当时人类认识的高峰。欧洲哲学是欧洲历史的产物,是欧洲人对物质、精神的探究。欧洲哲学也吸收了世界各民族的思想。它对哲学的研究,对世界的影响,特别是在思维观念、语意思维的层面,构成了新认知。

历史上,有许多智者,研究世界、自然和人本身。人类社会产生许多观念,解读世界,解释人的认识和思维,形成了一些哲学的流派。这些思想对人类思维和文化的发展,有重大作用,是人类进步的力量。但不能把哲学仅看成是一些学者的论说。哲学最根本的智慧来源于人类的实践,来源于人类的生产和生活。任何学说的真价值都是由人的实践为判据的。

哲学研究的是物质和精神,存在和思维,宇宙和人世间的诸多问题。可以说一切涉及人类、人本身和自然的深邃的问题,都是哲学的对象。哲学是人的思维,是为人服务的。

资本主义社会,就是资本控制的社会。资本主义社会的文化、哲学,有着浓厚的铜臭。

有什么样的人类社会,就会有什么样的哲学,不足为怪。应深思"为什么?""为什么的为什么?"这就是哲学之问,是哲学发展的自然律。哲学尚回答不了的问题,正是哲学发展之时。

哲学研究人类社会,当然有意识形态性质。哲学产生于一定社会,当然要为它服务。人类的历史,长期是阶级斗争的历史,而哲学作为上层建筑,是意识形态。阶级斗争的意识,深刻影响着意识形态,哲学也如此。为了殖民、压迫、剥削……社会的资本化,文化也随之资本化。许多人性的、精神扭曲的东西通过文化也资本化。如色情业、毒品业、枪支业、黑社会、政治献金,各种资本的社会形态成了资本社会的基石。这些社会、人性的变态,逐渐社会化、合法化,使人性变得都扭曲、丑恶。社会资本化、文化资本化、人性的资本化,精神、哲学成了资本的外衣。真的、美的、好的何在?! 令人战栗!!

哲学的光芒也腐败了,失其真! 资本的洪水冲刷之后的大地苍茫……

人类社会不是一片净土,是有污浊渣滓的,一切发展、进步都要排放自身不需要的垃圾,社会发展也如此。进步和发展是要逐步剔除这些污泥浊水。但资本揭开了魔窟,打开了潘多拉魔盒,呜呜! 这些哲学也必然带有其诈骗、愚昧人民之魔术。

外国哲学正是这些国家、民族对自己的存在、未来的思考,是他们自己的生产、生活的实践的意识。

哲学不是天条,不是绝对的化身。没有人,没有人的实践,哪来人的哲学? 归根结底,哲学是人类社会的产物。

哲学的功能在于解放人的思想,哲学能够使人从桎梏中解放出来,找到自己的自信的生存之道。

欧洲哲学的特点,是欧洲历史文化的结节,它的一个特点,是与神学粘联在一起,与宗教有着深厚的渊源。它的另一个特点是私有制、个人主义。使人际之间关系冷漠,资本主义的殖民主义,对世界的奴役、暴力、战争,和这种哲学密切相关。

　　马克思恩格斯突破了欧洲资本主义哲学,突破了欧洲哲学的神学框架,批判了欧洲哲学的私有制个人主义体系,举起了历史唯物主义,唯物辩证法的大旗,解放了全人类的头脑。人类从此知道了自己的历史,看到了未来光明。社会主义兴起,殖民主义解体,被压迫人民的解放斗争,正是马哲的力量。没有马哲对西方哲学的批判,就没有今天的世界。

　　二十一世纪将是哲学大发展的世纪,是人类解放的世纪,是人类走向新的辉煌的世纪。不仅是霸权主义的崩塌,更是资本主义的存亡之际,人类共同体的哲学必将兴起。

　　哲学解放了人类,人类必将创造辉煌的新时代,创造新时代的哲学。英特纳雄耐尔就一定会实现,这就是哲学的力量。未来属于人民,人民万岁!

逻辑大全

译　者　序

　　奥卡姆是中世纪著名哲学家和逻辑学家，唯名论的主要代表人物之一。他出生于英国苏莱郡的奥卡姆村。关于他出生的日期，没有准确的记载，说法不一，一种说法是在1280到1285年之间，一种说法是在1290至1300年之间，根据中国大百科全书哲学卷的说法，则是在1300年左右。关于他去世的时间，看法比较一致，即大约在1349或1350年。

　　关于奥卡姆的生平，人们知道的很少。根据一般的记载，他早年加入了天主教方济各会，在牛津大学学习，大约在1318年获得神学学士学位。这以后他又用了两年的时间修完了神学硕士学位所要求的全部课程，但是一直没有获得硕士学位，这与牛津大学校长路特维尔（John Luttewell）对他持反对意见有很大关系。路特维尔从奥卡姆写的《论辩注释》中挑选出他认为有异端倾向的56段送交阿维农教廷审查。1324年，奥卡姆受传来到阿维农教廷，为受到的指控进行辩护。审判过程进展得非常缓慢，奥卡姆在阿维农一待就是四年。在此期间，他认识了方济各会中两个著名的人物，一个是当时方济各会的总会长迈克尔·西塞那（Michael Cesena），另一个是伯纳格拉蒂亚（Bonagratia）。他们当时也在那里受审答辩，罪名是与教皇唱反调，主张福音绝对贫困论。他们的观点获得了奥卡姆的同情和支持。1328 年,感到判决将会是不利的,奥卡姆与西塞那和伯纳格拉蒂亚等人一起从阿维农逃到意大利的比萨,得到与教皇为敌的德国皇帝的庇护。教皇震怒,革除了他们的教籍。后来,奥卡姆和他的同伴来到慕尼黑方济各会的总部,并在那里住了下来。据说,他在慕尼黑一直待到去世。也有一种说法,认为他晚年回到了巴黎大学。关于他的死因,说法比较一致,这就是当时在欧洲肆虐的鼠疫。

　　奥卡姆的著作大致可以分为三部分。一部分是神学著作,这主要是他写的关于伦巴德(Peter Lombard)的《论辩集》的注释。一部分是政治神学著作,这主要是他逃离阿维农以后写的反对教皇的论著。还有一部分就是他的逻辑和哲学著作,在这部分著作当中,最主要和最重要的著作就是《逻辑大全》。

　　在欧洲中世纪,逻辑是进入神学院前首先要学习的基础课,与语法和修辞并称为"三艺"。因此,逻辑在中世纪思想文化中占有十分重要的地位。中世纪学者对逻辑的学习与研究不仅非常普遍,而且也十分深入。奥卡姆是中世纪晚期的逻辑学家和哲学家(中世纪晚于奥卡姆的最著名的逻辑学家大概只有布列丹[1300—1358]一位),在某种意义上可以说,奥卡姆是中世纪逻辑思想和成就的集大成者。因此,我们从他的逻辑著作中可以比较全面地了解中世纪逻辑。

　　根据我的理解,中世纪逻辑有一些比较显著的特征。一个特征是:中世纪逻辑是在研究注释亚里士多德逻辑著作的基础上形成和发展的。因此,它关于亚里士多德的逻辑思想的讨论非常多,比如关于属和种等谓词的讨论、关于命题的讨论、关于三段论的讨论,等等。而且,由于亚里士多德逻辑著作的拉丁文译本传入欧洲和流行起来的时间不同,早期(大约 12 世纪以前)是《范畴篇》和《解释篇》,后来(大约 12 世纪中叶以后)才有《前分析篇》、《后分析篇》、《论辩篇》和《辩谬篇》,因此中世纪也有所谓"新逻辑"和"旧逻辑"之分。另一个特征是:中世纪逻辑非常注重语言分析,并且形成了一些重要的理论,比如关于助范畴词的讨论、关于词项的讨论、关于指代问题的讨论等等,特别是关于指代问题的讨论,形成了中世纪独具特色的理论。不仅亚里士多德逻辑中没有这个理论,而且后来的传统逻辑也没有吸收它。第三个特征是,如同中世纪哲学一样,中世纪逻辑也受到神学的影响,所以它含有许多关于上帝的讨论。但是应该看到,一般来说,这样的内容并不是具体的神学讨论,充其量只能说是在逻辑讨论中使用了一些神学的例子,而且是一些所谓"自明"的例子,为的依然是更好地探讨逻辑问题。第四个特征是,中世纪逻辑学家一般也是哲学家。由于从亚里士多德到中世纪,逻辑与哲学并没有分家,逻辑问题与哲学问题的讨论是融合在一起的,因此,中世纪逻辑的讨论也常常包括哲学问题,比如关于"是"的问题。这不仅是逻辑研究的问题,而且也是形而上学的基本问题。

从以上几个特征不难看出,一般来说,中世纪逻辑的讨论常常涉及语言学、认识论、形而上学和神学,内容十分广博。应该指出,从逻辑本身来说,这种广博不一定是好事情,因为它容易使人们不容易分清什么是逻辑,什么不是逻辑。但是从文献的角度看,这种广博无疑是大好事,因为它使我们不仅可以研究中世纪逻辑,而且可以多方位地了解中世纪的思想文化。中世纪的逻辑著作一般都叫《逻辑大全》。中世纪逻辑学家使用"大全"一词大概主要指包罗所有逻辑内容。作为读者和研究者,我们则可以超出逻辑的意义,在更宽泛的意义上理解它。

　　奥卡姆的《逻辑大全》是一部逻辑学巨著,本书只是其中的一部分,篇幅约占全书的一半。本书主要包含词项理论和命题理论两方面内容。具体一些说,在词项部分,奥卡姆探讨了范畴词与助范畴词,探讨了属、种、种差等谓词,还探讨了指代理论。在命题部分,奥卡姆探讨了模态命题和非模态命题。这两部分内容非常重要。除了它们本身的重要性以外,它们还构成中世纪其他逻辑理论,比如三段论、模态理论、推论、不可解命题等等理论的基础。

　　对中世纪逻辑思想的研究是中世纪思想文化研究的一个非常重要的部分。这方面的翻译工作自然是非常有意义的。本书的翻译工作是许多年前完成的,这次为了出版,又重新校对一遍。由于本人的拉丁语水平比较差,不足以胜任拉丁语的翻译工作,因此只能根据英译文并参照拉丁文著作译出。希望将来国内学界可以有人多做一些这方面的工作。

译　者

1998 年 4 月于中国社会科学院哲学研究所

目　　录

上篇　词项理论

1. 论一般词项

所有探讨逻辑的人都试图表明,论证是由命题构成的,命题是由词项构成的。这样,词项就是命题的一个构成部分。亚里士多德在《前分析篇》第一卷定义词项这个概念时说:"当断定或否定某物是或不是这样时,我称一个命题分解而成的东西为词项(即谓项或谓述的东西)。"

尽管每个词项都是(或可能会是)命题的一部分,但是并非所有词项都是相同的种类。这样,为了完全理解词项的性质,必须知道在词项中得出的一些划分。

正像波爱修在对《解释篇》的评注中指出的那样,论说有三类:写下的、说出的和概念的(最后这一种只存在于心中)。词项同样有三类:写下的、说出的和概念的。写下的词项是写在某种物质东西上的命题的一部分,能够被肉眼看见。说出的词项是嘴巴说出的命题的一部分,能够被肉耳听见。概念的词项是心灵的意向或印象,它自然地意谓或与其他东西共同意谓某种东西,能够成为思想中命题的一部分并能够在这样的命题中指代它意谓的东西。这样,这些概念的词项和由它们构成的命题就是思想中的词句,根据圣·奥古斯丁在《论三位一体》第 15 章中所说,这些词不属于语言。它们只存在于理性之中,不能被嘴巴说出,尽管附属于它们的说出的词是由嘴巴说出的。

我认为,说出的词是附属于概念或心灵的意向的符号,这不是因为在"意谓"的严格的意义上说,它们总是首先并且专门意谓心灵的概念。关键在于说出的词被用来意谓心的概念所意谓的那些东西,因此概念直接地并且自然地意谓某种东西,而说出的词间接地意谓这种东西。这样,假定一个说出的词被用来意谓心中一个特殊概念所意谓的某种东西。如果那个概念的意义要发生变化,那么即使没有任何新的语言规约,仅这一点就会导致这样的结果:这个说出的词的意义也将发生变化。

当亚里士多德说说出的词是心灵印象的符号时,他就是这种意思。当波爱修说说出的词意谓概念时,也是这种意思。一般来说,每当作家们说所有说出的词都意谓或用作印象的符号时,他们仅仅是指说出的词间接地意谓心灵的印象所直接意谓的东西。然而有一些说出的词确实直接地表示心灵的印象或概念,但是正像后面说明的那样,这些词间接地表示心灵的其他意向。

我声称的存在于说出的词和印象或意向或概念之间的这种关系,也在写下的词和说出的词之间存在。

现在,这三种词项之间存在一定的区别。因为概念或心灵的印象自然地意谓某种东西;而说出的或写下的词项只是约定俗成地意谓一种东西。这种区别产生另一种区别。我们可以决定改变一个说出或写下的词项的意义,但是任何人的决定或同意都不能使一个概念的词项的意义发生变化。

然而,为了堵住吹毛求疵的人的嘴巴,应该指出,"符号"这个词有两种不同的含义。在一种意义上,符号是任意一种东西,这种东西在理解之后,使人想起其他某种东西。这里,像在其他地方说明的那样,符号不必使我们能够第一次把握它所意谓的东西,只有在我们对这种东西有了某种习惯的认识之后,我们才能够把握它。在"符号"的这种意义上,说出的词是事物的自然符号,任何结果都是其原因的符号,酒桶箍是客栈中酒的符号。然而,我一直不是在这种广义上使用"符号"一词。在另一种意义上,符号是任意一种东西:(1)它使人想起某种东西并且指代这种东西;(2)它能够被加到命题中这种符号上(例如,助范畴词表达式,动词和其他缺少确定意义的言语部分);或(3)它可以由作为以上任意一种符号(譬如命题)的东西构成。在这种意义上理解"符号"一词,说出的词就不是任何东西的自然符号。

2. 论词项的三种含义

"词项"一词有三种含义。在一种意义上,词项可以是一个直言命题的连项或端项(即主项或谓项),或者是对动词或端项的某种确定。在这种意义上,甚至一个命题就可以是一个词项,因为它可以是一个命题的一部分。例如下面这个例子:"'人是动物'是一个真命题。"这里,"人是动物"这整个命题是主项,"真命题"是谓项。在另一种意义上,"词项"与"命题"对照使用,因而每个简单的表达式都叫作词项。上一章我正是在这种意义上使用这一表达的。

在第三种并且是更狭窄的意义上,"词项"用来指这样一种东西:从意义方面来理解,它能够作为命题的主项或谓项。如果在这种意义上使用这一表达,那么称动词、联结词、副词、介词和感叹词为词项就是不正确的。在这种意义上,甚至许多名也不是词项。助范畴的名就属于这种情况,尽管根据实质或简单的解释,它们可能是命题的端项,但是根据意义的解释,它们不能是端项。这样,如果对"阅读"进行实质的解释,"'阅读'是个动词"这个句子就是合适的并且是真的;但是,如果我们根据意义来理解这个表达,这个命题就会没有意义。对于"'每一个'是个名"、"'以前'是个副词"、"'如果'是个联结词"、"'从'是个介词"这些命题也是同样。在《前分析篇》上卷,亚里士多德正是在"词项"的这种意义上进行定义的。

在"词项"的这第三种意义上,不仅一个简单的表达式可以是一个词项,甚至由两个简单表达式构成的一个表达式也可以是一个词项。这样,一个形容词和一个名词相结合,甚至一个分词和一个副词相结合,或一个介词和它的宾语相结合,都可以形成一个在这种意义上可以正确地称之为词项的表达式,因为以上述任意一种方式形成的复合表达式都可以是命题的主项或谓项。在"每个白人都是人"这个命题中,"人"和"白"都不是主项,二者的复合构成"白人"才是主项。在"跑得飞快的那个人是人"这个命题中也是同样:"跑的那个人"和"飞快"都不是主项,"跑得飞快的那个人"这个复合表达式才用作主项。

并非只有主格的名才能是词项。甚至在一些间接格,名也能是词项,因为在这些格,名可以是命题的主项或谓项。然而,在一种间接格,名不能是任意动词的主项。这样,"*Hominis videt asinum*"(人看驴)这个拉丁句子就不是合适的,尽管"*Hominis est* asinus"（人是驴）是合适的。但是，哪些动词能够而哪些动词不能够以间接格作主项，这是属于语法的问题，而语法的作用应该是探讨词的搭配构造。

3. 论声音表达的词项和思想中的词项的相应性

我们已经揭示了"词项"的各种含义，现在我们应该继续描述在简单词项中得出的划分。我们已经看到，有三种简单词项——说出的、写下的和概念的。在所有这三种情况下，我们可以以类似的方式对词项这一概念再进行划分。在口头语言和书面语言中，词项要么是名、动词，要么是其他言语部分（即代词、分词、副词、联结词、介词）；同样，心灵的意向要么是名、动词，要么是其他言语部分（即代词、副词、联结词、介词）。然而，由于没有理由假定在思想中的词项有不相关的因素，因此人们可能不知道在意向中，分词是否像在口头语言和书面语言中那样构成独立于动词之外的言语部分；因为任何动词的带有"to be"这种专门形式的分词恰恰意谓这个动词相应的形式本身所意谓的东西。同义表达式的多样性绝不提高语言的意义能量；凡被一个表达式所意谓的东西，同样被其同义词所意谓。在应用同义词项的时候，多样性的意义在于对言语的修饰作用，因此这种相关的多样性在概念的层次没有地位。但是，既然口头语言表达出来的这种动词及其分词形式之间的区别并不能使我们表达任何在没有这种区别的情况下我们所不能表达的东西，因此就不必假定与说出的分词相应的思想中的分词。在代词的情况下也可以有类似的质疑。

　　一方面,思想中的名和说出的名的区别在于,尽管思想中的名的所有语法特征都属于说出的名,但是说出的名的所有语法特征却不都属于思想中的名;有一些语法特征属于思想中的名和说出的名,也有一些语法特征是说出的和写下的名专有的(而这两种名的语法特征总是相同的)。格和数以同样的方式属于思想中的名和说出的名。这样,"Man is an animal"("人是动物")和"Man is not the animals"("人不是动物")这两个说出的命题有不同的谓项,其中一个是单数,另一个是复数;同样,在说出任何词项之前,心中断定的与此相应的思想中的命题也有不同的谓项:一个命题的谓项是单数,另一个命题的谓项是复数。此外,"Man is man"("人是人")和"Man is not man's"("人不是人的")这两个说出的命题具有不同格的谓项;心中相应的命题也是这样。

　　另一方面,性和词尾变化是说出和写下的名专有的语法特征,这些特征并不增加语言的意义能量。因而有时发生这样的情况:两个名是同义的,然而它们却具有不同的性或表现出不同的词尾变化。因此,不必把相应多样的语法形式分派给自然符号,因为我们可以从思想中的名取消所有那些可能与说出的名不同的语法特征,而保留同义的。形容词与其比较级和最高级形式的区别是否限于约定俗成的符号,这是不太清楚的,但是由于研究这个问题没有什么益处,因此我不探讨它。质这个概念也产生类似的问题。我将在其他场合考虑它。

　　以上说明,尽管有时意谓的东西是这样的,以致仅仅改变一定的语法特征(例如,格、数或比较级),我们就能够改变命题的真值,但是性和词尾变化绝没有这种情况。应该承认,为了完美的语法,我们必须常常注意名的性。例如,"*Homo est albus*"("人是白的")这个拉丁句子是合适的,而"*Homo est alba*"不是合适的,这里可查的区别仅仅是词性方面的区别。但是如果不提到正确的语法,主项或谓项的性和词尾变化是不相关的。另一方面,为了知道一个命题是真的还是假的,人们必须注意主项和谓项的数和格。例如,"Man is an animal"("人是动物")是真的,而"Man is the animal"是假的。在其他情况下也是如此。

这样,说出的和写下的名有一些自己的语法特征,同时与思想中的词共有另一些语法特征。在动词方面就是这样。共同的语法特征包括语气、数、时态、语态、人称。在语气上这是清楚的,因为与说出的命题"苏格拉底阅读"和"苏格拉底在阅读吗"相应的是不同的思想中的命题。在语态方面也是这样,因为我们必须将不同的思想中的命题指派到说出的命题"苏格拉底爱"和"苏格拉底被爱"。然而,思想中的动词只表现出三种语态,因为口头语言的普通动词和异态动词并不影响语言的意义能量。普通动词等同于主动和被动语态的动词;而异态动词等同于中介或主动语态的动词;但在这种情况下,我们不必将这些语法形式赋予思想中的动词。然而,数量是思想中的动词表现出来的语法特征,因为与"你(们)在阅读"和"你们都在阅读"相应的是不同的思想中的命题。① 在时态方面也是这样,因为与说出的命题相应的是不同的思想中的

① 从语法形式上,在前一个句子看不出是单数还是复数,因此它可以表示"你在阅读"或"你们在阅读";在后一个句子从副词"都"可以看出是复数,即表示"你们在阅读"。——译者

命题:"你在读"和"你读过"。对人称也是同样,因为我们必须区别"你阅读"和"我阅读"这种情况的思想中的命题。

相应于每一个说出的命题都有一个思想中的命题,这一事实表明,设定思想中的名、副词、联结词和介词这样的东西应该是必要的。正如说出的命题中那些有益于语言的意义能量的部分是不同的一样,思想中的命题中相应因素也是不同的。因此,既然说出的名、动词、副词、联结词和介词对于产生构成口头语言的所有各种各样的命题和句子是至关重要的(因为我们仅仅随意使用一些说出的名和动词,还不能表达所有我们借助言语的附加部分所能够表达的东西),那么不同的因素对于产生思想中的命题必然也是必要的。

说出的和写下的动词所专有的语法特征包括动词变形和格,因为有时有这样的情况,具有不同变形的动词是同义的;而且,一些不同格的动词也是同义的。

细心的读者不难将以上评述扩展到言语的其余部分及其语法特征。任何人都不应对我谈论思想中的名和动词感到奇怪。请他先读一下波爱修对《解释篇》的评注,他将在那里发现同样的论述。然而,当亚里士多德以说出的词定义名和动词时,他是在一种狭窄的意义上使用"名"和"动词"这些术语,仅包括说出的名和说出的动词。

4. 论范畴词和助范畴词

说出的词项和思想中的词项还要服从另一种划分,因为一些词项是范畴词,而另一些词项是助范畴词。范畴词有明确的确定的意义。这样，"人"这个词项意谓所有的人；"动物"这个词项意谓所有的动物；"白"这个词意谓所有的白。

助范畴词的例子是"每个"、"没有"、"某个"、"所有"、"除了"、"这么多"（so much）和"只要"。这些表达均没有明确的确定意义，它们也均不意谓任何与范畴词所意谓的东西不同的东西。这里，数字系统提供了一种比较。"零"，就其本身来说，不意谓任何东西，但是当它与其他某个数字结合起来时，就使这个数字意谓某个新东西。严格地说，一个助范畴词也不意谓任何东西；然而，当它与一个范畴表达结合起来时，就使这个范畴表达以确定的方式意谓某个东西或指代某个东西，或者起与这个相关的范畴词有关的其他某种作用。这样，助范畴词"每个"本身并不意谓任何确切的东西，但是当它与"人"这个词项结合起来时，就使这个词项模糊和周延地代表或指代所有人；当它与"石头"这个词项结合起来时，就使这个词项代表所有石头；而当它与"白"这个词项结合起来时，就使这个表达代表所有白，其他助范畴词与"每个"相似；因为，正像我在后面将说明的那样，尽管助范畴词的确切作用是有变化的，但是这里的一般描述适合于所有助范畴词。

有人可能会反对说，既然"每个"这个词是有意义的，那么它意谓某个东西。正确的回答是，我们称这个词是有意义的，不是因为它意谓某个东西，而是因为正像我所指出的那样，它可以使一个词项意谓某个东西或者代表或指代某个东西，用波爱修的话说，"每个"并非以确定的或明确的方式意谓任何东西；这一点不仅适合助范畴词的情况，而且也适合联结词和介词的情况。

然而对于一些副词，情况是不同的，因为它们确定地意谓范畴

的名所意谓的那些东西，尽管它们是以不同的意义方式意谓它们
的。

5. 论不是同义词的具体的
名和抽象的名

如果撇开其他言语部分，我们应该讨论名。首先我们应该检验抽象的名和具体的名之间的区别。

抽象的名和具体的名是词干相同而词尾不同的名。例如，"正义的"—"正义"、"勇敢的"—"勇敢"、"动物"—"动物性"，这一对一对的词中，都有起始音节或音节序列相同而词尾不同的名。抽象的名的音节总是（或者至少常常是）比具体的名的音节多。[①] 这在刚刚给出的例子中是显然的。同样，情况常常是这样的：具体的名是形容词，而抽象的名是名词。

具体的名和抽象的名能够以许多方式起作用。有时具体的名意谓、意味着、表示或者表达并且也指代某种东西，而抽象的名根本不意谓这种东西，因而绝不指代它。例如，"正义的"—"正义"、"白的"—"白"，等等。"just"（正义的）在"The just are virtuous"（"这正义的是善良的"）这个命题中指代人；若说它指代正义，就会是不正确的，因为尽管正义是一种善，却不是善良的。另一方面，"正义"指代人的品质，而不指代人本身。正因为这样，这种具体的名才不能

---

　　① 汉语的相应表达一般有两种，一种是在一个名词上加"的"，表示相应的形容词，另一种是在一个名词上加"性"，表示相应的抽象名词。因此相应地说，在汉语中，抽象的名的音节有时比具体的名的音节少，有时比具体的名的音节多。——译者

谓述与其相应的抽象的名。这两种词项指代不同的东西。

这种具体的词项和抽象的词项能够以三种方式起作用；我们可以根据种属关系的方式来处理它们。在第一种方式，要么抽象的表达指代主体具有的某种偶性或形式，而具体的表达指代这种形式或偶性的主体；要么反之亦然。以这第一种方式起作用的具体的名和抽象的名的例子是"白"—"白的"、"热"—"热的"、"知道"—"知识"（假定我们把自己限于有限生物的知识），因为在所有这些例子中，抽象的名指代主体具有的一种偶性，而具体的名指代这种偶性的主体。在"火"和"火热的"这样的名产生相反的情况。这样，"火"指代一种主体，而"火热的"是一个具体的名，指代火的一种偶性；因为我们说火的热是火热的，而不说火的热是火；同样，我们说认识是人的，而不说认识是人。

在第二种方式，要么具体的名指代一个东西的一部分，而抽象的名指代整个东西；要么反之亦然。例如，"心灵"和"有心灵的"；因为人是有心灵的，但人不是心灵。这里，"有心灵的"指代人，而"心灵"指代人的一部分。然而，在"心灵是人的"和"心灵不是人"这些命题中，"人"这个抽象的名指代整体，而"人的"指代是人的一部分的心灵。

尽管如此，仍然应该注意，有时具体的名可以在两种不同的意义上使用，以致它既可以以第一种方式也可以以第二种方式起作用。这样，"有心灵的"这个名可以指代一个整体，因为我们说人是有心灵的，而且它也可以指代获得心灵的主体，因为我们说肉体（这是这个复合体的另一部分）是有心灵的。在这一点上，其他许多可以在若干不同意义上使用的词项的用法和"有心灵的"相似。

在第三种方式,具体的名和抽象的名指代不同的东西,这些东西既不是主体,也不是另一方的一部分。发生这种情况可以有多种方式。这样,被意谓的东西可能作为原因和结果联系起来,譬如我们说一个设计是人的而不是人;或者它们可能作为符号和被意谓的东西联系起来。这样,我们说人的区别是一种本质区别,不是因为它是人的本质,而是因为它是人的本质的某一部分的符号。另一种可能性是被意谓的东西被当作地点和在这个地点的东西联系起来。这样,我们称在英国的一个东西为英国的。还可以继续列举类似情况。我把这个问题留给那些善于举例的人来做。

正像前面两种方式一样(在这两种方式中,有时具体的名指代一部分或形式,而抽象的名指代整体或主体,有时情况恰恰相反),在第三种方式也可能有作用的相反情况。因为有时具体的名指代一种结果或被意谓的东西,而抽象的名指代原因或符号;有时出现相反的情况。这也不限于一些适合因果性和意义的名;它适合于第三种方式的所有情况。

我们已经说过,一个名若在不同的意义上理解,则可以既在第一种方式又在第二种方式下是具体的。一个名也可以既在第一种方式又在第三种方式下——确实,在所有三种方式下——是具体的。但是这样,这三种方式之间的区别就不是基于这一事实,即一种方式是对其他方式普遍的否定。相反,每种方式都是对其他方式的特殊的否定,而且这就是它们的区别所需要的。我们也不用担心是不是会出现下面这样的结果:同一个词项就一种表达来说是具体的,而就另一种表达来说是抽象的。

应该注意,由于语言的贫乏,有时一个具体的名没有与之相应的抽象的名。"*studiosus*"这个拉丁词在用来指"善良的"时,就缺少一个与之对应的抽象的名。

6. 论是同义词的具体的名和抽象的名

然而,具体的名和抽象的名能够以其他方式起作用。有时具体的名和抽象的名是同义的。为了避免混淆,应该指出"同义词"这个表达有两种含义,一种是狭义的,另一种是广义的。在狭义上,两个表达式是同义的,如果所有使用它们的人都想用它们意谓相同的东西。我这里不是在这种含义上使用"同义词"这个词。在广义上,两个表达式是同义的,如果它们就是意谓相同的东西(因而任何不被它们中的一个以某种方式意谓的东西,也不被它们中的另一个以相同的方式意谓)。在这种意义上,即使使用词项的人不相信它们意谓相同的东西,而认为某种不被其中一个词项意谓的东西被另一个词项意谓,这些词项仍叫作同义的。"神"和"神性"这两个词项提供了一个例子。这些词项是(广义的)同义的,即使一些人可能认为"神"意谓某一整体,而"神性"意谓这个整体的一部分。在本章和以后许多章,我正是想在这第二种含义上使用"同义词"这个表达。

在这种情况下,我要说,有时抽象的名和具体的名是同义的,而且我认为这也是亚里士多德的观点。他是会同意"神"—"神性"、"人"—"人性"、"动物"—"动物性"这些情况均是同义表达式的。正因为这样的表达式是同义的,语言才没有容纳与所有具体的名相应的抽象的名。这样,作家们常常使用"人性"和"动物性"

这些抽象形式,却很少或从不使用像"牲畜性"、"驴性"和"山羊性"这样的表达式。然而,相应的具体形式"牲畜"、"驴"和"山羊"都是普遍使用的。一些古代哲学家把"冷的"—"冷"和"热的"—"热"这些词解释为一对对同义的名。他们以同样的方式把"动物"—"动物性"和"人"—"人性"解释为同义词。这些作家认识到,像"冷的"—"冷"和"热的"—"热"这样的表达式在音节方面不同,而且每对中有一个词项是具体的,另一个是抽象的;尽管如此,他们却没有区别这些词项的意义。正像在所有同义的词项的情况一样,他们采用名的复数,仅仅是因为他们想修饰文章的风格或某种具有此类性质的东西。

亚里士多德和他的评注家①主张,一些实体的名和由它们构成的抽象的名是同义的。当抽象的词项既不指代具体的词项所表示的实体的一种偶性,也不指代实体诸部分之一,也不指代实体所属于的整体,也不指代与实体完全不同的某种东西时,就存在同义。根据这些哲学家的观点,"动物性"和类似的抽象表达式就以这种方式起作用;因为"动物性"不代表动物的一种偶性,也不代表动物的诸部分之一,也不代表某种包含动物本身作为一部分的整体,也不代表与动物完全不同的某种外在的东西。

一些人否认量是与实体和质不同的东西。在他们看来,所有属于量这一范畴或代表处于这一范畴之下的东西的属性的抽象词项都以这种方式起作用。当然,在那些要把量解释为一种与实体

---

① 原文大写,这里指波爱修。中世纪学者常常用这种方式指称波爱修。——译者

和质完全不同的绝对实体的人看来，这是不成立的。但是如果我们坚持一种观点，我们就必须说，"量的"和"量"是同义的；同样，"长的"—"长"、"宽的"—"宽"、"深的"—"深"等等也是同义的。

那些说图形不是不同于量（或不同于实体和质）的人一定把这样的抽象的名看作是以同样的方式属于图形的；而且对于与量的其他的种相联系的抽象表达来说，情况也是如此。这样，他们不得不说，像"图形"—"图形的"、"直的"—"直"、"弯曲的"—"弯曲"、"凹陷的"—"凹陷"和"凸起的"—"凸起"这样的名是同义表达。然而，这些哲学家愿意把这些表达解释为同义的，仅当哪一方都不包含、甚至也不隐含另一方所不包含的表达。

此外，那些否认关系是一种实际上不同于绝对实体的东西的人，必然也认为具体和抽象的相关的词，即下面那样的表达是同义的名："父亲"—"父性"、"类似的"—"类似性"、"原因"—"原因性"、"会笑的"—"笑性"、"有才能的"—"才能"、"可疑的"—"可疑性"、"加倍的"—"加倍"。

然而，人们可能一贯坚持这种对关系的看法，同时认为具体和抽象的相关的词不是同义的。人们可能声称这种抽象的表达指代合在一起的两种东西。这样，人们可能会说"类似性"指代两个类似的东西。但是在这种情况下，说这个类似的东西是类似性就会是假的，尽管说一些类似的东西是类似性会是真的；同样，那些坚持本章前面描述的关于实体、量和图形的看法的人会认为，在一种意义上，任何抽象的词项和具体的词项都不是同义的。以后我将解释这一点。应该注意的是，他们在这种情况下就可能认为，每当一个抽象的名谓述与它对应的具体的名时，这个命题就是假的。

一些人坚持我所描述的那种观点并且希望继续谈论同一,但是他们必须承认,凡在抽象的词和具体的词是同义的情况,谓述哪一方都是可能的。

　　这样,那些坚持关于实体的相关观点的人不得不承认"人是人性"、"动物是动物性"是真命题;结果,他们承认"人性跑"、"动物性是白的"等等这样的命题是真的。那些坚持关于量的观点的人必然承认像下面这样的命题是真的:"实体物是量"、"质是量"、"实体是长"、"质是宽";结果,他们必须承认下面的命题:"量跑"、"宽争论"、"宽说话",等等。那些坚持我提到的关于图形的观点的人必然承认像下面这样的命题是真的:"实体是图形"、"弯曲是图形"、"图形是白的"、"图形吃东西"。那些坚持我描述的关于关系的观点人必然承认"人是关系"是真的,并且也承认像下面这样的命题是真的:"关系是实体物"、"质是关系"、"人是关系"、"类似性跑"、"类似性是欺骗性"。

　　以后我将说明,人们如何能够坚持这些观点的实质,同时不承认这样的命题是真的。同样,我将说明人们如何能够否认像下面这样的命题:"质料是缺失"、"空气是黑暗"、"人是盲"、"灵魂是原罪"、"灵魂是无知"、"人是否定"、"基督的肉体是死亡";同时又保留这样的观点:"缺失"、"阴影"、"盲"和类似的表达式不表示任何与这些命题的主项,即人、质料等等所表示的东西不同的东西。

7. 对抽象的名和具体的名的正确说明

　　既然我已经说过,"人"和"人性"这些名是同义的,这是亚里士多德和他的评注家的观点,我就要离题远一些,阐述这个问题的真相并说明这些词项确实是同义的。根据亚里士多德的观点,凡不被"人性"这个名意谓的东西,同样也不被"人"这个名意谓,并且反之亦然。在亚里士多德看来,每个创造出来的实体要么是质料、形式,或质料和形式的构成,要么是偶性;但是当我们列举各种可能性时,就能够看清楚,在表示这些可能性方面,这些表达哪一个也不比另一个表示得更多。承认了这一点,显然下面这个命题是假的:"理性的心灵是人性"。

一些人想说,"人性"只意谓专有性质,而"人"意谓个体差异,但是像他们那样吹毛求疵,也不会有任何益处,因为正像我将说明的那样,这种说法不仅是假的,而且是与亚里士多德的观点不相容的。

我们仅通过一个论证就可以确定这一点。这个论证如下:正像人和人性是有联系的一样,苏格拉底和苏格拉底性是有联系的。(我现在反驳的那些人常常以相同的方式从"苏格拉底"这个名形成一个抽象表达,因此说人们从"人"这个词项形成一个抽象的名。)这些思想家认为,"苏格拉底"不意谓与"苏格拉底性"所意谓的东西有任何形式上或实质上不同的东西,"苏格拉底性"也不意谓与"苏格拉底"所意谓的东西有任何形式上或实质上不同的东西;因此,"人"不意谓任何不同于"人性"的东西,"人性"也不意谓任何不同于"人"的东西。这个假定的论证如下:如果某个东西被"苏格拉底"和"苏格拉底性"这两个词中的一个词所意谓,而不被另一个词所意谓,那么这个东西就一定会要么是专有性质、质料、形式,或质料和形式的构成,要么是某种偶性。显然这两个名同样都不意谓或者都意谓专有性质,而且赞同这种观点的人一致认为,上面列出的其他项都不会被这两个词项中的一个所意谓,而不被另一个所意谓。因为在他们看来,加到专有性质上的个体差异正是苏格拉底,但是对苏格拉底性也必须这样说。否则,苏格拉底性与人性就不会有任何不同;但是在这种条件下,根据他们的论证方式,正像柏拉图表现出人性一样,柏拉图也表现出苏格拉底性。这样,在被"苏格拉底"意谓而不同时被"苏格拉底性"以相同方式意谓和被"苏格拉底性"意谓而不同时被"苏格拉底"以相同方式意谓的东西方面,这些思想家没能指明任何东西。结果,他们必须承认下面的命题是真的:"苏格拉底是苏格拉底性",由此得出苏格拉底是这种展示苏格拉底性的人性。反过来,这又隐含着苏格拉底是人性。这里的推理是在谓项部分从不太一般的到更一般的。但是在这种条件下,苏格拉底是人性;所以,人是人性,而且如果这是真的,那么没有任何东西是被"人"这个名所意谓而不同时被"人性"所意谓的,也没有任何东西是被"人性"这个名所意谓而不同时被"人"所意谓的。

从以上得出,在亚里士多德看来,没有任何东西是被人这个名所意谓而不同时被"人性"所意谓的,并且反之亦然。这至少是他想要赞同的观点;因此,他要么会承认"人是人性"在字面上是真的,要么他会否认这个命题,但是仅仅因为这两个词项中的一个词项隐蔽地兼扩了另一个词项所没有容纳的某种助范畴表达。后面我还要谈这个问题。

然而,即使这是亚里士多德想要赞同的观点,神学也表明它是假的;因为即使我们应该承认在这些表达中,哪一个表达也不包含另一个表达所不包含的任何助范畴成分，说"人"和"人性"是同义词仍然会是不正确的。事实是这些词项可以指代不同的东西，它们中的一个可以意谓或与其他东西一起共同意谓另一个所不能意谓的东西。"人"这个名真指代耶稣基督，因此它意谓耶稣基督或以某种方式表示耶稣基督；但是"人性"不指代耶稣基督，它也不比"白"这个名更多地意谓耶稣基督。这样，"耶稣基督是人"是真的，而"耶稣基督是人性"是假的。但是并非所有被这些词项的一个词项所表示的东西也被另一个词项以相同的方式所表示，因此它们不是同义的。

如果人们检验这些名各自的名词定义，那么很容易就能够看出，为什么这些名不在所有上下文中意谓相同的东西。"人性"这个名意谓一种由肉体和理性心灵构成的性质；它没有任何支撑这种性质的意思；即无论它是得到某主体譬如圣徒支持的，还是根本没有得到支持。它总是指代这种相关的性质，因此，它绝不能指代耶稣基督，因为耶稣基督不能是这种相关的性质。而"人"这个名却意谓所说的这种性质，除此之外还表示这种性质要么是一种自足的实体（不存在于任何其他主体），要么它得到某种主体支撑。这样，我们可以将"人"的名词定义阐述如下：人要么是由肉体和不存在于任何主体的理性心灵构成的性质，要么是某种支撑由肉体和理性心灵构成的性质的主体。以任何人为例描述的这两种因素之一都将成立。因为苏格拉底是一种由肉体和理性心灵构成的性质，不被某主体支持，这是真的，而"苏格拉底是一个支撑这样一种性质的主体"是假的。后一个命题是假的，应该说明一下。假定苏格拉底是一个支撑这种相关性质的主体。那么，"苏格拉底"这个名指代什么呢？如果它指代这种性质，那么这种性质支撑自身，而这是不可能的；因为任何东西都不能支撑自身。此外，这个名不可能指代某种不同于这种性质的东西，因为如果它指代某种不同于这种性质的东西，它就会不得不要么指代这种性质的一部分，要么指代某种不同于这种性质的实体，要么指代一种由这种性质和其他某种东西构成的东西；但是正像下面我要指出的那样，这些建议都是毫无指望的。

人们绝不能说"苏格拉底"指代一种由这种性质和个体差异构成的东西，并且这种构成的东西支撑这种性质。正像我将进一步说明的那样，不存在这样的构成的东西。除此之外，即使我们承认这一点，这种解释也行不通，因为如果苏格拉底支撑这种性质，那么苏格拉底也必然支撑某种个体性质。但是苏格拉底不支撑个体性质；因为个体性质在他们看来总是包括相关的差异；因此，由这种性质和个体差异构成的东西支撑由这种性质和个体差异所构成的东西，这是荒谬的。

人们也绝不能说，在"苏格拉底支撑人的性质"中，主项指代某种由单一性质和对依赖某种主体的否定所构成的东西；因为如果这样说，苏格拉底就会是一个肯定和一个否定构成的东西，但是这在两点上是荒谬的。首先，没有任何实际存在的东西能够是由这样的东西构成的；其次，没有任何构成的东西能够支撑这种相关的性质——假定不依附任何主体——并且这种相关的构成的东西是一个主体。因此结论是："苏格拉底是一个支撑人的性质的主体"这个命题在字面上是假的。尽管如此，苏格拉底依然是一种由肉体和理性心灵所构成的性质，不被任何东西所支撑；因此，他是人。

然而,"耶稣基督是人"是真的,不是因为耶稣基督是这样一种由肉体和理性心灵构成的性质,而是因为耶稣基督是支撑这样一种性质并且决定其依附的主体。

由以上论述得出几个结论。首先,即使应该承认"人是人性","每个人是人性"这个命题也是假的。确实,"某人不是人性"这个命题是真的。假定为了论证的缘故,"人"和"人性"这两个名哪一个也不隐含另一个所不包含的任何助范畴词。在这种条件下,由于一个人(例如苏格拉底)是人性,人是人性就会是真的,因为如果我们承认上述假定,我们就不能声称主项和谓项指代不同的东西。我们必须说它们指代同一个东西。因此,这个命题就会是真的。但是即使我们作出这个相关的假定,说每个人是人性仍会是假的。因为会有一个例外。如果我们指耶稣基督说"这个人是人性",我们就是在说某种假的东西。这样,"人是人性"和"人不是人性"这两个真命题的主项就代表或指代不同的东西。但是,如果任何人应该作出上述假定,那么为了一致,他就必须承认,有时一个抽象的词项可以谓述一个与其相应的具体的词项,有时一个具体的词项可以谓述一个与其相应的抽象的词项。确实,他甚至应该说,一个抽象的词项可以既真肯定也真否定一个与其相应的具体的词项,一个具体的词项也可以既真肯定又真否定一个与其相应的抽象的词项;条件是对主项要作特称解释。然而,当把主项作全称理解时,这样的谓述是不可能的。他应该承认,在这样的情况下,具体的词项指代不同的东西。以"这个人性是人"这个命题为例。当我们指苏格拉底这个人性时,这个命题是真的;然而,如果所指的人性应该是圣语或其他圣徒的人性,那么这个命题是假的。原因在于,除了在那些所说的人性是在其他某种东西上附加的东西的情况,"人"这个名总是指代人性。这样,因为人性有时加在其他东西上,有时不加在其他东西上,所以"人"有时指代人性,有时不指代人性。结果,具体的词项有时谓述抽象的词项,有时不谓述抽象的词项;而抽象的词项有时谓述具体的词项,有时不谓述具体的词项。

从上述论述可以得出另一个结论。如果在一个(由一个类似的具体的和抽象的词项构成的)命题中,动词或动词的限定以某种方式起作用,以致主项和谓项表示的东西被说成是不同的,那么如果这个命题被当作全称的,它就是假的。即使考虑的这种性质与我们检验过的性质是完全不同的,这一点依然成立。原因如下:这一类抽象的词项和具体的词项不指代不同的东西,除非在支撑基督的人性的圣徒的情况下。这一点应该是清楚的,因为如果不是这样,那么这个词项就会以下述诸种方式之一起作用:其中一个词项指代一个东西的一部分,另一个词项指代整体;两个词项指代同一个东西的两个不同的部分;两个名指代两种完全不同的实体;或者其中一个名指代一种实体,另一个名指代一种偶性。但是这些情况显然都是假的。因此结论是,它们不指代独特的东西,除非当它们中的一个指代一个圣徒。因此,一个命题若是断定这样的名所意谓的实体是不同的,它就是假的。

因此,我们必须承认,下例每一个命题字面上都是假的:"每个人都具有人性"、"每种人性都是在人之中"、"每个动物都有动物性"等等。任何东西都不能具有自身或在自身之中,这样的命题确实断定,主项指代的东西有谓项指代的东西或在谓项指代的东西之中。但是它们显然都是假的，因为主项和谓项指代相同的东西。因此，安瑟伦在《独白》第 16 章中指出，说最高的性质即上帝有正义是不恰当的，而应该说，最高的性质是正义。同样，严格地说，在指苏格拉底时，说这个人有人性也是不正确的，而应该说，他是人性。

然而，当圣人们说上帝具有正义，上帝具有智慧、善和知识，并且智慧在上帝中时，尽管隐含有假的涵义，他们确实在说某种真的东西。同样，尽管像"人有人性"和"人性是在苏格拉底之中"这样的命题字面上是假的，但是在一般上下文中，它们却是无可非议的。

由此还得出，严格地说，人性存在于其专有的主体之中，或人性依附其专有的主体，或专有的主体终止了性质的依附，这样说是假的。相反，应该承认人性本身是主体。这样，除非一些助范畴因素妨碍了谓述，否则应该无条件地承认"人性是主体"这个命题。然而，即使我们应该作出有关助范畴因素的相关假定，人性在加到其他某种东西上时，就不是主体，这依然会是真的。因为当人性加到其他某种东西上时，它立即不再是一个主体。"主体"这个名有不被加到其他东西上的涵义。这个名或任何与它相等的词项的名称可定义如下：主体是一个完整的东西，是一个而不是多个，并且不被任何主体支撑。当从意义上理解这两个表达时，人们可以用这个定义替代"主体"，也可以用"主体"替代这个定义。一旦这样替代，就很容易确定哪个命题是真的，哪个命题是假的。

8. 论具体的名和抽象的名的第三种方式

由于上一章讨论的这些问题本身是十分重要的,它们迫使我们离开了主题。现在我们应该回到主题,考虑具体的名和抽象的名可以起作用的另一种方式。在这一过程中,我们将能够澄清前面提出的一些问题。

有一些抽象的名(或一些可以被引入使用的名),它们隐蔽地容纳了一些助范畴词或状语限制。结果,这些抽象的名在意义上各个等同于一个具体的名(或其他某个词项)与某个助范畴词(或其他表达或词组)的组合。因为说一种语言的人,如果愿意的话,可以用一种表达方式代替几种表达方式。例如,我可以用"A"代替"每个人"这个复杂表达式;我可以用"B"代替"唯独人"这个复杂表达式,如此等等还有其他表达式的代替。

现在,假定这种描述适合于一些抽象的名。这样我们就会有下面这种情况:一个抽象的名和一个具体的名既不指代也不意谓不同的东西,但是如果这两个词项中一个谓述另一个,就会产生一个假命题,而且如果一些词项可以谓述这些词项中的一个,就不会谓述另一个。例如,假定"人"这个抽象的词项在意义上等同于"人作为人"或"人,只要他是人"这个表达式。这样,"人跑"就会是真的,但是由于"人,只要他是一个人,(则)跑"是假的,因此"人性跑"就会是假的。或者假定"人性"等同于"人必然地……"这个表达式(因而一个表达式可以用来代替另一个)。在这种情况下,人性是人就会是假的;因为说人必然地是人是假的。没有任何人必然地是人，而只是偶然地是人。同样，说"人性是白的"也会是假的；因为"人必然地是白的"是假的。

按照这种一般过程，对任何一对具体的名和抽象的名，人们都可以声称，这些名既不意谓也不指代不同的东西，而是第一，一个谓述另一个则得出一个假命题，第二，可谓述其中一个的东西不必然可以谓述另一个。这样，人们可以声称，尽管量不是与实体和质不同的东西，下面这两个命题却都是假的："实体是量"、"质是量"。如果"量"这个名会在意义上等同于"必然有量的，同时依然存在于事物的性质之中"这个复杂表达式，那么就可以保留这种观点（量不是与实体和质不同的东西），同时坚定地声称"实体是量"是假的；因为"只要实体依然存在于事物的性质之中，它就必然是有量的"这个命题也是假的。这一类描述将适合于其他上下文，无论涉及的东西是创造的还是神圣的。

这样，用同样的技术，人们就可以声称，神圣本质、理性和意志绝不是不同的，而"上帝通过他的理性理解"这个命题是真的，"上帝通过他的意志理解"这个命题是假的。同样，人们坚决主张心灵与理性和意志没有区别，同时又可以认为"理性理解"这个命题是假的，如此等等还有其他例子。

我认为有关这些例子产生的困难不是实在的，而只是词语的或逻辑的。这样，那些不懂逻辑的人关于这些问题撰写了一卷又一卷著作，却毫无用处，他们在不存在困难的地方制造出困难，从而抛弃了他们应该检验的问题。

尽管在日常言语中，抽象的名很少或从不作为在意义上等同于一些表达式使用的，但是在圣徒和哲学家的著作中，他们常常被这样使用。这样,阿维森纳在他的《形而上学》第五卷中说:"马性不过就是马性;因为它本身既不是一也不是多,它不是在可感觉的事物之中,也不是在心灵之中。"在说这段话时,阿维森纳的意思仅仅是:马不被定义为要么是一个东西,要么是多个东西,也不被定义为在心灵之中或在外界的事物之中。这些概念都不包含在马的定义之中。这样,阿维森纳是说,把"马性"这个词作为在意义上等同于几个表达式使用的,或者单独使用的,或者通过一个动词和一个系词使用的。他的意思显然不是说,马性是某种既不是一个东西也不是多个东西,既不在心灵之外也不在心灵之中的实体。因为这是不可能的,而且也是荒谬的。他的意思仅仅是说,这些概念都不是马的定义的一部分。凡仔细检验他的论述的人,都可以充分认识到这是他的意思。这样,他说:"由于它(即普遍的东西)会是人或马,这种意向就是某种与马性或人性这种表现出普遍性的意向不同的东西,因为马性的定义不同于普遍性的定义;普遍性也不包含在马性的定义之中;因为马性有自己的定义,而这定义并不缺少普遍性。"从这些和其他一些(为了简明我省略了的)评述可以非常清楚地看出,他的意思仅仅是说,这些东西都不在马或马性的定义中。这样,在这段话中,他的意思是以某种方式使用"马性"这个名,使它在意义上等同于几个表达式。否则,下面的推理就会是无效的:一、多和类似的概念不在马性的定义中;所以,马性不是一个东西。与此相反,这个推理会是无效的,其原因与下面这个无效的推理是一样的:"白的不在人的意义之中,所以人不是白的。"

　　以上论述使我们能够揭露在某种至少词语上看是有效的论证

形式中存在的一个谬误。请考虑下面的推理：每个绝对的东西[①]都是一种实体或质；量是一个绝对的东西；所以，量是一种实体或质。这个论证的一般形式是"每个 B 是 A，C 是 B；所以，C 是 A"。如果我们正确地解释相关的词项，我们就能够揭露这种论证形式中的一个谬误。这样，把"B"解释为"人"；把"A"解释为"动物"；把"C"解释为"必然能笑的东西"；这里的解释是这样的，我们可以以"必然能笑的东西"这整个表达式替代"C"并且反之亦然。但是当我们以这种方式解释这个论证时，我们从真前提得到一个假结论。这样，"每个人是动物；必然能笑的东西是人；所以，必然能笑的东西是动物"。但是，这个论证是荒谬的这一事实表明，"每个 B 是 A；C 是 B；所以 C 是 A"这种一般形式本身是荒谬的。更一般地说，注意抽象的词项的这种特殊用法，使我们能够保留传统著作中发现的许多貌似错误的论述。

不只抽象的名可以在意义上等同于几个表达式，具体的名和其他种类的表达式也能出现这种情况。这样，那些逻辑专家认为"*totus*"（整个）这个拉丁词包括它使之周延的词项，因此在作助范畴词使用时它等同于"*quaelibet pars*"（各个部分）这个拉丁表达式。这样，"*Totus Sortes est minor Sorte*"（整个苏格拉底小于苏格拉底）这个拉丁句子等同于"*Quaelibet pars Sortis est minor Sorte*"（苏格拉底的各个部分小于苏格拉底）这个拉丁句子。同样，"*quodlibet*"这个拉丁词容纳了它使之周延的词项，因此它等同

---

①　"每个绝对的东西"的原文是"*omnis res absoluta*"，英译文为"every absolute entity"。在英译文中，"entity"使用的非常频繁，但是拉丁文"*res*"的主要意思是"事物"、"东西"。鉴于它的抽象意思，这里一般采用"东西"这一表达。——译者

于"*omnes ens*"(各个东西)这个短语。否则,"*Quodlibet est homo vel non homo*"这个拉丁句子就会没有意义。对于其他许多词也是同样。当一个人说出"*curro*"这个拉丁词时,人们就明白第一人称代词;在这种情况下,"*curro*"等同于"*curro*"加上相关的代词。其他许多表达式也是这样的;如果我们认识不到这一事实,我们将很难把握著作者们的意图。

　　这样,一个表达式有时等同于几个表达式。也可能出现这样的情况,当把一个表达加到另一个表达上,得到的整体等同于另一个复杂表达式,而这两个复杂表达式也不必结构相同。有时第一个复杂表达式中的一些表达在第二个复杂表达式中要有不同的格、情态或时态,有时它们干脆被排除了。这样,如果"*totus*"这个词作助范畴词解释,那么"*Totus Sortes est minor Sorte*"等同于"*Quaelibet pars Sortis est minor Sorte*",这里"*quaelibet pars*"(各部分)代替了"*totus*"(整个),"*Sortis*"这种间接格形式代替了"*Sortes*"这种主格形式。一些人认为,"一种形式的产生是在一种场合出现的"这个命题等同于"一种形式的任何部分都不会先于另一部分出现,而是所有部分一起出现"。这里消除了系词"是"。同样,一些人说,"量是绝对的东西"这个命题等同于"部分之间的距离和部分广延,即使不是实体也不是质,若是在自然事物中依然会是绝对的东西"这个命题。如果这种分析是正确的,显然下面的推理就是无效的:每个绝对的东西都是一种实体或质;量是绝对的东西,所以,量是实体或质。

　　如果有谁说,按照这种步骤,仅凭说某个三段论中这个或那个词项隐藏了某个助范畴词,我就可以中止这个三段论,那么我就会作出如下回答：为了知道一个推理是不是有效的，人们必须懂得词项的意义，而后相应地判断有关的推理是不是有效的。而且，在许多词项中，根据标准的用法，显然没有隐藏着这样的助范畴词，因此人们只需要诉诸支配三段论的标准规则来确定所考虑的三段论是不是有效的。然而，对每一个推理，逻辑学家仍可以通过把词项分析成它们的名词定义，从而确定它是不是有效的；一旦完成这种分析，逻辑学家将能够根据规则确定如何评价这个推理。

　　所有表示缺失和否定的抽象词（还有其他许多词项）都可以根据上面描述的一般过程进行分析，但是以后还要有更多的分析。此外，这一过程为我们奠定了一个否定"质料是缺失"、"空气是黑暗"、"心灵是罪恶"等等所有这些命题的基础。它还使我们能够保留像"上帝不创造罪恶"和"上帝不是邪恶的制造者"这样的命题。在探讨谬误的时候，我将解释如下推理的无效性的根源：这是邪恶；上帝制造它；所以，上帝制造邪恶。

9. 论具体的名和抽象的名的第四种方式

　　我们需要讨论抽象的名和具体的名的最后一种方式。一些抽象的名是这样的，它们仅指代许多聚集在一起的东西，而它们具体的形式却可以真谓述孤零零一个单一的个体。"人民"和"大众化的"就是一例。一个人可以是大众化的，但是他不能是人民。同样，那些声称数不是与被计数的东西不同的实体的人承认这样一种观点，所有与数有关的抽象的名和具体的名都是像"人民"和"大众化的"这样的表达式。根据这种观点，人们应该声称，许多人构成一个数,许多动物构成一个数,特别是,三角形的诸角构成三这个数,正方形的诸角构成四这个数。在其他情况中也是这样,除非人们想按照上一章的过程,声称这样的谓述不成立,因为相关的表达式在意义上等同于几个表达式。

尽管抽象的名和具体的名可能还有其他方式,但是关于这种区别,关于一种表达式等同于几种表达式的相关分析,以上论述确实足够了。这样,如果我在本书中遗漏了几种方式,谁也不应该责备我。我在这里绝不想详详细细地讨论所有问题,使那些聪明的学生没有依靠自己的能力检验问题的用武之地。确切地说,我是想粗略地检验一些基本问题,为那些没有学习过逻辑的人提供一些帮助。

10. 论含蓄的名和绝对的名

我们已经检验了具体的名和抽象的名之间的区别;现在我们要考虑经验哲学家常常采用的名之间的另一种区别。这是纯粹绝对的名和含蓄的名之间的区别。纯粹绝对的名是这样的,它们不是主要地意谓一些东西,而次要地意谓另一些东西。相反,凡绝对的名所意谓的东西都是被主要地意谓的。"动物"这个名提供了一个例子,这个名意谓牲畜、驴、人和其他动物;它不是主要地意谓一个东西,而次要地意谓另一个东西,以致使一个词被以主格意谓,而另一个词被以一种间接格意谓,这样一个词的名词定义也不显示任何虚词或不同格的名。严格地说,绝对的名确实没有名词定义,因为一个有名词定义的名只有一个这样的定义。如果一个词有一个名词定义,这个词的意思就不能被不同的句子表达,因而一个句子的词项意谓某种不被其他句子的词项以任何方式表示的东西。然而,在纯粹绝对的词项的情况下,名的意思可以被一些不同的句子表达,这些句子的构成词项不意谓相同的东西。例如,"天使"是一个纯粹绝对的词项(当然,前提是这个名用来意谓实体而不是传教士的礼拜仪式)。现在表达这个名的意思的方式不止一种。相反,一个人可以说"我用'天使'指一种与质料分离的实体",以此明确解释这个名的意思,但是另一个人可以说,"'天使'是一个既聪明又纯洁的实体",而第三个人则可以说,"'天使'是一个不与其他任何东西混合构成的简单的实体"。虽然这些句子都解释了"天使"这个名的主要特征,但是每一个句子都有一个词项,这个词项意谓某种不被其他两个句子的任何词项以相同方式意谓的东西,因此,严格地说,这些句子都不是名词定义。对于纯粹绝对的名一般都是这样;它们都没有在严格的意义上叫作名词定义的东西。下面是这样的名的一些例子:"人"、"动物"、"山羊"、"石头"、"树"、"火"、"土"、"水"、"天"、"白"、"黑"、"热"、"甜"、"香气"、"味道"等等。

而含蓄的名是这样一个名,它主要地意谓某种东西而次要地意谓另一种东西。含蓄的名有在严格的意义上叫作名词定义的东西。在一个含蓄词项的名词定义中,常常必须把一个表达式置于主格,把另一个表达式置于一个间接格。"白的"这个词项提供一个例子。这个词项有一个名词定义,它的一个表达式处于主格,另一个表达式处于一个间接格。这样,如果有人要寻找"白的"的名词定义,回答就会是"充满白的东西",或"含白的东西"。显然这里一个词项是在主格,另一个词项是在间接格。此外,有时一个动词在一个含蓄的名的名称定义之中。这样如果人们问"原因"的意义,那么正确的回答是"某种由其所是而产生另一种东西的东西"或"某种能够产生其他某种东西的东西"或这一类东西。

所有以第 5 章描述的第一种方式起作用的具体的名都是含蓄的词项,因为所有那些具体的名都意谓主格的某种东西和其他某种间接格的东西;就是说,在那些名的名词定义中,一个意谓一种东西的表达式处于主格,一个意谓另一种东西的表达式处于一个间接格。对于下面这样的名显然是这样:"正义的"、"白的"、"有心灵的"、"人的"。对于其他这样的名也是同样。

所有表示关系的名也是含蓄的,因为在表示关系的名的定义中有不同的表达式,它们意谓不同的东西或意谓处于不同方式的相同的东西。"类似的"这个名提供了一个例子。如果一个人给"类似的"下定义,他就会说,"与另一个东西有同类性质的那个东西是类似的",或某种产生同样结果的东西。

很清楚,在这种情况下,当我们在最广泛的意义上理解一个词项,"含蓄的"这个名比"关系的"更一般。

此外,那些主张量不是一种与实体和质不同的东西的人,必然声称所有由量的属产生的名都是含蓄的。这样他们必然说,"固体"是一个含蓄的词项,因为在他们看来,一个固体不过是一个分别有长、宽、高各部分的东西。他们以同样的方式声称,"连续的量"的名词定义就是"一个其各部分相互处于一定距离的东西"。这样,为了保持一致,他们必须认为,像"图"、"弯曲"、"直"、"长"和"高"这样的词项是含蓄的名。确实,那些声称每个事物要么是一个实体,要么是一种质的人必然认为,在与实体和质不同的范畴中,所有表达式都是含蓄的名,正像后面将表明的那样,甚至对于一些关于质的属的名,他们也必然这样认为。

像"真的"、"好的"、"一"、"潜能"、"行为"、"理性"、"明白的"、"意志"和"称心如意的"这样的表达式必然也被理解为含蓄的名。这样,"理性"的名词定义如下:"理性是能够进行理解的心灵"。这里,心灵是在主格被表示的,进行理解的行为是被句子的其余部分表示的。[①] "明白的"这个名也是一个含蓄的词项,它意谓处于主格和一个间接格的理性。这样,它的定义如下:"明白的东西是可以被理性理解的东西"。这里,理性是由"东西"这个词项和"理性"这个词项意谓的。对于"真的"和"好的",必然也是这样;"真的"与"是者"[②]可换位;因此它和"明白的"意谓相同的东西。同样,"好的"与"是者"是可换位的,它与"根据合理的原因可以是被向往、被爱的东西"这个短语意谓相同的东西。

11. 论第一指定的名和第二指定的名

我们至此考虑的所有划分都适用于自然有意义的词项和仅仅是约定俗成的符号的词项。现在我们要检验只是在那些约定俗成的符号的词项中得出的一些划分。

首先,在有约定俗成的意义的名中,一些是第一指定的名,另一

---

① 这里说的是拉丁语的语法形式。汉语的语法形式显然不是这样。——译者
② 这里的"是者",原文是"*ente*",英译文为"being"。——译者

些是第二指定的名。第二指定的名是这样的名,它们被用来意谓约定俗成的符号和所有适合约定俗成的符号、起符号作用的特征。

然而,"第二指定的名"这个普通术语有两种含义。在广义上,第二指定的名是那些意谓约定俗成的表达的名。一个表达式若是这种意义上的一个第二指定的名,也可能意谓心灵的意向或自然的符号;但是只有作为约定俗成的表达的符号,它们才是第二指定的名。在它们的语法应用中,像"名"、"代词"、"动词"、"联结词"、"格"、"数"、"语态"和"时态"这样的表达式都是广义的第二指定的名。这些名叫作名的名;其原因在于当它们是有意义的时,它们被用来意谓言语部分。另一方面,那些谓述词语表达的名,无论是不是有意义的,都不叫作第二指定的名。这样,尽管像"质"、"表达"和"说出的词"这样的名意谓并且适合约定俗成的符号,但是它们也意谓没有意义的词语表达;因此,它们不是第二指定的名。然而,"名"这个表达式是一个第二指定的名,因为"人"这个词过去在用来意谓之前并不是其他什么名;同样,"人的"这个表达式过去在用来意谓之前并没有格;其他这样的表达式也是如此。

一些表达式只意谓约定俗成的符号,但绝不能适用于心灵的意向,即自然的符号。在狭义上,这样的表达式是第二指定的名。例如,"格"、"动词变形"和类似的表达式。所有其他的名(即那些既不是第一种意义上也不是第二种意义上的名)都是第一指定的名。

然而,"第一指定的名"有两种含义。在广义上,所有不是第二指定的名都是第一指定的名。在这种意义上,像"每个"、"没有"、"某个"和"所有"这样的助范畴符号都是第一指定的名。在狭义上,只有那些不是第二指定的名的范畴名才叫作第一指定的名。

以狭义的"第一指定的名"这个表达式为例,有两种第一指定的名:因为一些是第一意向的名,另一些是第二意向的名。第二意向的名是这样的名,它们被用来意谓心灵的意向或自然的符号,一些约定俗成的符号和伴随这样的符号出现的一些特征,例如"属"、"种"、"全称的"、"可谓述的"等等,这些名各自只意谓自然的或约定俗成的符号。

但是"第二意向的名"这个普通术语既有一种广义,也有一种狭义。在广义上,一个表达式叫作一个意向的名,如果它意谓心灵的意向,自然的符号,而且无论它就其作为符号的能力来说是不是也意谓约定俗成的符号。在这种意义上,第二意向的名可以是第一指定或者第二指定的名。

12. 论第一意向的名和第二意向的名

在上一章,我指出一些表达式是第一意向的名,另一些表达式是第二意向的名。不知道这些词项的意义,是许多人产生错误的一种根源;因此,我们应该注意什么是第一意向的名,什么是第二意向的名,以及它们是如何区别的。

首先应该注意,心灵的意向是心灵中能够表示其他某种事物的东西。前面我们已指出书写的符号较之说出的符号为什么是第二位的。在约定俗成的符号中,说出的词是第一性的,同样,说出的符号附属于心灵的意向,前者是第二性的,后者却是第一性的,恰恰是由于这个原因,亚里士多德说,说出的词是心灵印象的符号。现在,心灵中存在的那种作为一事物的符号和构成思想中命题的要素(就像一个说出的命题由说出的词构成的一样)这样的东西具有不同的名。有时它叫作心灵的意向;有时它叫作心灵的印象;有时它叫作事物的形象。波爱修在对《解释篇》的评注中称它为一种理性。当然,他的意思并不是说,思想中的命题是由理性的心灵这种意义上的理性构成的。他的意思只是说,思想中的命题是由那些理性的东西构成的,这些东西是心灵中表示其他事物的符号。这样,每当一个人说出一个命题,他都预先形成一个思想中的命题。这个命题是内在的,它不属于任何一种特殊的口头语言。但是也发生这样的情况:人们常常形成内在的命题,由于他们的语言有缺陷,他们不知道如何把这些命题表达出来。这样的思想中的命题的部分叫作概念、意向、表象和"理性"。

但是我们应该把这样的符号等同于心灵中的什么东西呢?对此有各种不同的意见。一些人说,概念是心灵制造或塑造的东西。另一些人说,概念是与进行理解的行为不同的某种性质,它存在于心灵之中,如同存在于主体中一样。还有一些人说,概念就是进行理解的行为。最后这种观点得到下面这条原理的支持:如果人们能够以较少的东西行事,就不应假设有更多的东西。除此之外,从假设与进行理解的行为不同的实体所得出的所有理论优点,没有这样的区别也可以得到,因为进行理解的行为可以意谓某种东西,并且能够指代某种东西,就像某种符号那样。因此,没有必要假设任何超出进行理解的行为这样的东西。但是以后我还要再讨论这些不同的观点。这里我只需要说,意向是心灵中的某种东西,这种东西要么是自然地意谓其他某种东西(它可以指代这个东西)的符号,要么是思想中命题的一种潜在要素。

但是有两种意向。一种叫作第一意向。这是这样一种意向，它意谓某种本身不是心灵意向的东西，尽管它可能意谓心灵意向以外的一种意向。一个例子是可谓述所有人的心灵的意向；另一个例子是可谓述所有白、黑等等的意向。

但是可以在两种意义上理解"第一意向"这个表达。在广义上，心灵中的一个意向符号是第一意向，如果它不仅仅意谓意向或符号。在这种意义上，第一意向不仅包括这样的意向，它们如此意谓，以致可以在命题中指代其意谓的东西，而且包括这样的意向，它们像助范畴意向一样，只是一种扩展了的意义上的符号。在这种意义上，思想中的动词、思想中的助范畴表达式、思想中的联结词，以及类似的词项都是第一意向。在狭义上，只有那些能够指代其意谓的东西的名才叫作第一意向。

另一方面，第二意向是心灵的一种意向，而且是第一意向的符号。例如，属、种和类似的东西。当我们说，"这个人是人，那个人是人……"（如此等等对所有单个的人）时，一种所有人共有的意向就意谓所有人。同样，当我们说，"这个种是种，那个种是种，……"（等等）时，我们谓述的是一些意谓事物的意向所共有的一种意向。此外，当我们说，"石头是属"，"动物是属"，"颜色是属"时，我们用一种意向谓述另一种意向，一如当我们说，"人"是一个名，"驴"是一个名，"白"是一个名时，我们用一个名谓述一些名。现在，恰如第二指定的名约定俗成地意谓第一指定的名一样，第二意向约定俗成地意谓第一意向。而且，恰如第一指定的名意谓某种不同于名的东西一样，第一意向意谓本身不是意向的东西。

然而，人们依然可以声称，在严格的意义上，第二意向是专门意谓第一意向的意向；而在广义上，第二意向也可以是意谓意向和约定俗成的符号的意向（如果确实有任何这样的意向）。

13. 论一义词项和多义词项

下一点要考虑的是把有约定俗成意义的词项划分为一义的词项和多义的词项。亚里士多德在《范畴篇》中，检验了来自名词的多义词项和一义词项；但是关于来自名词的词，我们在前面章节中已经说过许多，因此我们将只讨论一义词项和多义词项。

首先应该注意，只有词——约定俗成的符号——可以是一义的或多义的。严格地说，这种区别不适用于意向或概念。

如果一个词在意谓不同的东西时，它是附属于几个而不是附属于一个概念或心灵的意向的符号，那么它就是多义的。当亚里士多德说同一个名适用，但是对相应于这个名的东西的说明是不同的时，他就是这种意思。他说的"对实体的说明"是指概念或心灵的意向，不仅包括简单概念，而且包括思想中的描述和定义。他想说，这些东西是不同的，而名却只有一个。多义性的一个明显的例子是一个属于不同语言的词的情况，因为在一种语言中，表达式被用来意谓一个概念所意谓的东西；而在另一种语言中，它被用来意谓其他某个概念所意谓的东西，这样，这个表达式在意义上附属于几种不同的概念或心灵的印象。

然而，有两类多义性。在第一种情况中，一个词项是偶然地多义的。这里，一个词项附属于几个概念，但是即使它不附属于其他概念，也会附属于这些概念中的一个概念；同样，即使它不意谓其他东西,它也会意谓一个东西。一个例子是"苏格拉底"这个名,把它指派给几个人。但是,多义性也可以是意向的。这里,一个词首先被指派给一个东西或几个东西。这样,它附属于一个概念。但是后来,因为这个词项意谓的东西与其他一些东西相似或有其他某种关系,这个词项就被用来意谓某种新东西。然而,它的新用法就不仅仅是偶然的。如果它没有被指派到第一类东西,它就不会在第二种情况中被使用。一个例子是"人"这个词项。起初,这个词项被用来意谓所有理性动物,所有那些归于理性动物这一概念之下的东西。但是后来,使用这个词项的人看到人和他们在图画中的形象之间的类似性,这样,他们用"人"这个词项意谓人的图画表象,但是注意,他们不会用"人"这个词项意谓或代表人的表象,除非他们一开始把这个词项用到现实的人上。为此我们说,"人"根据意向是多义的。

凡仅附属于一个概念的表达式都叫作一义的,无论这个词项是不是意谓几个不同的东西。但是严格地说,一个词项只有意谓或可以没有差别地分别意谓几种不同的东西,才能叫作一义的。一个词项是一义的,因为它意谓的这几种不同的东西也都是被一个概念意谓的。这样,一义的词项就是一个符号,这个符号在意义上附属于一种是心灵的意向或概念的自然的符号。

一义的词项和多义的词项之间的区别不仅适用于名,而且也适用于动词和其他言语部分。确实,正由于一个词项可以作为言语的不同部分起作用,即作为名和动词,作为名和虚词,作为名和副词等等起作用,因此它可以是多义的。

把词项划分为多义的和一义的并不是简单地划分为对立的东

西,注意到这一点十分重要。这样,"某个多义词项是一义的"这个命题并非总是假的。确实,它在一些上下文中是真的;因为同一个词是真正地多义的和一义的,但不是对于相同的人。同样,一个人可以既是父亲又是儿子,但不是就同一个个人来说既是父亲又是儿子。同一个东西也可以既是相似的又是不相似的,但不是就同一个东西来说既是相似的又是不相似的。这样,如果一个词项属于不同的语言,那么显然它在各语言中可以是一义的。这样,对于只说其中一种语言的人来说,当词项在一个命题中出现时,他不想作出任何区别,但是对于懂得两种语言的人来说,这个词项就是多义的;因此,懂得两种语言的人常常会不得不区别含有相关词项的命题。同一个词项对一个人是一义的,对另一个人是多义的。

以上说明,一个一义的词项不是一个有单一定义的词项。许多一义的词项没有可以恰当地称之为定义的东西。这样,当亚里士多德说一义的词项是那些有共同的名的词项,但是对实体的说明却是相同的时,他是把"说明"这个词项当作心灵的意向,它是基本符号,相关的词附属于它。

但是应该注意到,"一义的"有两种意思。在广义上,每个相应于单称概念的词或约定俗成的符号都是一义的。在狭义上,我们称一个词项为一义的,仅当它可以谓述一定的东西或以第一种本质性质的方式谓述表示这些东西的代词。我们称这个词项就这些东西来说是一义的。

就目前来说,我们可以满足于区别"从名词来的词项"的两种意思。在狭义上,一个词项是从名词来的,如果第一,它以与一个抽象词项相同的读音起头,却有不同的词尾,第二,它意谓某种偶性。这样,"勇敢的"是从"勇敢"这个名词来的词,"正义的"是从"正义"这个名词来的词。在广义上,一个词项被说成是从名词来的,如果它有与抽象词项相同的词干,但有不同的词尾。在这种意义上,这个词是否意谓一种偶性,这是无关紧要的。这样,"有心灵的"是从"心灵"这个名词来的词。

就目前来说,这足以说明词项中的各种划分,以后我还要补充一些省略的要点。

14. 论普遍的东西

对于逻辑学家来说,仅有关于词项的一般知识是不够的。他们需要深刻地理解词项这个概念。因此,在讨论了词项中的一些一般划分之后,我们应该详细检验这些划分之下的各种不同的标题。

首先,我们应该探讨第二意向的词项,然后探讨第一意向的词项。我说过,"普遍"、"属"和"种"是第二意向的词项的例子。我们必须讨论那些叫作"普遍"的第二意向的词项,但是我们应该首先考虑"普遍"这个普通词项。它谓述每个普遍的东西,并且与特殊的东西这个观念对立。

首先,应该注意,"特殊"这个词项有两种意思。在第一种意义上,一个特殊的东西是这样的东西,它是一,不是多。一些人认为,普遍的东西是心中的某种性质,它可以谓述多个东西(当然,不指代自身,而指代它谓述的多个东西)。这些人一定承认,在这个词的这种意义上,每个普遍的东西都是特殊的东西,即使约定俗成地使一个词成为普通的,它仍是特殊的东西,同样,意谓多个东西的心灵意向在数目上是一个东西,一个特殊的东西;因为尽管它意谓多个东西,它仍然是一个东西,而不是多个东西。

在另一种意义上,我们用"特殊"这个词指这样的东西,它是一而不是多,并且不能作为表示多的符号起作用。在这种意义上理解"特殊",则任何普遍的东西都不是特殊的,因为每个普遍的东西都能够意谓多个东西,并且能够谓述多个东西。这样,如果我们像许多人那样,用"普遍"这个词项指在数量上不是一的东西,那么我要说任何东西都不是普遍的。当然,人们可以滥用这个表达式说,人口构成单一普遍的东西,因为人口不是一,而是多。但这会是很幼稚的。

因此应该说,每个普遍的东西都是特殊的东西,而且它除了在其意义上,在其意谓多个东西的时候,都不是普遍的东西。这就是阿维森纳在他对《形而上学》第五卷的评注中所要说的东西。他说:"心智中的一种形式与多个东西有关,在这一点上,它是普遍的东西;因为它是心智中与你选择的任何东西都有一种恒定关系的一种意向。"然后他继续说:"尽管这种形式在与个体的关系方面是普遍的东西,但是它在与它所附属的特殊心灵的关系方面却是特殊的东西;因为它仅仅是心智中许多形式中的一种形式。"他的意思是说,普遍的东西是特殊心灵的一种意向。只要它能够谓述多个东西,不是表示它自身,而是表示这些东西,它就被说成是普遍的东西;但是只要它是实际上存在于心智中的一种特殊形式,它就被说成是一种特殊的东西。这样,"特殊"在第一种意义上而不是在第二种意义上谓述普遍的东西。我们以同样的方式说,太阳是一种普遍的原因,然而它实际上确实是一种特殊的或个别的原因。因为,由于太阳是多个东西(即每个可产生和可消亡的客体)的原因,所以,太阳被说成是一种普遍原因。但是由于它是一种原因而不是多种原因,所以它被说成是一种特殊原因。同样,由于心灵的意向是一个可谓述多个东西的符号,所以它被说成是一种普遍的东西,但是由于它是一种东西,而不是多种东西,所以它被说成是一种特殊的东西。

但是应该注意,有两种普遍的东西。一些东西本性上是普遍的;也就是说,从本性上说,它们是可谓述多个东西的符号,一如烟本性上是火的迹象,哭泣是悲伤的迹象,笑声是内心高兴的迹象。当然,心灵的意向从本性上是普遍的东西。这样,心灵以外的任何实体,心灵以外的任何偶性都不是这种普遍的东西。在以下几章我要说的正是这种普遍的东西。

另一些东西从习惯上是普遍的。这样,一个说出的词(它在数上是一种性质)是一种普遍的东西;它是习惯上用来表示多个东西的意义的符号。这样,由于这个词被说成是普遍的,它可以被称为普遍的东西。但是应该注意,不是从实质上,而只是从习惯上,这个符号才是适用的。

15. 普遍的东西不是心外的东西

但是,仅仅阐述一个人的观点是不够的;还必须用哲学论证为它辩护。因此,我将为我的观点提出一些论证,然后诉诸权威来进一步证实它。

　　任何普遍的东西都不是存在于心外的实体，这可以用几种方式证明：

　　任何普遍的东西都不是数目为一的特殊的实体；因为如果是这样，就会得出，苏格拉底是普遍的东西；因为没有任何合适的理由说明为什么一个实体应该是一个普遍的东西而不是另一个普遍的东西。因此任何特殊的东西都不是普遍的东西；每个实体在数目上为一，并且是一个特殊的东西。因为每个实体要么是一个东西而不是多个东西，要么是多个东西。现在，如果一个实体是一个东西而不是多个东西，则它在数目上为一，因为这正是我们所说"在数目上为一"的意思。但是另一方面，如果某个实体是一些东西，那么它要么是一些特殊的东西，要么是一些普遍的东西。如果选择第一种情况，就会得出，某个实体会是一些特殊的实体；因此某个实体会是一些人。但是尽管普遍的东西会与单个特殊的东西相区别，却不会与一些特殊的东西相区别。然而，如果某个实体会成为一些普遍实体，或我取这些普遍实体中的一个并且问，"它是多个东西呢，还是它是一个而不是多个东西呢？"如果是后一种情况，就得出，这个东西是特殊的。如果是前一种情况，我就问，"它是一些特殊的东西，还是一些普遍的东西呢？"这样，要么会有一种无穷倒退，要么就要承认，任何实体都不以某种方式是普遍的东西，否则它与它也是特殊的东西这种情况就会是不相容的。由此得出，任何实体都不是普遍的东西。

　　而且，如果某个普遍的东西会既在一些特殊实体中存在[①]又

---

　　①　这里的"存在"一词，原文为"*exsistens*"。——译者

是与它们不同的东西,那么就会得出,它可以是没有这些特殊实体的;因为所有自然地先于其他某种东西的东西,都是能够依靠上帝的力量没有那种东西的,但是这种结果是荒谬的。

而且,如果所说的这种观点是正确的,就不会有任何个体能够被创造出来。个体的某种东西就会在它之前存在①,因为如果个体中普遍的东西已经在其他某个东西之中,那么整个个体就不会是凭空存在。由于这相同的原因,就会得出,上帝不摧毁同类其他个体,他就不能消灭一个个体实体。如果他要消灭某个个体,他就会毁掉对这个实体至关重要的整个东西,结果他就会毁掉这个东西中的和其他具有相同本质的东西中的普遍的东西。因此,具有相同本质的其他东西不会继续保留下来。因为若是没有构成它们一部分的普遍的东西,它们就不能继续存在。

而且,这样一种普遍的东西不能被解释为某种完全不是个体本质固有的东西;因此,它会属于个体的本质:结果,一个个体会是由普遍的东西构成的,以致这个个体不会是普遍的东西,也不会是特殊的东西。

而且,这得出基督本质的某种东西会是痛苦的和糟糕的,因为基督身上实际存在的普通性质在糟糕的个体身上就会是糟糕的;因为这种本质肯定也在犹大身上。但这是荒谬的。

本来可以提出许多其他论证,但是为了简明,我将省去它们。相反,我将诉诸权威来证实我的说明。

首先,在《形而上学》第七卷中,亚里士多德探讨了普遍的东西

---

① 原文为"*praeexsisteret*"。——译者

是不是实体的问题。他说明任何普遍的东西都不是实体。因此，他说："普遍的东西是可以普遍谓述的东西，这是不可能的。"

而且，他在《形而上学》第十卷中说："这样，如果正像我们在讨论实体和是的时候论证的那样，任何普遍的东西都不能是实体，那么普遍的东西就不可能是多个东西之上的和与多个东西对立的实体。"

这些论证清楚地说明，在亚里士多德看来。尽管普遍的东西可以指代实体，但是任何普遍的东西都不是实体。

而且，评注家在对《形而上学》第七卷的第四十四条评注中说："在个体中，唯一的实体是构成个体的特殊形式和质料。"

而且，他在第四十五条评注中说："因此让我们说，在我们称之为普遍的东西的那些东西中，不可能有一个是任何东西的实体，尽管它们确实表达一些东西的实体。"

而且，他在第四十七条评注中说："它们（普遍的东西）不可能是自然存在和自身存在的实体的部分。"①

而且，在对《形而上学》第八卷的第二条评注中，他说："任何普遍的东西都不是实体或属。"

而且，他在对第十卷的第六条评注中说："既然普遍的东西不是实体，是这个普遍观念显然不是存在于心外的实体。"

在使用这些和许多其他权威的论述时，出现一个一般的观点：无论我们考虑这个问题所依据的观点是什么，任何普遍的东西都不是实体。这样，我们考虑这个问题所依据的观点与某个东西是

---

① 这里的"存在"，原文为"existentiam"。——译者

不是实体这个问题是不相关的。然而，一个词项的意义与"实体"这个表达式是否能够谓述这个词项这个问题却是相关的。这样，如果"狗"这个词项在"狗是动物"这个命题中被用来代表吠叫的动物，这个命题就是真的；但是如果它被用来代替以它命名的那个天体，这个命题就是假的。但是不可能同一个东西从一种观点看应该是实体而从另一种观点看不应该是实体。

因此，应该承认，无论如何考虑，任何普遍的东西都不是实体。相反，每个普遍的东西都是心的一种意向，这种意向最可能被认为是等同于知性行为。这样，人们说，我把握人生所凭借的知性行为是人的一种自然的符号，如同哭泣是悲痛的自然的符号一样。它是自然的符号，因而可以代表思想命题中的人，如同说出的词可以代表说出的命题中的东西一样。

普遍的东西是心灵的意向，这一思想被阿维森纳在《形而上学》第五卷中明确表达出来。在这一卷中他评论道："因此我说，普遍有三种意思。因为我们说如果某种东西（像"人"一样）实际上谓述许多东西，它就是普遍的东西；而且如果一种意向可以谓述许多东西，我们也称它为普遍的东西。"接着是下述评论："如果一种意向谓述许多东西是没有什么不可思议的，它也被称为普遍的东西。"

从这些评论中可以看出，普遍的东西是一种能够谓述许多东西的心灵的意向。可以通过论证来证实这一论述。因为每个人都同意普遍的东西是某种可谓述许多东西的东西，但是只有心灵的意向或约定俗成的符号才谓述。任何实体都绝不会谓述任何东西。因此，只有心的意向或约定俗成的符号是普遍的东西；但是我在这里用"普遍"这个词不是指约定俗成的符号,而只是指本性是普遍的东西这样的符号。显然,实体不能起谓词的作用;因为如果它能起谓词的作用,就会得出,一个命题会由一些特殊实体构成;结果,主项会在罗马,而谓项会在英国,这是荒谬的。

此外,命题只在心中,在言语中,或在文字中出现;因此它们的部分只能是在心中,在言语中,在文字中。然而,特殊的实体本身不能是在心中,在言语中,或在文字中。这样,任何命题都不能由特殊的实体构成。然而,命题由普遍的东西构成;因此,普遍的东西不能被看作是实体。

16. 驳斥司各托对普遍的东西的说明

普遍的东西并不是一种存在于特殊的东西之中但不同于特殊的东西的心外的实体,这对许多人来说可能是显然的。尽管如此,仍然有人要说,普遍的东西以某种方式在心灵之外并且在特殊的东西之中;而且,一方面他们不想说普遍的东西确实与特殊的东西不同,另一方面他们说普遍的东西与特殊的东西是形式不同的。这样,他们说在苏格拉底中有人的性质,这种人的性质由于一种个体差异而缩略为苏格拉底,但是这种个体差异与人的性质不是现实上不同的,而只是形式上不同。这样,尽管不是有两种东西,一种东西在形式上却不是另一种东西。

我看不出这种观点是站得住脚的。

首先,在创造物中,绝不能有任何心外的区别,除非有不同东西;因此,如果性质和差异之间有任何区别,它们就必然确实是不同的东西。我以下面的三段论证明我的前提:性质不是与自身形式上不同的;这种个体差异与这种性质是形式上不同的;所以,这种个体差异不是这种性质。

而且,同一个实体不是既普通又专门的,但是在他们看来,个体差异是专门的,普遍的东西是普通的;所以,任何普遍的东西都不等同于个体差异。

而且,对立的东西不能归为同一个创造出来的东西,但是普通的和专门的是对立的东西;所以,同一个东西不是既普通又专门的。尽管如此,如果个体差异和普通性质是相同的东西,仍然会得出那个结论。

而且,如果普通性质是与个体差异相同的东西,那么有多少个体差异,就会有多少普通性质;结果,这些性质都不会是普通的,但是各种性质都会专门属于它与之等同的差异。

而且,每当一个东西不同于另一个东西时,它要么凭借自身,要么凭借自身固有的某种东西与那个东西相区别。现在,苏格拉底的人性是与柏拉图的人性不同的东西;所以,它们是凭借自身相区别,而不是凭借加给它们的差异相区别。

而且,根据亚里士多德的观点,不同种的东西也不同数,但是人的性质和驴的性质凭借自身是不同种的;所以,它们凭借自身是不同数的;所以,它们各自凭借自身都是数量为一的。

而且,不能属于多的就不能谓述多;但是这样一种性质如果确实是与个体差异相同的东西,那么就不能属于多,因为它不能属于任何其他特殊的东西。这样,它不能谓述多;但是在这种情况下,它就不能是普遍的东西。

　　此外,以个体差异和它限定的性质为例,这两种东西之间的差异要么大于要么小于两种特殊的东西之间的差异。它不大于后者,因为它们没有实在的区别;而特殊的东西确实有实在的区别。但是它也不小于后者,因为如果它小于后者,它们就会有同一种定义,这是因为两个特殊的东西能够容许有相同的定义。因此,如果它们中的一方本身数量为一,则另一方也数量为一。

　　此外,要么这种性质是个体差异,要么它不是个体差异。如果它是个体差异,我就论证如下:这种性质是专有的而不是普通的,但是这是我开始要论证的东西。我还论证如下:个体差异与个体差异不是形式上不同的;个体差异是性质;所以,性质与个体差异不是形式上不同的。但是,如果说个体差异不是性质,我的观点就得到了证明;因为由此得出如果个体差异不是性质,那么个体性质并非确实是性质;因为从结论的反面得出前提的反面。这样,如果个体差异确实是性质这是真的,那么个体差异就是性质。这个推论是有效的,因为从以对一个东西的确定得出的可确定的东西(这里的确定不降低或减少可确定的东西),人们可以推出由其自身得出的可确定的东西;但是"确实"并不表达一种有降低或减少作用的确定。因此得出,如果个体差异确实是性质,那么个体差异就是性质。

　　所以,应该承认,在创造出来的东西中不存在形式区别这样的东西。创造物中所有有区别的东西确实都是有区别的,因而是不同的东西。关于创造物,下面这样的论证方式绝不应该被否定:这是 A;这是 B;所以,B 是 A;而这不是 A;这是 B;所以,B 不是 A。人们也绝不应该否定:关于创造物,有一些东西允许有矛盾概念。

唯一的例外大概是这种情况：由于一些助范畴因素或类似的确定，矛盾概念是成立的，但是在我们目前说的情况不是这样。

因此，我们应该像哲学家们那样说，在一个特殊实体中，除了特殊形式、特殊的质料，或这两种东西的构成以外，没有实体性的东西。而且由于这样，谁也不应该认为在苏格拉底中，有这样一种人性或人的性质，它与苏格拉底不同，并且附加有限定这种性质的个体差异。苏格拉底中唯一能够被解释为实体性的东西是这种特殊的质料、这种特殊的形式，或这种质料和形式的构成。因此，每一种本质、每一种本质的东西和所有属于本质的东西，如果确实是在心灵之外，那么恰恰就是质料、形式或质料和形式的构成，或者按照逍遥学派的观点，是一种抽象的非物质的实体①。

17. 回答反对意见

一门学说处理反对意见的能力是这门学说的正确性的标志。因此，我要简述几种对以上观点的反对意见并且说明如何可以回答它们。许多有权威的人认为，普遍的东西在某种意义上是一种在心灵之外并属于特殊实体的本质的实体（entity）。他们提出论证和根据来表明这一点：

（1）②有人认为，当事物是实际上一致又实际上区别时，就有

---

① 原文是"*substantia immaterialis abstracta*"，英译文为"separated and immaterial substance"。——译者

② 这里的序号以及下文中的序号，是英译者所加。由于有助于行文和理解，我们采用了这些序号。——译者

某种它们借以相一致的东西和其他某种它们借以相区别的东西。但是苏格拉底和柏拉图是实际一致的并且是实际区别的;所以,鉴于不同的事物,他们必然相一致和相区别。鉴于人性、质料和形式,他们是一致的;所以,他们各自包含一种在这些事物之上的东西,一种他们借以得到区别的东西。这些附加的东西叫作个体差。

(2)而且,苏格拉底和柏拉图比苏格拉底和一头驴更一致;所以,有某种柏拉图和苏格拉底借以相一致而苏格拉底和这头驴借以不一致的东西。然而,苏格拉底和柏拉图不是以任何数量为一的事物相一致的。所以,他们借以相一致的东西不是特殊的;它一定是某种共同的东西。

(3)而且,亚里士多德在《形而上学》第十卷中说,在每一个属中都有一种事物是居先的并且是该属下所有其他事物的尺度。但是任何特殊的东西都不能是同一属下所有其他特殊的东西的尺度,因为任何特殊的东西都不能是同一种下所有个体事物的尺度;所以,有某种在特殊的东西之上的东西。

(4)而且,每一个普通概念都属于下属于它的事物的本质;所以,普遍的东西属于实体的本质。但是非实体不是任何实体的本质的一部分;所以,有的普遍的东西一定是实体。

(5)而且,如果任何普遍的东西都不是实体,那么所有普遍的东西就会是偶性,并且由此所有范畴都会是偶性。结果,一些偶性就会是比实体更一般的。确实,这样就会得出,同一个事物会是比它自身更一般的;因为如果普遍的东西是偶性,那么它们必然被置于性质这个属中;并且由此性质这个范畴就会是所有普遍的东西共同的。这样,对其本身是性质这个范畴的普遍的东西,性质这个范畴就会是共同的。

其他一些论证和许多权威的论据都是为了这种观点提出的,但是为了简明扼要,现在我不考虑它们。然而,我将在本书后面一些地方提到它们。对于提出的反对意见,我将作出如下回答。

对(1)的回答。对于第一种反对意见,我承认,苏格拉底和柏拉图实际上既是一致的,也是有区别的;他们在种上相一致,在数量上相区别。但是我要说,正是根据相同的东西,他们在种上相一致,在数量上相区别;而且在这里,我与那些区别共同性质和个体差异的人的观点没有分歧,因为他们被迫说,正是根据相同的东西,个体差异与实质既是实际相同的,也是形式区别的。这里有人可能会反驳说,这种相同的东西不能既是一致的原因,又是与一致对立的差异的原因。尽管这种主张是对的,它却没有切中问题;因为种的同一和数量的差异不是内在对立的。所以应该承认,苏格拉底在种上与柏拉图相一致并且根据同一种东西在数量上与柏拉图相区别。

对(2)的回答。以同样的方式第二个论证也是不成立的。因为它得不出,如果苏格拉底和柏拉图比苏格拉底和那头驴更一致,那么就有某种东西,鉴于此苏格拉底和柏拉图更一致。但是,他们自然地并且凭借自身就是更一致的,这一点是充分的。于是我说,苏格拉底凭借其理智的心灵与柏拉图就是更一致的;而且类似地,他在整体上与柏拉图比与那头驴是更一致的。这样,如果我们想表达得精确,我们就不应该说,苏格拉底和柏拉图在某种是他们本质的东西上是一致的;相反,我们应该说,他们在一些事物上是一致的,因为他们在形式上是一致的,并且整体地看,他们在自身上是一致的。

当然,如果根据反驳,他们二人有一种性质,那么他们在这种性质上也会是一致的;但是人们也完全可以说,如果根据反驳,上帝是轻浮的,那么他就会把世界统治得很差。

对(3)的回答。关于第三点,人们应该说,尽管一个个体可能不是同一属或同一最低种的所有个体的尺度,但是同一个个体却能够是另一个属或同一个种的许多个体的尺度。这正是维护亚里士多德的观点所需要的。

对(4)的回答。对第四种反对意见的回答是,恰当地说,所有普遍的东西都不属于任何实体的本质,因为每个普遍的东西都是心灵的一种意向或一个约定俗成的符号,而这两种东西都不能属于实体的本质。因此,任何属,或任何种,或任何其他普遍的东西都不属于任何实体的本质。但是,严格地说,应该说一种普遍的东西表达或表示了一个实体的实质;这就是说,它表达了是一个实体这样一种实质。注释家在《形而上学》第七卷注释中提出这一点,他说,尽管任何普遍的东西不可能属于任何事物的本质,但是普遍的东西确实表达事物的本质。这样,一些权威说,普遍的东西属于实体的本质,或在实体之中,或是实体的部分,所有这样说的权威都应该被解释为仅仅是说,普遍的东西表示、表达、表明和意谓事物的本质。

但是人们可能会根据以下方式进行反驳说:像"人"和"动物"这样普通的名意谓实体性的东西,而不意谓特殊的实体。它们表示的东西是实体性的;但是,如果它们是特殊的实体,那么,比如

"人"这个词项就会表示所有的人,而显然不表示所有的人①。

在回答这种反对意见的时候,我要说明,普通的名只表示特殊的东西。这样,"人"这个名仅仅表示是一个特殊的人这样的东西。因此,它可以指代的唯一的实体性的东西是一个特殊的人。确实,应该承认,"人"这个名毫无区别地表示所有特殊的人,但是由此并得不出"人"这个词项是多义的。这是因为尽管它同等地意谓一些个体,但是它以一种约定俗成的方式意谓它们;而且在意谓它们时,它只下属于一个概念而不是下属于几个概念。这样,它可以没有歧义地谓述它们。

对(5)的回答。关于最后一种反对意见,应该说,那些认为心灵的意向是大脑的性质的人不得不说所有普遍的东西都是偶性;然而,并非所有普遍的东西都是偶性的符号。相反,一些普遍的东西只是实体的偶性;它们构成实体范畴。其他普遍的东西构成其他范畴。因此,应该承认,实体范畴是一种偶性,尽管它意谓实体而不意谓偶性;在这样的条件下,应该承认,有的偶性(即仅仅是实体符号这样的偶性)本身是比实体更一般的。但是,这种说法并不比说有的词是许多实体的名更令人困惑。

但是,难道这不意味着同一个东西比它自身更一般吗?

我认为不是,因为为了使一个东西比另一个东西更一般,需要在它们之间作出区别。这样,尽管所有普遍的东西都是性质,人们仍然可以否认所有普遍的东西本身不如"性质"这个普通词项一般。"性质"这个一般的词项是一种性质;但是这并不是指一个词

---

① 　这里有语言的差异。这里的"人",原文为"homo",是一个单数名词。——译者

项比另一个词项更一般或不如它一般,因为我们这里仅仅在探讨一个词项。

有人也可能会反对说,既然任何一个词项都不能谓述不同的范畴,"性质"就不能对不同范畴是共同的。但是这里我们必须问,这些范畴是不是有意义地理解的。如果这些范畴不是有意义地理解的,那么同样的东西就可以谓述不同的范畴。这样,"'实体'是一种性质"这个命题是真的,如果主项实质地或简单地指代一种意向。以相同的方式,"'量'是一种性质"是真的,如果"量"不是有意义的表达。正是以这种方式相同的东西谓述不同的范畴。以同样的方式,"'实体'是一个词"这个命题和"'性质'是一个词"这个命题都是真的,如果主项实质地指代而不是有意义地指代。

同样,有人可能会反对说,"精神性质"这个概念比任何概念都更一般,因为它谓述几个不同的范畴,而且没有任何一个范畴谓述所有范畴。这里的正确回答是,如果所有范畴都作有意义的理解,那么"精神性质"这个概念不谓述它们,只有当它们当作符号来理解时,"精神性质"这个概念才谓述它们。这样就得不出"精神性质"这个概念比其他任何范畴更一般的结论;因为如果当两个词项都作有意义的理解时,一个词项比另一个词项谓述更多的词项,那么这一个词项是比另一个词项更一般的。

在"表达式"这个名中也出现类似的困难,因为这个名是归属于"名"这个概念之下的。"表达式"是一个名,并非每个名都是"表达式"这个名。尽管如此,"表达式"这个名却比所有的名更一般一些,甚至比"名"这个词项更一般一些;因为每个名都是一个表达式,但是并非每个表达式都是一个名。这样,似乎同一个东西比其他某个东西既是更一般的,又是不太一般的。如果我们注意到,只有当相关的词项在包含它们的所有命题中一致地指代时,刚才提出的这个论证才是有结论的,那么这个困难就会被消除。仔细的考虑表明,这些词项不是一致地指代的。

　　然而,人们可以以一种不同的方式使用"不太一般"这个词项。人们可以论证说,如果当一个词项以这样或那样的方式指代时,另一个词项(与其他词项一起)谓述它,那么前者就不如后者更一般。于是可能会是这样的情况:当下位词项以一种不同的方式指代时,更一般的词项不能谓述这个下位词项,因而当下位词项以所有方式指代时,更一般的词项就不能谓述它。在这种新的意义上,人们可能会认为同一个东西比另一个东西既更一般,又不太一般,但是在这种修正的使用中,"不太一般"和"更一般"不再起对立的作用。它们不过是不同的概念。

18. 论一般的五种普遍的东西

　　既然我们已经说明什么是普遍的东西,我们就应该确定共有多少种普遍的东西。一共有五种,而且可以以下述方式说明这一点。每个普遍的东西都以说明是什么的方式或说明不是什么的方式谓述许多东西。如果它以说明是什么的方式谓述,那么可以用它作为对"这是什么?"的回答。这里有两种可能的情况。在第一种情况下,普遍的东西所谓述的许多东西都是相似的,因而它们本质上是一致的,尽管可能会有下面的情况,其中一个东西是由几个这样类似的东西构成的;这里我们有一个最低种。在第二种情况下,并非普遍的东西所谓述的所有东西都以上述方式相一致,相反,在这些东西之中有一些东西在整体上和在部分上都是不相似的。"动物"是一个例子。"动物"谓述"人"和"驴",但是两个人之间在实体方面的类似性大于一个人和一头驴之间存在的相似性。对于"颜色"的情况也是如此。这个词项既可以谓述白色,也可以谓述黑色,但是,一点白色与另一点白色不相一致,同样,这块黑色或它的一部分与这块白色或它的一部分也没有什么一致。为此,可以谓述白色和黑色的意向不是最低的种,而是属。但是"白色"就所有白色而言是一个最低的种。应该承认,有时候出现这样的情况:一片白色与第二片白色比与第三片白色更一致。这样,同样浓度的白色似乎比两种不同浓度的白色更一致。然而,给定这样两片白色,一片白色总是比另一片白色的某一部分更一致,就像任何两片白色相互一致一样。为此,"白色"就白色而言是一个最低的种,而不是一个属。

　　然而应该注意,"属"和"种"都有两种意义,一种是广义的,一种是狭义的。在狭义上,如果某种东西能够被用来回答"……是什么?"这个问题,这里相关的对象被一个代词所指谓,那么我们就可以称这种东西为属。例如人们可以回答"这是什么?"(这里"这"是指苏格拉底)这个问题说,他是动物,他是人,等等,以及以其他属来回答。对于种也是如此。但是在广义上,某种能够被用来回答"……是什么?"这个问题的东西被说成是一个属或一个种,这里这个问题容纳了某种不是绝对的内涵形式。例如,有色的似乎回答了"这片白是什么?"这个问题,然而,一个其指谓方式是一个指示代词这样的问什么的问题绝不能用有色的来回答;因为无论我们把什么看作是"这是什么?"中"这"的所指物,人们也绝不能正确地以有色的回答那个问题。如果在问这个问题时,人们是在指具有白色的主体,那么显然以那种方式回答这个问题是不正确的。如果所指物是白,那么同样清楚,人们不能回答说"有色的";因为白本身不是有色的。如果所指物是一种聚合,那么"有色的"这种回答也是不合适的;因为正像我以后将说明的那样,任何聚合都不是有色的。最后,如果所指物是"白的"这个词项,那么回答是不正确的;因为没有词项是有色的。例如,既然人们能够以"有色的"来正确地回答"这片白是什么?"这个问题,就可以称有色的为广义的属。然而,既然有色的不能被用来回答其所指方式是指示代词这样的问什么的问题,它就不是狭义的"属"。在种的情况下,这样的观点也是成立的。这种区别是必要的,因为没有它我们就不能处理亚里士多德和其他作家的许多章节。使用这种区别,我们就能够说明各种适合于属和种的规则。必须理解,属和种的许多规则适合于是第一种意义上的属和种这样的东西。这样的规则不适合于我们称之为广义的属和种的情况,随着我们继续讨论,这一点将变得更清楚。

但是如果一个普遍的东西不谓述什么,那么它能够表达一事物的一部分而不是另一部分,同时不表达这个事物任何外在的东西。在这种情况下,我们有一个种差。例如,如果理性的是人的种差,那么它表达了人的一部分,比如形式,而不是比如质料。另一方面,一种普遍的东西可以表达不是事物一部分的东西。在这种情况下,它要么可以必然地谓述,要么可以或然地谓述。如果或然地谓述,我们就称它为偶性,如果必然地谓述,我们就称它为固有属性。

　　但是应该注意，所表示的外在的东西可以是一个命题，如果存在能够谓述一个东西，那么就要求这个命题是真的。例如，那些说量不是与实体和质不同的东西的人主张，"量"这个名表示"这个词项所谓述的任何东西有相互不同的部分"这个命题是真的。

　　还应该注意，在许多观点看来，相同的东西在广义上可以是一事物的属，并且是其他事物的固有属性或偶性。例如，对于有些东西，量是属，即物体、线、面等等。然而在主张量不是与实体和质不同的东西的观点看来，量要么是与实体和质有关的一种偶性，要么是与实体和质有关的一种固有属性。但是，当我们在狭义上理解"属"时，这是不可能的。在种的情况下，这种观点也是有效的。

　　有人可能会反对说，是和一都是普遍的东西，但不是属，或者有人可能会说，普遍这个普通概念是普遍的东西，然而它既不是一个属，也不是一个种。回答这一点，应该提出以下几点：

　　首先，人们可以说，相关的划分仅仅与不谓述所有东西的普遍的东西有关。然而，是谓述所有东西，而一要么是一种偶性，要么是一种固有属性。

　　其次，应该说，普遍这个普通词项是一个属，所以，当"属"谓述一个种时，它不代表自身，而代表种。

19. 论个体

　　下面我们将比较详细地逐个考察这五种普遍的东西，但是我们首先要考察个体这个概念，即处于每个普遍的东西之下的东西的概念。应该注意,在逻辑学家中,"特殊的东西"、"个体东西"和"指代物"这些名是可互换的,但是在神学家中,"个体东西"和"指代物"不是可互换的。原因在于,只有一个实体才能是一个指代物,而一个偶性可以是一个个体。然而在这一章,我们将以逻辑学家的使用方式使用这些表达式。

在逻辑中,"特殊的东西"这个词有三种意义。在第一种意义上,数量为一而不是为多的东西被说成是一个特殊的东西。在这种意义上,每个普遍的东西都是一个特殊的东西。在另一种意义上,一个特殊的东西是一个心灵以外的东西,它是一个而不是多个,而且不是任何东西的符号。在这种意义上,每个实体都是一个特殊的东西。在第三种意义上,一个特殊的东西是仅仅专属于一个东西的符号;它也被叫作分离的词项。例如,波菲略说,一个特殊的东西是这样的,它谓述一个东西。但是如果这个定义被解释为是对某种存在于心灵以外的东西的定义,比如是对苏格拉底或柏拉图或某种具有那种性质的东西的定义,则没有任何意义。这样的东西不谓述一或多。这个定义必须被理解为是对某种特定的符号的说明,即一种专门适合于一个东西并且谓述一个东西的符号。换言之,"特殊的东西"不谓述任何在同一个命题中能够指代几个东西的东西。

但是即使在这种意义上理解"特殊的东西"这个词,也可以以三种方式使用它。首先,像"苏格拉底"和"柏拉图"这样的专名是特殊的东西。其次,指示代词是特殊的东西。例如,当"这(个)"在"这是一个人"中被用来指苏格拉底时,它是一个特殊的东西。最后,带有某种普通词项的指示代词(例如,"这个人"和"这个动物")是特殊的东西。而且,正像人们能够区别"特殊的"的意义一样,人们也能够区别"单个的东西"和"指代物"这些表达式的意义。

我在做学生的时候,学习了一种从古代哲学家传给我们的学说。根据那种学说,一个普通词项的指代物可以是本质的或偶然的。例如,"白的"这个词项的本质指代物是"这个白的"和"那个白的",但是偶然的指代物是"苏格拉底"、"柏拉图"和"那头驴"。除非我们在事物的符号的意义上用"指代物"这个词代表特殊的东西,否则这种区别就没有意义。如果用"指代物"这个词代表并非是事物的符号这样的东西,那么一个词项就不可能有本质的和偶然的指代物。但是如果以另一种方式理解"指代物",即把它看作一个专属于一个东西的词项,那么由于一个词项可以谓述某个东西(不是由于它自身,而是由于它的指代物),因而这个东西被称为是这个词项的指代物。一个一般词项的本质指代物是所有那些由一个指示代词和相关的一般词项构成的复杂表达式;而专名和指示代词被说成是那个词项的偶然指代物。以这种方式来表述的时候,本质的和偶然的指代物之间的区别是十分重要的;因为一对对立的东西的一方不可能真谓述另一方的本质的指代物。例如,"这个白东西是黑的"这个命题是不可能的。但是一对对立的东西的一方却能够谓述另一方的偶然的指代物,尽管不是在它是指代物期间。例如,如果"苏格拉底"现在是"白的"的一个指代物,仍然有可能苏格拉底是黑的,因为同一个东西可以是两个对立的东西的偶然的指代物,尽管不是同时地是,而仅仅是先后地是。

20. 论属

下面我们应该论述这五种普遍的东西。跟着波菲略，我们将首先讨论属这个概念。

亚里士多德和波菲略都以下面的方式定义属这个概念：属是这样的东西，它以说明是什么的方式谓述许多不同种的事物。

应该注意，在这个定义中，属不是属于它所谓述的那些东西的本质的心灵之外的东西。相反，它是心灵的某种可谓述许多东西的意向，因而不代表自身，而代表它所意谓的东西。与此相似，当我说出"人是动物"这个命题时，一个词谓述另一个词，但是我们谓述的这个词不代表一个词。我们不是想用这个词表示它自身，而是表示它所意谓的东西；这样它谓述一个事物。以同样的方式，是一个属这种心灵意向在谓述时不代表它自身，而仅仅代表它所意谓的东西。所以，当一个属谓述一个种时，既不是断定主项是谓项，也不是断定谓项属于是现实的主项，而是断定主项所表示的东西就是谓项所表示的东西。但是属这种意向不谓述心灵之外的东西。这样的东西不能是那种意向的主体。相反，它谓述这样的东西的符号；然而，属不属于这些东西的本质，因为心灵的任何意向都不能属于任何外在事物的本质。

由此说明，属不是种的一部分；此外，属不表示种的一部分。相反，属表示整个事物，而且在"表示"的严格的意义上，它不表示形式，同样不表示质料，或者它不表示质料，同样不表示形式。然而，在不严格的意义上使用这个词，人们可以说属有时候表示质料,而不表示形式;但是这仅仅是说,在每个被这样一个属所意谓的对象中,质料与属有相同的定义,但是形式没有与属相同的定义。

但是即使这样,仍然并非每个属(甚至在这种不严格的意义上所说的属)都意谓一事物的质料,因为有这样的属,对于一些缺乏任何质料和形式构成的简单对象来说,它们是共同的。例如,颜色对于所有颜色都是共同的,但是颜色不是由质料和形式构成的。在这种情况下,当哲学权威们说属是一事物的一部分或属是一事物的质料或某种类似的东西时,我们应该这样来理解,他们的意思是说,属被说成是一事物的一部分或一事物的实质要素,这是因为它可以说是该事物的定义或描述中的实质要素。在自然事物中,质料是由形式预先假定的,并且形式达到质料。与此相似,如果某种东西要被定义,就要首先提出属,然后再加上本质差异或偶然差异。例如,属是定义的一部分,而且它是定义中首要的,就像质料是构成的事物中首要的一样。为此(并且不为其他原因)作家们说,属是质料并且是一事物的一部分。

有人可能想说,属是定义的一部分;但是,由于定义和被定义的东西实际上是一样的,因而属是被定义的东西的一部分。这里的回答是:严格地说,定义和被定义的东西是一样的这样的说法是错误的。正确的说法是,定义和被定义项意谓相同的东西,而且作家们在这个问题上的意思就是如此。

还应该注意,属既谓述种也谓述特殊的东西。而且在这里我们必须认识到,随着我们考虑不严格意义的"属"和严格意义的"属",事物是不同的。在严格的意义上,每个属都要求有它谓述的词项所指代的不同的和不相似的东西。但是当我们在不严格的意义上理解"属"时，就不是这样。确实，被属这种意向所谓述的并且指代其他事物的东西不过是一些相互排除的普通概念。这样，如果是只有实体性的东西是人，那么大量和数这两种意向就可能在不严格的意义上被解释为属。因为多和大量可以谓述二、三、四等等这些普通概念，而它们均不相互谓述。但是许多权威的论著不应该被解释为是在这种不严格的意义上使用属这个概念。

21. 论种

哲学家们以类似的方式定义种这个概念。他们说，种是这样的东西，它以说明是什么的方式谓述不同数量的事物。

首先应该注意，与属相似，种是心灵的意向。因而它们不属于个体事物的本质，尽管它们可以谓述个体。

一个种和它的属的区别并不是那种把一个整体和它的部分分离开的区别；因为恰当地说，属不是种的一部分，种也不是属的一部分。它们的区别在于，共同具有种的东西比共同具有其属的东西少，因而属是更多事物的符号，而种是较少事物的符号。例如，动物这个名比人这个名意谓更多的事物，因为前者意谓所有动物，而后者只意谓人。这一点对于属和种来说一般是成立的。正是在这种意义上，种是属的主项部分；它意谓更少的东西。例如，甚至可以说"人"这个词是"动物"这个词的一部分，也就是说，"人"比"动物"意味更少的东西。这是正确使用"主项部分"这个术语的方式。

属在谓述种的时候并不代表它自身,而是代表它所意谓的东西。与此相似,种在谓述许多个体的时候并不代表它自身,而是代表这些个体。种不是多;它谓述多。种实际上也不在特殊的东西之中,因为如果这样,它就会是个体的一部分。但是这是不可能的,因为种既不是质料,也不是形式;此外,还有一些没有部分的个体。因而,种不能是一个个体的一部分。相反,它是特殊事物的符号;它意谓下属于这个符号的所有特殊的东西。

但是应该注意,在那些是属和种的意向中,有些是最高水平的属,另一些是附属的属和种,还有一些是最低水平的种。

一个最高水平的属是一个其上没有任何属的属;也就是说,一个最高水平的属是这样的东西,当普遍理解时,它再没有其他某个属,这个属既可以谓述它自身又可以谓述别的属,然而,根据一种观点,可以谓述一个具有最高水平的属的其他某个属。例如,有人说,"实体是一种量"是真的,但是由于他们否认"每个实体都是一个量"是真的,因而他们可以始终如一地认为,实体是一个最高水平的属。他们也可能会说,一个最高的属是这样的,如果普遍地理解,那么没有其他的属以说明是什么的方式谓述它。例如,尽管他们会同意实体是一个量,但是他们却会否认量以说明是什么的方式谓述普遍理解的实体。

但是最低水平的种是一种其下没有种的意向;也就是说,一个最低水平的种不以说明是什么的方式谓述任何普通概念,尽管它可能以说明是什么的方式谓述许多特殊的东西。那些处于最高水平的属和最低水平的种之间的普遍的东西叫作附属的属和种。

22. 论种和属的比较

既然我们已经看到什么是属和种，我们就应该比较这些意向，揭示出它们共同的和专门的特性。

它们的区别在于，属谓述种，而种不谓述属。这里的意思不应该被理解为种绝不谓述属。这样看就会是错误的；因为由于属谓述种，因而反过来种谓述属。例如，从"人是动物"我们可以换位得出"一个动物是人"。如果属谓述种，那么必然得出种谓述属。这一点应该按照下面的思路来理解：当一个属在其下包含来自不同种的不同个体的时候，这个属真谓述全称理解的种；但是种不谓述全称理解的属，尽管当属被特称理解的时候，种真谓述属。这样，每一个人都是一个动物，这是真的，但是，每一个动物都是一个人，这是假的。

然而，假定除了人以外没有动物。于是，除了"一个动物是一个人"这个不定命题和"有的动物是人"这个特称命题是真的以外，（"每个人都是动物"以及）"每个动物都是人"这个全称命题也会是真的。在这种情况下，种可以谓述不仅特称理解的而且全称理解的属，但是当属融入不同种的特殊的东西时，就不存在这种可能性。

应该注意，尽管属谓述种，这样的谓述却不总是必然的。这样，"人是动物"这个命题不是必然的，因为如果没有人，这个命题就会是假的。同样，"有的肉体和理智心灵的合成物是动物"由于假的涵义也会是假的。尽管人是动物是或然的，"如果一个人是，那么一个动物是"①这个条件命题却是必然的。

种和属的另一种区别在于,属包含种,而种不包含属。这里的意思应该被理解为:属能够比种谓述更多的东西(这就是这里"包含"的意思),而种不能比它的属谓述更多的东西。

属还自然地先于它的种。这里的意思不应该被理解为:是一个属这种意向本性上先于是一个种这种意向。因为确实能够发生这样的情况:是一个种这种意向可以在心灵中,同时没有是它的属这种意向;相反的情况也能发生。这样,当一个人形成"苏格拉底是一个人"这个命题时,他并不必然想到是关于苏格拉底的属的所有意向。当作家们说属在本性上先于它的种时,他们仅仅意谓属比它的种更一般。例如,尽管存在意义的是谓述属,却不必然得出它谓述属下的所有种。当存在意义的是真谓述一个属时,有可能它否定某些相关的种。然而反过来却是不可能的。而且这不过是说,像下面这样的推理是有效的:一个人是;所以,一个动物是,并且一块石头是;所以,一个实体是②。然而,这些推理的逆推不是有效的。

另一点差异是,如果相关的属被毁灭,那么种也被毁灭。这不应该在"现实的破坏"这种意义上理解,因而如果属毁了,那么必然它的种也毁了,但不是相反,因为这根本就是假的。因为即使可以谓述人和驴的动物这种属的意向不会再在我的灵魂中了(例如毁了),作为它的种的人这种意向仍然不一定再也不在我的灵魂中

---

① 原文是"*si homo est*,*igitur animal est*",英译文为"If a man is,then an animal is"。——译者

② 原文是"*homo est*,*igitur animal est*;*lapis est*,*igitur substantia est*",英译文为"A man is,therefore an animal is;a stone is,therefore a substance is"。——译者

了。应该根据逻辑破坏来理解上述问题。这样,从对一个属的否定到对一个种的否定的推理是有效的。例如,下面的推理是有效的:动物不是;所以,人不是①。它的逆推不是有效的推理。与此相似,可以得出:如果 A 不是一个动物,那么 A 不是一个人;然而得不出它的逆推。同样,从"没有动物跑"我们可以推论没有人跑,但是得不出它的逆推。

　　还有其他许多不同之处可以区分属和种。由于我在其他地方谈到了这些差异,由于从我在这里的论述和我在后面将要提供的说明可以得出对它们的一种理解,因此我将不探讨这个问题。

　　属和种的一致之处在于它们都可以谓述许多东西。神学肯定这一点,因为尽管只有一个太阳,神的能力却可能会产生许多太阳。同样,即使只有一个给定种的一个天使,如果上帝愿意,他就能够产生许多同种的天使。尽管哲学大师会否认这一点,但是它却是真的。

　　属和种的一致之处还在于它们都先于它们所谓述的东西。人们不应该认为这意味着一个属自然地先于它的种,而种又先于它的特殊的东西。这是假的,因为即使没有灵魂,也可以有一个特殊的东西;而没有灵魂,却不能有种和属。种和属被说成是在先的,这是因为从一个个体到它的种和属的推理是有效的,而这种推理的逆推形式却不是有效的。

　　属和种的第三个一致之处在于它们都构成整体。这里的"整

---

　　①　原文是"*animal non est , igitur homo non est*",英译文为"Animal is not, therefore, man is not"。——译者

体"这个词应该被理解为意谓"更普通的"。

23. 论种差

第三种普遍的东西是种差。为了简明,应该注意,正像波菲略指出的那样,"种差"这个词是在三种意义上使用的。一种是广义的,一种是狭义的,还有一种是更狭义的。

在广义上,一种种差是这样的东西,它谓述某种东西(尽管不是以说明是什么的方式谓述)并否定其他某种东西。在这种意义上,"种差"这个术语不仅包括最恰当地被称为种差的东西,而且还包括固有属性和偶性。因此,这个术语适用于种差、固有属性和偶性这三种不同的普遍的东西。

在狭义上,一种种差是专属于一事物并且不能属于另一事物的性质,或者像波菲略所说,一种种差(在狭义上)是这样的性质,它属于一事物,并且如果那个事物一直存在,那么它就不能先后相继属于那个事物,而是必须属于那个事物。在这种意义上,"种差"包括我在后面将谈到的不可分的偶性。

在更狭义的意义上,"种差"指被称为专门的种差的性质。

然而,人们可以以另一种方式划分种差这个概念。尽管这种新的划分与第一种划分不是不相容的,它却得出四种可以被称为种差的意义:一种严格的意义,一种广义的意义,一种更广的意义,一种最广的意义。

在最狭义的意义上,种差是以第一种本质性质的模式谓述某种东西的性质,但是它不表示对于它所指代和它所谓述的东西来说外在的东西。在这种意义上，"种差"指这五种普遍的东西之一，并且表示本章要考虑的论题。

在广义的意义上，种差是必然谓述某种事物的性质，但是它不能属于所有事物。在这种意义上，可以说能笑的是人的一种种差，因为"人是能笑的"这个命题是必然的。

在更广的意义上，种差是这样的东西，它谓述某种事物，但是实际上，如果那种事物一直存在，它就不能肯定和否定那种事物。在这种意义上，一种不可分的偶性是一种种差。

最后，在最广的意义上，种差是任何谓述一事物而不谓述所有事物的东西；在这种意义上，甚至一种可分的偶性也被说成是种差。这样，如果苏格拉底是白的，而柏拉图是黑的，那么就可以说白的是苏格拉底的一个种差；因为苏格拉底是白的，而柏拉图不是白的。

现在让我们把这一划分的后三类撇开，集中考虑第一类。应该懂得，种差不是属于事物本质的东西；它是一种心灵的意向，可以谓述它所包含的事物，但不是以说明是什么的方式谓述。这样的意向被说成是一种种差，因为尽管它不能以说明是什么的方式谓述，但是在一个论证中它能够起中项的作用，于是我们在这个论证中推论，以它作种差的那个事物与其他某个东西是不同的。这样，理性的是一个中项，由它得出人不是驴或某种不这样的否定命题。考虑下面的论证：每一个人是理性的；任何驴都不是理性的；所以，任何人都不是驴。这样，就不应该认为种差是一个种固有的、使一个种与另一个种相区别的某种东西；因为如果是这样，种差就不会是普遍的东西，而会是质料、形式或由质料和形式构成的整体。相反,种差是一个种而不是另一个种专有的谓词。它被称为本质种差,不是因为它属于一事物的本质,而是因为它表达了一事物的本质的一部分,并且没有表达这个事物任何外在的东西。

我现在使用的种差这个词总是表达一事物的一部分。一些种差表达实质部分,而另一些种差表达形式部分。这样,理性的这种人的种差以某种方式表达人的理智灵魂,如同白的表达白色,有灵魂的表达灵魂一样。但是实质的这种种差以某种方式表达质料,如同有灵魂的表达灵魂一样。因此,我们必须排斥现代那些认为种差仅仅来自形式而不来自质料的作家的观点;种差要么可以来自质料,要么可以来自形式。尽管一种种差来自质料,另一种种差来自形式,但是在定义中,每一种种差都起形式的作用;因为由于形式赋予质料并且以质料为先决条件,因而在定义中种差总是赋予属。我们首先指派属,然后指派种差。无论种差来自质料还是来自形式,情况都是如此。这样,物体被定义为具有质料的实体。我们先提出"实体",然后提出具有质料这种种差。然而,这里的种差来自质料并且主要表示质料。

从以上可以看出,简单实体(即那些缺少质料和形式构成的实体)共有的种都没有本质种差,因为这样的一个实体没有部分。然而,它可以有偶然的种差。

从以上还可以看出,简单事物共有的种,无论是属于实体范畴还是属于其他范畴,都不能以可恰当地称之为定义的东西来定义。这样的一个种当然可以通过附加定义来定义。所以,对于所有权威的下述说法,比如,每个属都是由它的种差来划分的,或者,种有构成种差,都可以以这两种方式之一来解释。要么他们仅仅是在谈论实际上有本质种差的属和种。这样,当他们说每个属是由它的种差来划分的时候,他们的意思是说,每个具有这样种差的属是由这些种差划分的。或者,他们是在用"种差"这个词包括所有本质的和偶性的种差,即在我的解释中的第一和第三种种差。

应该指出,在如上断定以后,像"种差是种借以超出属的东西"、"种差构成种"、"种差把属划分成它的种"、"种差是特殊事物借以相互区别的东西"和"种差是种的一部分"这样的命题并不意谓种差是种中出现的某种现实的实体。实际上,种差是一个谓词,它专属于某种事物并且属于那个事物的定义。"种由其种差而超出属"意味着种差属于种的定义,但不属于属的定义。与此相似,"种差构成种"意味着种差使种的定义完整。同样,"种差是特殊事物借以相互区别的东西"意味着种差在谓述中是一事物而不是另一事物专有的,它可以起中项的作用,由此推论一事物否定另一事物。"种差是种的一部分"意味着种差表达由种所表示的事物的一部分,或者是表示与种相同的事物的定义的一部分。例如,当波菲略说种差潜在地在属中时,他的意思是说,种差不谓述普遍理解的属,而是谓述特殊理解的属。

所以,种差是心灵的一种意向,这种意向表达一事物的确定的部分,而且,它与种是可互换的,种可以以说明是什么的方式谓述什么,它就可以以说明是什么的方式谓述什么。种差是一种普遍的东西,从这一事实可以看出种差是心灵的一种意向。我已经说明,每一种普遍的东西都是心灵的一种意向,除非人们也想称约定俗成的符号为普遍的东西;但是我现在并不是在谈论是约定俗成的普遍的东西,我仅仅是在谈论那些本性上即是普遍的东西。

种差表达事物的一部分,这是显然的。种差必须表示关于事物的某种东西。它不表示整个事物,因为这样它就会无法与种相区别。它要么表示事物的一部分,要么表示该事物外在的某种东西。但是它不表示任何外在的东西;否则,它就会是固有属性或偶性。唯一还存在的可能性是它表示事物的一部分。因此种差总是表达事物的一部分,就像白的表达白色一样。因此,种差总是(或应该是)形式上具体的,而且与它相应(如同白色相应于白的一样),应该有一个抽象的词直接表示事物的相关部分。这样,这个抽象的词应该总是指代一部分,而这个具体的词指代由这部分和其他某部分构成的整体。

显然,种差是以说明是什么的方式谓述的,因为人们以种差不是回答"这是什么?"这个问题,而是回答"它是什么性质的?"这个问题。因为如果应该问"人是什么性质的?",那么一种合适的回答就会是他是理性的或物质的。这样,种差就以说明是什么的方式谓述。种谓述什么,它就谓述什么,因为它与种是可互换的。这样,人们不应该说心灵是肉体的种差,而应该说有心灵的是肉体的种差。与此相似,人的种差不是理性,而是理性的。

24. 论固有属性

下面我们将考察固有属性这个概念。"固有属性"这个词有四种意义。在一种意义上我们说,固有属性是这样的东西,它属于一个种或一个属,但是它不必属于归于这个种或属下的所有事物。

懂语法的这个普通词被说成是人的一种固有属性,因为它只属于人。然而它不属于每个人;因为并非每个人都是懂语法的。与此相似,以渐进运动移动被说成是动物专有的,因为它只属于动物,但是它不属于每个动物。

在第二种意义上,固有属性是这样的东西,它是属于某个特殊的种的、但不仅仅属于那个种的每个特殊的东西。人们可能会说,两足的是人的一种固有属性。

在第三种意义上,固有属性是这样的东西,它属于、但不是永远属于某个普遍理解的种。它在此时但不在彼时属于一个特殊的事物。例如,如果每个人上了年岁头发会变得灰白,那么头发变得灰白就会是人的一种固有属性。

在第四种意义上,一个固有属性是任何这样的东西,它属于某个普遍理解的普通概念,不属于其他概念,而且它属于下属于这个概念的所有东西,因而这种固有属性可以与那个普通概念互换,并且只要是存在的可以谓述这个概念,这个固有属性就必然可以谓述它。正是在这种意义上,固有属性这个概念被说成是五种普遍的东西之一。其他三种意义包含在偶性这个概念之下。例如,能笑的是人的固有属性;因为它属于每一个人,只属于人,并且总是属于人。上帝不可能创造一个人而不使他是能笑的,因为这个人将一定是能够发笑的。人的笑不会有任何矛盾的东西。人将是能笑的,因为这就是我们说"能笑的"的意思。因此,能笑的是人的固有属性。然而,笑不是人的固有属性;它是一种偶性。笑和能笑的这两个谓词是不同的。它们的区别在于一个肯定另一个所否定的某种东西。

在"固有属性"的这第四种意义上,包含着不仅属于更一般的概念而且属于其逻辑上下位概念这样的感受。每个固有属性都是某事物的固有属性,但是它不是随便任何事物的固有属性。例如,一个属的一种感受谓述种,但是它不是种的固有属性。

应该注意,固有属性并不是具有它的事物真正固有的东西;因为如果这样,它就不会是一种普遍的性质,也不会属于普遍理解的东西,也不会谓述许多东西。

因此,固有属性不是被说成具有它的主项所固有的。它甚至不必表示主项所表示的事物固有的一种绝对的东西。有时候它表示一种与主项所表示的实体不同并且是其外在的东西。有时候它肯定地表示这个东西,有时候它否定地表示这个东西。肯定地表示一种外在实体的固有属性是产生热的、创造的,如此等等。例如,产生热的不表示产生热的事物所固有的东西;相反,它表示可以由这个事物产生的某种东西。(这里,我在谈论的是产生热的的第一主体。)

同样,创造的不表示上帝固有的东西;它表示可以由上帝产生的东西。否定的固有属性是不死的、不易腐坏的、非物质的,等等。

然而,有些固有属性表示主项所表示的事物固有的或能够固有的东西;下面的感受属于这一类:可变的、能够被加热的、可以美化的、能够变白的。

其次应该注意,每一个肯定命题若是与否定命题不相等,并且其中起谓述作用的是一个固有属性,那么这个肯定命题就等价于一个表达可能性的命题。如果这个相关的命题不等价于一个表达可能性的命题,那么当使相关主项具有存在性的命题是真的时,这个命题(由于神的力量)可能是假的。像下面这样的命题是或然的:"实体是有量的";"所有火都是热的";"人笑"。而像下面这样的命题是必然的:"每个人都是可能受戒律的影响的";"每个物体都是可动的";"每个人都是能笑的"。也就是说,当使有关主项具有存在性的命题是真的时,这些命题不能是假的;但是这并不是说它们等价于表达可能性的模态命题。例如,"每个人是能笑的"等价于"每个人都能笑"。在第二个命题中,主项被看作是它所是的东西。(这样,就限制了一种幼稚的反对意见。)

第一组命题之所以是或然的(也就是说,当相应的命题是真的时它们之所以能够是假的),原因在于上帝能够创造一个对象而不同时创造一个与它不同的实体。至少当前者是在先的而后者是在后的时,上帝能够这样做。

总之,应该说,固有属性,正像我们一直使用这个词那样(这里,固有属性是一种与其他普遍的东西不同的普遍的东西),是一种可以以说明是什么的方式谓述某个种并与它可以互换的意向。它肯定地或否定地表达主项所表示的事物的某种外在的东西。然而,外在的东西不一定是心灵之外的并且存在于事物本性中的某个实体物。它可以是本性上可谓述的东西,或者它可以是一个在心灵中存在或能够在心灵中存在的命题。关于感受(即以第二种本质性质模式谓述主项的普遍的东西)也是如此;它们不是心灵之外的实体所固有的东西。否则,一种感受就不能谓述某种东西,它也不能是一个证明中结论的谓词;这两点对于感受都是有效的。我们必须承认,一种感受是心灵的一种意向。

25. 论偶性

　　第五种普遍的东西是偶性。哲学家们把它定义如下：偶性是能够在一个主体中出现或不出现同时又不破坏那个主体的东西。

　　为了说明这个定义的要点，应该注意，"偶性"有四种意义。在一种意义上，偶性确实是一个实体固有的东西，就像热确实是火固有的，白色是墙固有的一样。在这种意义上理解"偶性"，上面的定义显然是真的，因为任何偶性出现在一个主体中都不会有下面的后果，即上帝不能把它从这个主体重新去掉同时又不毁坏这个主体。如果在这种意义上理解"偶性"（把它理解为心灵之外的东西），我们没有第五种普遍的东西。作为第五种普遍的东西的偶性可以谓述许多东西；但是除了一个词或其他某种约定俗成的符号外，没有心灵之外的偶性能够谓述许多东西。

　　在另一种意义上，偶性是任何能够以某种方式或然地谓述某种东西，使得当使相关主项具有存在性的命题保持为真时，偶性可以谓述或不谓述那个主项。如果在这种非常一般的意义上使用"偶性"，说上帝有某种偶性就没有什么错误。确实，安瑟伦就认为上帝有这种偶性，在《独白》第 24 章中可以看到这一点。然而，正像安瑟伦在这一章中提示的那样，上帝不受确实是一个主体固有的那种偶性的影响。人们可以认为上帝具有的偶性不过是一个或然地适合于某种东西的谓词。如果我们把"出现在或不出现在"解释为不是指现实固有性，而是指谓述时的固有性，那么上面引用的定义就适合这第二种偶性。这样，这个定义的涵义被解释为：偶性是某种东西,它能够谓述或不谓述一个主项,同时不毁坏这个主项。

在第三种意义上,偶性是一个谓词;它或然地谓述并且能够相继肯定和否定某种东西,其原因要么在于其主项所表示的事物中的一种变化,要么在于其他某事物中的一种变化。根据安瑟伦所说,许多关系都是这种意义的偶性。它们可以来或去(即肯定或否定),仅仅是由于主项所表示的事物中的一种变化或是由于其他某种东西中的一种变化。

在第四种意义上,偶性是一个谓词。它不表示主项固有的绝对的东西。它能够或然地谓述某种东西,但只是由于主项表示的事物中的一种变化,它才能谓述这个主项。例如,那些认为量不是与实体和质不同的东西的人说,量是一种偶性,因为除了在主项表示的事物中的一种局部变化,它不能相继肯定和否定主项。他们会说,有的东西现在比过去具有更大的量,不过是因为它的诸部分之间的距离现在比过去大,而且他们说,只有借助有关事物诸部分的局部运动才能出现这种情况。

我们应该注意,除非某种东西能够被神的力量从一个实体上去掉,而这个实体依然存在,否则任何东西都不能是偶性,尽管如此,哲学大师也会否认这一点。他会说,天体上有许多绝不能去掉的偶性。

此外,偶性要么是可分的,要么是不可分的。可分的偶性是这样的,它实际上可以从其主体上去掉,同时又不破坏这个主体;而分离的偶性是这样的,它无法做到这一点。然而,它可以以这种方式被神的力量去掉。不可分的偶性与固有属性的区别在于,尽管一种不可分的偶性实际上不能从具有这种不可分的偶性的主体身上去掉,它却可以从其他某个实体身上去掉,同时又不破坏这个实体。例如,尽管乌鸦的黑色实际上不能从乌鸦的身上去掉,但是黑色却可以从苏格拉底的身上去掉,同时又不毁坏他。而固有属性却不能从任何事物上去掉。一种固有属性既不是从它的一个主体可分的,也不是从它的另一个主体可分的;去掉了固有属性,任何具有它的事物就被毁坏了。

在总结关于普遍的东西的要点时,应该注意,每个普遍的东西都是心灵的一种意向,它意谓许多东西并且可以指代它所意谓的许多东西。一种意向谓述一种与它不同的意向,不是为它自身,而是为它所意谓的东西。所以,那些表示一个意向谓述另一个意向的命题并不断定一个意向是另一个意向,而是断定一种意向所意谓的东西就是另一种意向所意谓的东西。这种普遍的东西不是心灵之外的事物。它们不属于心灵之外的事物的本质,它们也不是这些事物的部分。它们是灵魂中的实体,它们相互不同并且与心灵之外的事物不同。有些是外在事物的符号,另一些是这些符号的符号。例如,"普遍的"这个名是所有普遍的东西共同的;因此,它是与它不同的所有普遍的东西的符号。于是应该承认,可以谓述这五种普遍的东西、不代表自身而代表其他普遍的东西的这种普遍性是普遍的东西的种,恰恰如同一个可谓述所有表达式的表达式是一个名,而不是一个动词、分词、联结词或任何其他言语部分。

关于普遍的东西,这些论述就足够了。谁若是想得到关于普遍的东西及其性质更详细的知识,可以阅读我对波菲略的注释,在那里我更详细地探讨了这一内容。我在这里省略的问题可以在那里看到。

26. 论定义

除了前面提到的第二意向的词项以外,其他许多第二意向和第二指定的词项也是普通使用的。忽略这些词项会妨碍学生们的理解,所以,为了指导这些新手,我要检验一些相关的词项。

逻辑学家使用的一些词项是所有普遍的东西共同的;另一些词项只是一些普遍的东西专有的。有些词项只有放在一起才适用于普遍的东西,而另一些词项适用于一个普遍的东西是由于考虑到另一个普遍的东西。适用于几个放在一起的普遍的东西的词项包括"定义"和"描述"。

但是,"定义"有两种意义。在一种意义上,我们说本质定义,而在另一种意义上,我们说名词定义(表达一个词的意思的定义)。

"本质定义"有两种意义。在广义上,它不仅包括严格定义,而且包括描述定义。然而在狭义上,一个定义是一个复杂表达式,它说明一个事物的整个实质,而不表示被定义的对象的任何外在的东西。可以以两种方式出现这种情况。有时候,这个复杂表达式将包括处于一个或多个间接格的表达式;这些构成表达式将表示这个事物的本质部分。这样,如果我们把人定义为由肉体和智慧心灵构成的实体,"肉体"和"智慧心灵"这些间接格形式表达人的部分。这种定义叫作自然定义。

在另一种形式的本质定义中,没有表达式处于间接格,属和种差都处于主格。这里,种差表达了被定义事物的一部分,但是只不过就像"白的"表达了白色一样。"白的"表达白色,但是它不指代白色;相反,它指代具有白色的主体。与此相似,尽管种差表达它们定义的事物的部分,它们却不指代这些部分,而指代由这些部分构成的整体。如果我们把人定义为理性动物或有生命的、能感觉的理性实体,那么"有生命的"、"能感觉的"和"理性的"这些词项指代人,因为人是理性的、有生命的和能感觉的。然而,这些词项表示人的一部分。与它们相应的抽象词项也表示人的一部分,但是方式不同。这种定义叫作形而上学定义,因为形而上学家以这种方式定义人。

除了这两种形式的定义以外,也许除了部分表达整体和整体表达部分那种形式的定义以外,不可能有其他定义。这样,若是声称比如人有一个逻辑的、自然的和形而上学的定义,则是错误的。对于逻辑学家来说,由于他们不探讨人(确实,他们根本不探讨不是符号的东西),因而没有理由定义人。他们的任务实际上是告诉人们,探讨人的不同的科学是如何定义人的。所以,逻辑学家不应该给出任何关于人的定义。当然,他们可以举例,但是在这种情况下,他们的例子应该仅仅包括自然的和形而上学的定义。

正像把定义划分为自然的、形而上学的和逻辑的是错误的一样,谈论三种人,即自然的、形而上学的和逻辑的人,也是错误的。与此相似,尽管人们可以说,由于定义的构成表达式是多样的,因此定义可以划分成自然的和形而上学的,但是说有一个自然的人和一个形而上学的人却是不可思议的。这样一种说法一定是表示,要么有某种心灵之外的真正实体的东西和其他某种实体,它们分别是自然的人和形而上学的人;要么有某个表示自然的人的心灵概念或词和其他某个表示形而上学的人的概念或词。可以排斥第一种选择，因为如何能够区别这些都是实体的人呢？要么一种人是另一种人的一部分，要么这两种人是有区别的整体，要么某种东西是这两种人的一部分（但是并非凡是一种人的一部分的东西也是另一种人的一部分）。第一和第二种选择显然是不可能的。第三种可能性也不是可行的选择，因为由于自然的人只由质料和形式构成，因而必然会是：要么他的质料或他的形式不是形而上学的人的一部分，要么形而上学的人或自然的人将会要么专门是质料要么专门是形式，但是这两种可能性都是不可思议的。

人们也不能说，由于形而上学家和自然哲学家以不同的方式考虑人，因而形而上学家所考虑的人与自然哲学家所考虑的人是不同的。尽管他们确实以不同的方式考虑人，但是仍然得不出会有一种人，即形而上学的人，还有另一种人，即自然的人。相反，这里只能得出，对于同一种人有不同的考虑。假定苏格拉底清楚地看柏拉图，而索特斯模糊地看他。这里的看是不同的，但是被看的柏拉图不是在这两种情况中不同的东西。与此相似，对人的形而上学的考虑和自然的考虑是不同的，但是所考虑的人是相同的。因此不是存在两种不同的东西——自然的人和形而上学的人。也不能说，在这两种情况下有一个不同的概念或词。这个概念要么与这个定义或这个定义的一部分是一致的，要么与其他谓述人的某种东西是一致的；但是无论采用哪种选择，显然得不出想得的结论。

因此应该明白，被定义的事物是相同的，但是定义却可以是不同的。尽管上述两种定义不同，它们却表示相同的东西；而且，凡是被一种定义或一种定义的一部分所表示的东西也被另一种定义或另一种定义的一部分所表示。尽管如此,这些部分在意义模式上将是不同的,因为形而上学定义和自然定义的相应的部分将处于不同的情况。

应该注意,如果一个有意义理解的定义谓述某种东西,那么相应的有意义理解的被定义项也谓述那个东西,并且反之亦然。此外,一个由一个定义和一个被定义项构成的命题若是假言的、可能的或等价于假言或可能的,它就是一个必然命题。例如,下面两个命题都是必然的:"如果人是,那么理性动物是"①(并且反之亦然);"每个人都可以是一个理性动物"(这里主项代表可以是的东西)。尽管如此,任何仅仅是以非模态或现在时表达的肯定命题都不是必然的。这样,"人是理性动物"和"人是由肉体和智慧心灵构成的实体"这些简单命题不是必然的。这是因为如果没有人存在,这些命题就会是假的。然而,亚里士多德声称"人是动物"和"驴是动物"这样的命题是必然的,他在这一点上不会同意我们的观点。

从以上论述可以看出,一个定义和被定义项不是同一的。根据一般的说法,一个定义是一个心灵的、言语的或文字的复杂表达式,但是,它不能和任何简单表达式一样。尽管如此,一个定义与它的被定义项表示相同的东西,而且那些说定义和被定义项实际上是相同的东西的人就是这个意思;他们是说,这两个东西表示相同的东西。

应该注意,如果我们在严格的意义上理解"定义",那么定义表

---

① 原文是"*Si homo est，animal rationale est*",英译文为"If man is，rational animal is"。——译者

达的东西只能是实体;而且如果我们用"被定义项"这个词表示可以与一个定义换位的词项,那么只有名可以是被定义者。动词和其他言语部分不能有这种作用。

但是一个广义的定义,即一个名词定义,是一个表达式,它明确表明由一个表达式所表示的东西。一个人想教另一个人"白的"这个名是什么意思,会说诸如"某种有白色的东西"之类的话。不仅可以以"白"谓述的名容易有这种定义,而且不可能这样谓述的表达式也容易有这种定义。这样,"真空"、"非实体"、"不可能性"、"无穷"和"羊鹿"都有定义,也就是说,有与这些名相应的、表示与这些名相同的东西的表达式。在这种"定义"的意义上,有时候不可能用"是"这个动词谓述其被定义项的一个定义。甚至当定义和被定义项都是有意义地理解时,也存在这种不可能性。例如,"吐火女怪是一个由一只羊和一头牛构成的动物"不是真的,它带有一种假涵义,即某种东西实际上是由一只羊和一头牛构成的。尽管如此,词项若是实质指代("吐火女怪"和"由羊和牛构成的动物"意谓相同的东西),这个命题就是真的。人们一般理解第一个命题的意思是第二个命题,但是严格地说它们是不同的。在《构造》的第一卷中,普里西安指出,一个词常常被用作另一个;还常常有这样的情况:一个复杂表达式被用来代替另一个。然而,由这样一个被定义项和定义形成的条件命题是真的。"如果任何东西是一个吐火女怪,那么它是由羊和牛构成的"是真的。

不仅名,而且诸如动词和联结词等其他言语部分,也能通过这种形式的定义来定义。例如,可以定义像"哪里"、"何时"和"多少"这样的副词。在这样的情况下,当定义和被定义项都是有意义地理解时,前者不能谓述后者。但是当实质地理解词项时,可以用一个与"与……意谓相同的东西"(这是在实质地理解词项时采用的)相似的表达式把它们联系起来,或者可以用其他某个表达式谓述实质理解的被定义项。这样,人们可以说,"'哪里'是一个表示地点的疑问副词",或"'何时'是一个表示时间的疑问副词",等等。

27. 论描述

描述是一个由偶性和固有属性构成的复杂表达式。例如,达姆森在他的《逻辑》(第 14 章)中说:"描述是由偶性,即固有属性和偶性构成的。例如,'人是直立行走的有宽指甲的能笑的东西'。这个描述中的所有要素都是偶性。因此人们说,一个描述掩盖了或没能表明主项的实体性存在;它只局限在那种实体性存在的后果上。"

因此,描述中所包含的东西显然都不是以说明是什么的方式或以第一种本质性质的模式的描述进行谓述。正是在这一点上描述与定义不同。

前面一段话还表明,"偶性"这个词项用来不仅表示一个实际上其他某种东西具有的对象,而且表示那种或然地谓述某事物的东西。根据达姆森的思想,一个描述是由某种主体的偶性构成的。然而,一个描述只是由谓述一个主体的东西构成的;所以,达姆森一定是在把可谓述被描述者的东西称为偶性;而这些东西只能是概念、说出的词或写下的词。

由此得出,一个描述和被它描述的东西并非总是可换位的;因为由于偶性只能或然地谓述某种东西,因此谓述一个主项的有可能是被描述项而不是描述。但是这总是由于被描述项所谓述的东西的某种不完善造成的。例如,可以对人作如下描述:人是有两只手的两足动物;当然,可以增加一些只属于人的特征,从而扩大这种描述。但是即使这样做,仍然有可能有一个对象,对于它,这个描述是假的,而被描述项是真的——比如,一个没有手的人。这是因为所涉及的个体是不完善的。

尽管如此,"描述"仍然可以在两种意义上使用,一种广义,一种狭义。医生在广义的意义上使用描述。在狭义的意义上,一个描述是仅仅由固有属性构成的,因而一个描述和它的被描述项总是可换位的。

28. 论描述定义

一个描述定义是一个由实体的和偶然的项构成的定义。让我们使用达姆森在上述那本书中提到的一个例子:"人是一个直立行走的有宽指甲的理性动物"。这样,一些复杂表达式是由可以以第一种本质性质的模式作谓词的东西(定义)构成的;另一些复杂表达式是由不是以第一种本质性质的模式作谓词的东西(描述)构成的;还有一些复杂表达式是由这两种东西构成的;我们称这些东西为描述定义。但是,既然各个定义、描述和描述定义都是一个表达式,它们当然谁也不会实际上与被定义项或被描述项是同一的;然而,它们确实表示相同的东西。

29. 论被定义项

下面我们要考虑被定义项和被描述项这两个概念。"被定义项"有两种意义。在第一种意义上,一个被定义项是那种其部分或本质是由一个定义表达的东西;在这种意义上,被定义的是特殊的实体。例如,"理性动物"这个定义是对所有人的定义,因为所有人的本质都被这个定义指出了。这个定义除了表示特殊的人,不表示任何东西的本质,因为唯独像这个人和那个人这样的个体才是理性动物。在这种意义上使用"被定义项",应该承认,定义的是特殊的实体。

以另一种方式可以用"被定义项"表示那种与定义可换位的并被定义真谓述的东西。在这种意义上,被定义项是一个与定义可换位的并且恰恰意谓与定义相同的东西的表达式。在这种意义上使用"被定义项",定义的不是单个的事物。只有种被定义了,因为只有种而不是特殊的东西才是与定义可换位的;特殊的东西不能与定义换位。

采用这种区别,我们就有了注释亚里士多德和他的注释家的著作的工具,因为在这些著作中,有一些段落说定义是对个体的,而另一些段落说种是被定义的东西。对"被描述项"应该作出相同的区别。这个词项可以用作一个首先是由描述谓述的表达式,从而代表被描述的东西,而不是代表它自身;或者它可以用作被这个名和相关的描述所表示的东西。

30. 论主项

我们已经讨论了一些词项，它们像"定义"和"描述"一样不适用于个别理解的普遍的东西。正像我们说明的那样，任何一个普遍的东西本身都不是一个定义或描述；每个定义或描述都是由几个普遍的东西构成的。下面我们要考虑一些词项，它们像"主项"、"谓项"等等一样适用于每个普遍的东西的情况。

首先，正如达姆森在他的《逻辑》第 8 章中所说，"'主项'在两种意义上使用；既有关于存在的主项，也有关于谓述的主项。就存在而言，我们说一个实体是其偶性的主项；因为它们只能是在实体中存在的。而谓述的主项则是特殊的东西。"①

从这些论述我们可以看出，有的东西被称为主项，这是因为它实际上是某种东西的基础，这种东西是它所固有的并且最终在它身上体现出来的。在这种使用方式中，"主项"有两种意义。在严格的意义上，我们考虑到一些偶性而称某种东西为主项，这些偶性确实是这种东西固有的，而没有这些偶性，它也可以继续存在。在广义上，某种东西是主项不过是因为它是其他某种东西的基础。这里，以一个主项作其基础的对象不必是一种偶性；它可以是说明有关主项的实体形式。在广义上，甚至质料也被说成是与实体形式有关的主项。

---

①　这段引文中所说的"存在"，原文是"*exsistentiam*"，英译文为"existence"。——译者

在另一种意义上,一个主项是一个命题的一部分,它在连项前面并且由其他某种东西谓述它。在"人是动物"这个命题中,"人"是主项,因为"动物"谓述"人"。

但是即使在这里我们也必须进行区别,因为在一种意义上,一个主项是这样一种东西,它可以是任何命题中的主项,无论真假。在这种意义上,任何普遍的东西都可以是与任何其他普遍的东西有关的主项。在像"每一个动物是一头驴"和"每片白色是一头牛"这样的命题中就出现这样的情况。在另一种意义上,一个主项是一个有直接谓述的真命题的主项。在这种意义上,"人"是与"动物"有关的主项,但是"动物"不是与"人"有关的主项。在第三种意义上,我们用"主项"这个词更严格地表示这样的东西,它是一个证明的结论的主项,它是或者可以是被所谓严格意义的科学认识的。在这种意义上使用"主项",有多少具有不同主项的结论,在科学的整体上就有多少主项。这样,不仅在形而上学和自然哲学中有许多主项,而且在逻辑中也有许多主项。但是在最严格的意义上,一个主项是这样的东西,它在以上说明的意义上被称为主项的那些东西的某种优先次序中是首位的。而考虑到各种不同的优先次序,在这样的主项中,有时候最一般的被称为主项,有时候最完善的被称为主项,如此等等。

我们在这些不同的意义上称为主项的东西所表现出来的共同特征是:它们各自都是一个涉及谓述的主项。

31. 论谓项

我们说过的主项是命题中在连项之前的部分。我们可以以类似的方式说,谓项是命题中跟在连项后面的部分。尽管如此,仍然有人要说,谓项是连项加上它后面跟着的东西;但是由于这种争论取决于习惯表达式专有的特征,因此我暂时不考虑它们。

无论我们是否把谓项解释为包括连项,"谓项"这个词项都是在许多不同的意义上使用的。在一种意义上,任何是一个命题的端项但不是主项的东西都是谓项;在这种意义上,任何东西都可以是谓项,因为任何东西都可以是一个真或假命题的谓项。

在另一种意义上,我们称一个在有直接谓述的真命题中进行谓述的东西为谓项。在这种意义上,"动物"是有关"人"的谓项,但不是有关"石头"的谓项。

在第三种意义上,一个谓项是这样的,它通过直接谓述而谓述某个主项,关于这个主项可以形成严格意义的科学。哲学大师在《论辩篇》第一卷中正是在这种意义上使用"谓项"的,那里他区别了四种谓项,即属、定义、固有属性和偶性;他在属下也包括种差。他在这里没有提到种,因为尽管种谓述个体,个体却不能是一个被所谓严格科学所把握的命题的主项。正是由于这种原因,他在这里没有列出种。

把谓项和主项连接起来的动词叫作连项。

32. 论固有和在……之中

我们说谓项谓述其主项;但是我们也说谓项在其主项之中,属于其主项,并且是其主项固有的。这样的说法不应该被理解为隐含着下面的意思:谓项确实是其主项固有的,如同白色是墙固有的一样。相反,这些说法与"谓述"是同义的。不应该以任何其他方式理解它们。这样,构成九种范畴的所有偶性都可以被说成是就像处于主体之中一样处于实体之中,但是这不是因为它们确实是实体固有的;确切地说,这里的理解是借助真谓述对固有性的理解。一些人说量是一种处于实体之中的偶性,他们想否定量实际上是实体固有的;他们的意思其实是说,量或然地谓述实体,所以当"实体是一个量"这个命题是假的时,实体也可以存在。

与此相似,其他诸如"来到"、"离开"、"在……中出现"和"从……消失"这样的表达式常常被用来替代"谓述"。令人尊敬的安瑟伦在他的《独白》中说:"在这些被说成是偶性的东西中,一些东西(比如,颜色)可以来到或离开某种东西,这种东西仅仅随着自身中的某种变化才被它们所享有,而另一些东西(比如,一定的关系)可以在它们谓述的那个东西中出现或从它消失,同时不造成那个东西的任何变化。"这里,安瑟伦用"来到"、"离开"、"在……中出现"和"从……消失"这些词项替代"谓述";同样,逻辑学家常常用"享有"表示"是……的主体"。

33. 论意义

逻辑学家以几种方式使用"意谓"这个词。首先,如果一个符号以某种方式指代或能够指代某种东西,从而随着"是"这个动词的介入,那个名能够谓述一个指那个东西的指示代词,那么这个符号就被说成是意谓那种东西。例如,"白的"意谓苏格拉底,因为"他是白的"是真的,这里"他"指苏格拉底。同样,"理性的"意谓人,因为"他是理性的"是真的,这里"他"指人,如此等等其他许多具体的词项都是这样。

在另一种意义上,我们说,如果一个符号能够在一个真的过去时、现在时或将来时命题中,或者在一个真的模态命题中指代某种东西,那么它就意谓那种东西。例如,"白的"不仅意谓现在是白的的东西,而且意谓能够是白的的东西;因为如果我们把"是白的的东西能跑"这个命题的主项看作是能够存在的东西,那么它就指代那些能够是白的的东西。

如果我们在第一种意义上理解"意谓"和与它相关的词项"被意谓者",那么常常出现这样的情况:由于对象的变化,一个词和与它相应的概念不再意谓它们以前所意谓的对象。但是如果我们在第二种意义上使用这些词项,那么一个词及其概念都不会仅仅由于一个外在对象的某种变化而不再意谓这个对象。

在另一种意义上我们说,一个东西是被一个词或概念所意谓的,而这个词或概念是根据以第一模式意谓那个东西的表达式或概念理解的,或者当这个东西是指定这个词或概念所依据的那个东西时。例如,由于"白"意谓白,我们说"白的"意谓白。然而,"白的"不指代白。同样,如果"理性的"确实是人的种差,它就意谓人的智慧心灵。

在最广泛的意义上我们说,一个词项在这样的条件下有意谓,即它是一个下面这样的符号:它能够是一个命题的一部分或是一整个命题并且表示某种东西,无论是直接地还是间接地,无论是处于主格还是处于其他某一个格,无论是实际表达还是仅仅意味某种东西,无论是肯定地意谓还是仅仅否定地意谓。在这种意义上我们说,"盲"这个名意谓视力,因为它是对视力的否定,与此相似,"非物质的"否定地意谓质料,而"无"和"没有什么"①不过是以否定的方式意谓有一些。安瑟伦在《论罪恶的毁灭》中讨论了这种模式的意谓。

因此,在"意谓"的某种意义上,可以说每个普遍的东西都意谓。在《逻辑》第 8 卷中,达姆森说:"普遍的东西是那意谓许多东西的,例如'人'和'动物'。"每个普遍的东西以第一或第二种方式意谓许多东西,因为每个普遍的东西要么在一个非模态现在时命题中,要么在一个过去时、现在时或将来时命题中,要么在一个模态命题中谓述许多东西。因此那些说"人"这个词不意谓所有人的学者显然是错误的。根据前面提到的权威,"人"这个普遍词项意谓许多东西;但是由于它不意谓许多不是人的东西,因而它一定意谓许多人。这一点是必须承认的;因为除了人,没有东西是由"人"意谓的,而且每个人都是由"人"同等意谓的。

所以,每个普遍的东西都意谓许多事物。由丁属和种可以谓述一个指某个对象的代词,因而除了在第一种或第二种意义上以外,它们不意谓许多东西。但是在其他普遍的东西中,有许多只是在第一种或第二种意义上意谓,而另一些也在第三种或第四种意义上意谓。这样,每个不同于属或种的普遍的东西,一方面意谓许多处于主格的东西,另一方面意谓一些处于间接格的东西。在"理性的"、"能笑的"和"白的"这些普遍的东西中,这是显然的,在其他普遍的东西中当然也是这样。

_____

①   原文是"*non-aliquid*",英译文为"non-being"。——译者

34. 论 划 分

一个普遍的东西不仅意谓许多东西,而且划分成许多东西。然而,"划分"有几种意义。因为当整体的一部分通过实际分割而与另一部分物理地分开时,某种东西就被说成是划分了。在这种意义上,我们说,木匠划分木头,石匠划分石头,铁匠划分铁。

但是在另一种意义上,我们以某种方式谈论划分,事物的一部分并不与另一部分实际分离。这种划分适用于有许多东西归属其下的词项。在这种意义上,我可以把"狗"这个词划分成它的被意谓者,因而说,一种狗是会叫的狗,另一种狗是天体,等等。在这种情况下,我不把这个词的一部分与另一部分分离。相反,我接受这个词适用的这许多东西,并且我在不同的普通概念下把它们分开。逻辑学家正是在这种意义上谈论划分。达姆森在《逻辑》第 12 章中说:"有八种划分的方式。(1)属可以划分成它的种,比如动物划分成理性的和非理性的。(2)种划分成它的个体,比如人划分成彼得、保罗和其他是人的个体。(3)一个整体划分成它的部分,要么划分成相似的部分,要么划分成不相似的部分。当各部分都被整体的名称呼并有与整体相同的定义时,这就是划分成相似的部分。例如,我们可以把肉分成许多肉:这个划分中的各分子也叫作肉并有肉的定义。当部分既没有与整体相同的名称,也没有与整体相同的定义时,这就是划分成不相似的部分。例如,我们可以把苏格拉底划分成他的头、他的手和他的脚;这些东西都与苏格拉底的名字或定义不同。(4)我们也可以把一个多义词划分成它的不同的被意谓者,而且可以以两种方式划分,要么把它作为一个整体划分,要么把它作为一个部分划分。"在提供了几个例子以后,达姆森接着说:"(5)我们可以把一种实体划分成它的偶性,比如我们说,有的人是白的并且有的人是黑的。(6)我们也可以把一种偶性划分成它的实体,比如我们说,有的白东西有心灵并且有的白东西没有心灵。(7)我们可以把一种偶性划分成它的偶性,比如我们说,有的冷东西是干的并且有的冷东西是湿的。(8)我们可以把某种东西划分成那些从它得出来的东西,或者我们可以把某种东西划分成那些它由之而得出的东西。比如,在第一种情况下我们说,医学技艺产生医学书籍和医学工具,而在第二种意义上我们说,健康得自健康的食物和健康的水。"

应该注意,在上述划分模式中,我们取一个东西,而且不用把一部分与另一部分物理地分开或分离,我们就得出许多东西。然而在一些划分模式中,被划分的东西表示某种东西,这种东西确实可以划分成由被划分物所表示的词项。第三和第四种划分模式就是例子。在其他模式中情况不是这样。当我们说有的人是白的并且有的人是黑的时,我们不是在把一个整体划分成它的真正的部分;然而,这些部分实际上是相互分离的。

还应该注意,当我们说一种实体划分成它的偶性,一种偶性划分成它的实体或一种偶性划分成它的偶性时,"偶性"这个词项是用来表示那种或然地谓述某种事物的东西,即主项所表达的实际事物。而且十分明显,在权威们的著作中,用"偶性"并不是表示某种确实是实体固有的偶然的东西,而是表示"可以或然谓述主项的东西"。如果上述作家把"偶性"看作某种确实是主项固有的东西,那么他就应该说，人划分成白和黑，而不划分成白人和黑人，其他情况也是如此。

35. 论整体

"整体"这个词有几种意义。在一种意义上我们说，一个整体是某种融合许多部分并且没有这些部分实际就不能存在的东西。一个人没有肉体和理性心灵而存在是不可能的，空气没有相关的质料和形式而存在是不可能的，木头没有这部分或那部分而存在是不可能的。在所有这些情况下，部分属于整体的本质，而不是整体的本质属于部分。

在另一种意义上，我们把某种对于许多东西是共同的东西称为整体。在这种意义上，属是与其种相关的整体，种被说成是与其个体相关的整体。这里，整体是某种共同的东西。逻辑学家常常正是在这种意义上使用这个词。

但是，相应于"整体"这个词的每种意义，"部分"这个词也有一种意义。例如，有些部分属于整体的本质，而另一些部分据说仅仅是部分，因为它们不如它们被说成是其部分的那种东西一般。最后，我们把这样一些东西称为主体部分，它们属于整体的本质，整体同样也属于它们的本质；而且正像这种部分可以没有其整体而存在一样，相应的整体也可以没有其部分而存在。

尽管"部分"和"整体"这两个词还有其他一些意义，上述这些意义在目前就足够了。

36. 论对立

下面我们将考虑对立。应该注意，"对立的"这个词不仅意谓事物（包括那些心灵之中的和那些心灵之外的事物），而且意谓表示实物的符号。但是，心灵之外的事物，不是符号的事物，只能作为反对的东西而对立；或者，根据一种观点，它们也作为关系的东西而对立。这一点是显然的。因为当一些对象对立时，只有两种可能性。要么对立的对象都是绝对的东西。在这种情况下，唯一能够可以得到的对立的形式是具有反对性的形式。从归纳法可以看出这一点（或者它们也可以作为关系的东西而对立；这样，除非作为关系词和反对词，否则它们就不能是对立的）。要么对象中有一个是绝对的东西而另一个是相对的东西。但是在这种情况，对象不是真正对立的。这样，当对立的形式以某种方式相互联系，以致它们不能同时而只能先后相继出现在相同的主项中时，它们就是作为反对的东西而对立。然而，正像我将在后面说明的那样，这种具有反对性的形式是有程度的。如果我们谈论那种在符号（概念、说出的词和写下的词）之间得到的对立形式，那么根据逍遥学派的观点，"对立的"这个词不仅谓述复杂的词项，而且谓述简单的词项。

复杂的词项可以有三种成为对立的方式。有一些是矛盾的。这里我们有两个命题，它们的主项相同，谓项也相同，而其中一个命题是肯定的，另一个是否定的。然而，这样的说明是不完全的，因为其中一个命题必然是全称的，而另一个必然是特称的或不定的,或者两个命题都必然是单称的。例如,"每个人是动物"和"有的人不是动物"这两个命题是作为矛盾命题而对立的。"每个人是动物"和"一个人不是动物"这两个命题也是这样。在这后一种情况下我们得到两个矛盾命题,这是因为一个不定命题在其主项有意义地理解时,总是可以换位成相应的特称命题。这样,这个全称命题既与这个特称命题相矛盾,又与这个不定命题相矛盾。同样,"没有人是动物"和"有的人是动物"("一个人是动物")这两个命题是矛盾命题。"苏格拉底是动物"和"苏格拉底不是动物"这两个命题相互也是矛盾的。

一些命题是作为反对命题而对立的:比如全称肯定命题和全称否定命题。当主项被有意义地理解时,就是这种情况;在其他情况下,不必然是这样。"'每个人'是一个与全称符号结合在一起的一般词项"和"'没有人'是一个与全称符号结合在一起的一般词项"这两个命题不是作为反对命题而对立的。

复杂词项之间的第三种对立形式没有名称。两个命题若既不是矛盾命题也不是反对命题,则是这样的命题:要么它们蕴涵矛盾命题,要么其中一个命题蕴涵另一个命题的矛盾命题。由于相关的蕴涵是成立的,因而这种命题不能同时真。例如,"没有动物跑"和"有人跑"这两个命题是对立的。由于它们没有相同的主项,因而它们既不是反对命题,也不是矛盾命题。它们是对立的,实际上是因为"有人跑"隐含"没有动物跑"的矛盾命题;因为它得出,由于有人跑,因而有动物跑。

从以上可以看出,以特称的和下反对的形式相联系的命题不是对立的;它们可以同真。

在简单词项中有四种对立形式。有些简单词项是反对的。简单词项是这样的词项:它们意谓任何它们以肯定的和主动的方式所意谓的东西(也就是说,在表达词项的意义的定义中没有否定的词项,也没有与此等价的表达式),此外它们不能同时而只能先后肯定同一个东西。不能同时或先后真谓述同一个东西的表达式也是反对的,如果它们意谓不能同时在相同的事物中出现的东西。第一种反对词项的例子是"白的"和"黑的"。这些词项不否定地意谓任何东西;然而,若是有意义地理解,则它们不能同时肯定同一个东西,尽管它们可以先后肯定同一个东西。然而,正像后面将说明的那样,这种对立有一些程度。第二种反对词项的例子是"白"和"黑"。这些词项意谓被描述的这种东西,而且这些词项本身不能同时或先后肯定同一个对象,而是指代那个对象。如同第一种形式的反对一样,这里也有程度。

但是,一些简单词项是作为主动的和缺失的而对立的。这样的词项是:一个词项意谓任何它所主动地意谓的东西,而另一个词项虽然主动地意谓某种东西,但是同时也否定地意谓它的对立物所肯定地意谓的东西。这一点在表达这个词项的意义的定义中显示出来,因为在这个定义中,一个否定的表达式在与它对立的肯定的词项的前面。"视觉"和"盲"就是这样相互联系的,因为"视觉"肯定地意谓它所意谓的任何东西。而"盲"或"盲的"肯定地意谓某种东西并且否定地意谓某种东西;因为"盲的"是这样定义的:一个盲人是这样一个人,他没有他所倾向于具有的视觉。这里,否定词项的前面有一个表达式;它所意谓的东西是由"盲(的)"肯定地表示的。否定符号的后面也有一个表达式;它所意谓的东西是由"盲

（的）"否定地意谓的。有人可能会说，由于后面跟的这个从句，相同的东西得到了肯定的表示；但是我的观点依然成立，因为在任何情况下，那个东西都是被否定地表示的。即使一事物被同一个词项既肯定又否定地表示，也没有任何问题。这就如同我们前面阐述的一个观点：同一个事物既可以通过处于主格的词项表示，又可以通过间接格的词项表示。

在《魔鬼的堕落》第 11 章中，圣·安瑟伦提出了肯定地意谓某种东西和否定地意谓某种东西之间的这种区别。"显然，'什么也不是'这个表达式在意谓中与'非某物'这个表达式没有区别。此外，显然'非某物'这个词项通过意谓产生一种结果，即在认识上去掉所有东西，这种东西无论是外在的还是内在的，都是某种东西，同时在认识上不保留任何东西，这种东西无论是内在的还是外在的，都是某种东西。但是去掉某种东西是绝不能被意谓的，除非被这样的东西意谓，即这种东西的去掉被意谓。除非懂得人是什么，否则谁也不会懂得'非人'意谓什么。所以，'非某物'这个表达式必然要通过去掉是某物的东西而意谓某物。"安瑟伦继续说："它通过去掉那个概念，而不是通过肯定它来意谓某种东西。"他还说："这样，在恶什么也不是和'恶'这个词项是有意义的这个联合假定中，就没有什么是令人不满的。它可能否定地意谓某种东西，因而什么东西也没有肯定。"

从安瑟伦的这些论述和他在同一篇论文中的其他一些论述可以看出，有些简单词项是通过去掉、否定或排斥某种东西而表达意思的，而另一些词项是通过肯定或提出一些东西来表达意思的。

由此得出，缺失不是心灵之外的对象所固有的某种东西，它与

是肯定的东西绝不是不同的。就事物方面来说,盲不是眼睛所固
有的。正如安瑟伦在以前的一段文字中所说,"许多事物是由一种
与事实不符的语言形式表达的。这样,'害怕'在语法上是主动的,
而事实上它是某种被动的东西。与此相似,根据言语形式,盲被说
成是某种东西,而实际上它根本不是任何东西。正像我们说一个
对象有视觉,视觉在对象中一样,我们说一个对象有盲,盲在对象
中。实际上,盲不是某种东西,它其实是非某物。有盲就是没有某
种东西。与此相反,它是缺少是某物的东西,因为盲不过是在应该
有视觉的东西上没有视觉或缺乏视觉。但是没有视觉和缺乏视觉
并不是在不应该有视觉的地方而有的某种东西,而是在应该有视
觉的地方而有的某种东西。正是因为视觉应该是在眼睛中,所以
得不出盲不是在眼睛中,而是在不应该有视觉的石头中。"

这样显然可以看出,基于这位权威的解释,盲就事物方面而言
不是眼睛中存在的某种东西,所以盲就事物方面而言什么也不是。
这样,心灵之外的那些事物就不是作为肯定的和缺失的而对立的。
相反,表示事物的符号借助缺失而是对立的,因为有些符号肯定地
意谓某种东西,而另一些符号否定地意谓某种东西。

有些名不能就相同的事物肯定相同的事物。在这些名中可以
得到以关系词所表示的对立。这一点是成立的,无论心灵之外的
事物是不是作为关系的东西而对立的。然而,并不是因为我否认
关系是心灵之外的事物,所以我把名说成是关系词。人们可以使
用事物的名,也可以使用适合事物的词项。但是一些名是关系词,
这一点从一些语法学家的著作看是显然的,因为他们认为关系的
名构成名的一个种类。

在简单词项中,当一个词项肯定地意谓某个东西或一些东西,另一个词项否定地意谓相同的一个东西或一些东西而不肯定地意谓任何东西时,它们就是作为矛盾而对立的。"人"肯定地意谓所有人,"非人"否定地意谓相同的这些人,同时不以任何确切和明确的方式肯定地意谓任何东西。我加上最后这种限制是为了对付诡辩家的反驳,因为他们会说,在"驴是非人"这个命题中,"非人"可以指代一头驴,基于这一点,"非人"意谓一头驴。

应该注意,所有对立的东西本身实际上都是肯定的和绝对的东西;当它们指代自身时,"现实的是者"这个表达式可以谓述它们。这样,如果"'不是者'是一个是者"①这个命题中的主项指代它自身,这个命题就是真的,因为这个主项确实是一个是者。它是一个主项,所以是一个命题的一部分,而且任何命题都不是由不是者构成的。

这里有人可能会反对说,如果允许这种形式的命题成立,那么一对对立命题中的一个就可以谓述另一个。对于这一点的回答很简单,就是:当一个对立的东西谓述另一个对立的东西时,如果第二个对立的东西不是有意义的指代,而只是简单或实质地指代,那么就没有什么问题。像"'非表达式'是一个表达式"、"'非简单的'是简单的"和"'非部分'是部分"这样的命题是真的。与此相似,"'非词'是一个词"也是真的,因为如果主项指代它自身,那么它肯定是一个词;我说"非词"的时候,我说出的肯定是一个词。

① 原文是"*non-ens est ens*",英译文为"Non-being is a being"。——译者

关于对立的论述，以上就足够了。这里我所省略的许多要点
在我关于《范畴篇》的注释中已经考虑过了。

37. 论感受

我们还要考虑逻辑学家在探讨证明时常常采用的一个词项，
即"感受"。应该注意，尽管这个词项正像我在对《范畴篇》的评注
中说明的那样可以在多种不同的意义上使用，但是，作为逻辑学家
通常使用的术语，感受不是据说是具有它的那个人所固有的某种
心外的东西。相反，感受是某种心灵的、说出的或写下的东西，在
第二种本质性质的模式上可以谓述据说是具有它的那个主体。实
际上，只有是心灵的而不是说出的或写下的东西才是严格而恰当
的意义上的感受；但是在间接的延伸的意义上，我们称说出的或写
下的词为感受，比如我们说，在"每个人都是能笑的"这个命题中，
一种感受谓述了它的主项。

显然，感受不是心灵之外的某种东西，不是一个谓词符号之外
的东西。根据哲学家们的观点，感受在第二种本质性质的模式上
谓述其主项，但是只有是一个概念、一个说出的词或一个写下的词
的东西才能起谓项的作用。命题只由这些东西构成，而不由心灵
之外的物体构成。这样，感受就不能是心灵之外的物体。

而且，是者乃是感受①；但是显然感受不能是那种一般观念中
固有的；所以，……。

---

① 原文是"*entis sunt passiones*"，英译文为"Being has passions"。——译者

　　而且，根据哲学家们的意见，每一种感受都是具有某种普遍性的感受；但是任何心灵以外的东西都不是普遍的东西所首要固有的；所以，……。

　　而且，我们用上帝专有的感受谓述他；但是任何东西也不能说是上帝固有的；所以，感受不是主体所固有的那样的东西。

　　因此应该说，感受不过是某种可在第二种本质性质的模式上谓述其主项的东西；而且由于每个这样的东西都是命题的一部分，我们必然推论出感受不是那种在心灵之外存在的东西。因此，一个主体在自然界中是没有感受的并不是不可能的，而且，一种感受是没有其主体的也不是不可能的。这样，当作家们说主体是不能没有其感受的时，我们应该把他们的意思理解为：不能真地否定主体的感受，如果"是存在的"①真谓述这个主体。这样，"上帝不是有创造性的"这个命题是不可能的，即使上帝能够是并且一度是（当有关谓项过去不是实际的时）。

　　还应该注意，一种感受总是指代与它的主体相同的东西，尽管它可能以某种方式意谓某种与这个主体不同的东西，或者以主格，或者以一个间接格，或者以肯定的方式，或者以否定的方式。这样，一些感受叫作主动的，另一些感受叫作被动的。

　　从以上应该看出，一个东西如何可以是一种是者的感受，并且如何可以意谓与是者相同的东西，同时与具有这种感受的是者这种一般观念又确实是不同的；因为正像表达这个名的意义的定义所表明的那样，它以一种与是者不同的方式意谓。普遍有效的是：

---

① 　原文是"*esse existere*"。——译者

一个主体和他的感受确实是不同的东西,尽管它们指代相同的东西,尽管它们之间的谓述产生一个必然命题。

38. 论是

探讨了第二意向和第二指定的词项以后,我们要转而考虑那些被称为范畴的第一意向的词项。但是首先我们应该考虑一些表达式,它们对于所有东西,包括符号和不是符号的东西,都是共同的表达式。"是"和"一"是这样的词项。

首先应该注意,"是"这个词项有两种意义。在一种意义上,这个词项是相应于一个适合所有东西的概念而使用的,并且以说明是什么的方式而是所有东西的谓词,就像一个超验的东西能够以说明是什么的方式谓述一样。

人们可以以下述方式证明,有一个普通概念可以谓述所有东西:如果没有这样一个普通概念,那么就有表示不同事物的不同概念。让我们假定有两个这样的概念,A 和 B。根据这个假定,我可以说明,有的比 A 和 B 更一般的概念可以谓述一个对象 C。正像我们可以形成"C 是 B"、"C 是 A"和"C 是某物"这些言语命题一样,我们也可以形成三个相应的心灵命题。其中两个是含糊的,一个是确定的;因为有人可能知道第三个命题是真的,却无法确定前两个命题哪一个是真的。如果承认这一点,那么我作如下论证:这三个命题中有两个是含糊的,一个是确定的。这三个命题有相同的主项;所以它们有不同的谓项。如果不是这样,那么同一个命题就会是既确定又含糊;因为在目前情况下,前两个命题是含糊的。

但是，如果它们有不同的谓项，那么"C 是某物"中的谓项就不是"C 是 B"或"C 是 A"中的谓项。我们可以推论，这是一个不同的谓项。但是，这个相关的谓项显然既不是不太一般的，也不是可与 A 或 B 换位的。所以它一定是更一般的。但是这正是我们着手要证明的——有的心灵概念，尽管不同于那些逻辑上下属于它的概念，却适合于所有东西。这一点必须得到承认。正像一个词能够真谓述每个东西一样，也有某一个心灵概念能够真谓述每个对象或每个指示一个对象的代词。

但是，虽然有一个适合所有东西的概念，"是"这个词项却是歧义的，因为它不谓述仅仅根据一个概念而逻辑地下属于它的词项；正像我在对波菲略的注释中所指出的那样，相应于这个词项有一些不同的概念。

此外应该注意，正像哲学大师在《形而上学》第五卷中说的那样，"是既被本质地表述，也被偶然地表述"。哲学大师作出这种区别不应该被理解为意味着一些东西是本质的是者，而另一些东西是偶然的是者。相反，他作出这种区别是在指出一个东西可以通过"是"这个媒介谓述另一个东西。从他用的例子中可以看出这一点。正像他指出的那样，我们说，爱好音乐的仅仅是偶然的，爱好音乐的偶然地是一个人，爱好音乐的偶然地是一个建筑师。从这些例子中应该看出，他仅仅是在区别一个东西谓述另一个东西的不同方式，即偶然的和本质的。显然，并非有两种是，本质的和偶然的。所有东西要么是一个实体，要么是一个偶性，但是实体和偶性都是本质的是者。即使我们有本质地和偶然地谓述，这一点也是成立的。

　　与此相似,是被分成潜能的是和现实的是。这一点不应该被理解为意味着有两种是者,即那些不是在自然界中但可能是在自然界中的东西和那些实际上是在自然界中的东西。亚里士多德在《形而上学》第五卷中把是分成潜能和现实,是想以此说明"是"这个词项乃是借助非模态命题而不是借助与可能性命题等价的命题谓述一些东西的。例如,"苏格拉底是一个是者";"白色是一个是者"。对于其他东西,亚里士多德想说,"是"仅仅借助一个可能命题或借助一个与此等价的命题进行谓述。例如,"反耶稣基督的能够是是者";"反耶稣基督的是潜能的是者"。他想说,像知识和睡觉这样的是既可以潜能地又可以现实地谓述。但是注意,除非在现实中,否则事物不睡觉,也没有知识。

　　我们将在其他地方论述对是的其他划分。为了简明,这些说明现在就足够了。

39. 论一

　　由于一在第二种本质性质的模式上谓述是,因此一乃是是的一种感受;因为尽管"是"意谓一所意谓的东西,却不是以相同的方式意谓它。无论"是"意谓什么,它都是主动地和肯定地而不是否定地意谓。而"一"既以肯定的方式又以否定的方式意谓"是"所意谓的所有东西。从表达这个词义的定义可以看出这一点。

　　"一"有几种意思;因为正像哲学大师在《形而上学》第五卷中指出的那样,一些东西被说成本质地是一,另一些东西被说成偶然地是一。应该把这里的意思理解为是说,"一"这个名本质地谓述某种东西（即"一"在其中起谓述作用的命题是一个本质命题），而且它偶然地谓述另一些东西（即"一"在其中起谓述作用的命题是一个偶性命题）。例如，正像"正直的人和爱好音乐的人是一"这个命题是偶然的一样，"克里斯科和爱好音乐的人是一"这个命题是偶然的。然而，"正直的人和爱好音乐的人本质上是一"和"克里斯科和爱好音乐的人本质上是一"这两个命题是真的。如果有人偶然遇到像"爱好音乐的人和白人偶然地是一"这样的命题，就应该把它们解释成意谓："'爱好音乐的人和白人是一'这个命题是偶然的，而且'爱好音乐的人与克里斯科是一'这个命题也是偶然的。"后面我将说明如何可以区别这些命题。

基本上这就是不被说成偶然地是一而被说成本质上是一的一；尽管哲学大师在《形而上学》第五卷中提出了许多本质统一体的形式，我们却只需要考虑逻辑学家常常采用的三种本质统一体的形式。

一些东西被说成是数量为一；即那些指代同一个东西的词项；"数量为一"这个表达式可以是一个真谓词。例如，"那个人和苏格拉底是数量为一"；"马库斯和图里尤是数量为一"。这样，当亚里士多德在《形而上学》第五卷中说"在质料上为一的东西是数量为一"时，他的意思只是说，当一些东西在质料上或形式上没有区别时，就被说成是数量为一。

此外，那些有同一个种的东西被说成是种类为一。这样，种类为一的东西总是要么数量为多，要么数量为一。正像亚里士多德在《论辩篇》第一卷中所说的那样，"虽然是多个"（这里假定，它们不是数量为一），"包含在相同种下的东西却是种类相同的"。

最后，那些被包含在相同的属下的东西是属类为一。属类为一的东西要么是种类为多并且数量为多，要么种类为一。亚里士多德说："数量为一的东西总是种类为一；但是种类为一的东西却不全是数量为一。同样，种类为一的东西总是属类为一，但是属类为一的东西却不全是种类为一。"

从这些论述得出，除非要么是数量为一，要么是数量为多，否则任何东西也不是种类为一的。因此，不可能会有这样一种实质，它种类为一，却既不数量为一也不数量为多。与此相似，也不可能会有这样一种实质，它属类为一，却既不是种类为一，也不是种类为多。所以应该说，许多个体是种类为一的，而且一个个体和另一个个体是种类相同的。同样，许多不同种类的个体是属类为一的，而且一个种类的一个个体与另一个种类的一个个体是属类为一的。苏格拉底和这条驴是属类为一的，也就是说，有一个能够谓述他们的属。与此相似，苏格拉底和柏拉图是种类为一的；他们包含于同一个种下。换一种方式说，苏格拉底和柏拉图是这样的，从他们可以抽象出一个适于他们两个的种。

对于"苏格拉底和柏拉图实际上并不是一"这种反对意见，应该回答说，他们实际上是一，如果"一"这个词项在这里是在一种适当的意义上使用的——意谓在种类上为一；因为苏格拉底和柏拉图实际上是这样的事物，从他们可以抽象出一个种。这样，应该承认，有一种不如数量统一体严格的统一体。尽管如此，这些东西个个都是下面意义上的东西：它们不可能与任何与它们有任何不同的东西同一。

40. 论范畴

下面我们应该考虑逻辑地下属于是的概念,即十个范畴。应该注意,和"属"这个名一样,"范畴"这个名是一个第二意向的名,尽管它所谓述的表达式是第一意向的简单词项。

然而,"范畴"有两种意义。在一种意义上,它被用来意谓根据一般性的大小排列的整个系列的词项。在另一种意义上,这个词被用来表示各个这样的系列中的第一个最一般的词项。在"范畴"的这第二种意义上,每个范畴由于表示不是符号的东西,因而都是一个第一意向的简单词项。然而,如果在第一种意义上使用这个词,那么就可以说,一些范畴中有既是第一意向又是第二意向的词项。换句话说,有一些范畴是由第一意向和第二意向构成的。例如,根据把意向或概念解释为心中主观存在的性质的观点,比如"属"这个一般词项就属于性质范畴;因为根据这种观点,每个属都是一种性质。现在,"属"是一个第二意向的名,但是"颜色"这个普通词项是一个第一意向的表达式。在其他许多情况下都是这样。

有人可能会否认第一意向可以比第二意向更一般,以此来反对上面的论述。

与此相似,有人可能会论证说,第一意向不能谓述第二意向,或者第二意向不能谓述第一意向。

最后,有人可能会反对说,一个是理性的东西不能是在一个现实东西的范畴中;但是由于一个第二意向是一个是理性的东西,因而它不能是在一个现实东西的范畴中。

在回答第一种反对意见的时候应该注意，第一意向比任何第二意向都更一般；因为是乃是一个第一意向，而它是比任何第二意向的概念都更一般的。每个第二意向都是一个是者，但不是比第一意向更一般的。

在回答第二种反对意见的时候应该说，当第一意向和第二意向都指代其自身的时候，任何第一意向也不谓述一个第二意向；因为否则就会不得不承认有的第二意向与有的第一意向是同一的，而这当然是假的。然而，一个第一意向如果不指代其自身而指代一个第二意向，则可以谓述一个第二意向。例如，"实体这个属是一种性质"这个命题是真的；然而，"性质"这个谓项却是真适用的，因为它不代表自身，而代表是一个属的第二意向。与此相似，在"一个名是一个性质"这个说出的命题中，一个第一指定的名谓述一个第二指定的名。然而，它不指代自身，而是指代它所谓述的第二指定的名。当相关的命题是真的，任何第二指定的名与第一指定的名都不是同一的。

在回答第三种反对意见的时候应该注意，"是在一个范畴中的"这个表达式有两种意义。在第一种意义上，一个对象是在一个范畴中的，如果这个范畴中的第一个词项（如果有意义地理解的）可以谓述指这个对象的代词。在这种意义上，除了特殊的实体，任何东西都不是在实体这个属中，因为除了特殊的实体外，任何东西都不是实体。在这个短语的这种意义上，所有仅仅表示实体的普遍的东西都处于性质这个范畴之下，因为所有普遍的东西都是性质。

在另一种意义上，某种东西是在一个范畴中的，这里它是这样一种东西，即如果有意义地理解，它就能以这个范畴中有意义地理解的第一个词项作谓项。在这种意义上,普遍的东西是在实体范畴中的;因为"实体"若是有意义的理解,则谓述一些有意义的理解的普遍的东西。例如,"每个人都是一个实体";"每个动物都是一个实体物";"每块石头都是一个实体";等等。在这种意义上,其他普遍的东西处于性质范畴之下,如此等等,对于其他范畴也是这样。但是在这种条件下,相关的命题("任何是理性的东西都不能是在现实东西的范畴中的")是假的,无论是在第一种意义还是在第二种意义上理解"是在一个范畴中的"。

　　然而,应该指出,根据把意向、概念和心灵感受解释为心的性质的观点,概念被说成是理性的东西,不是因为它不是在事物本性中的现实的东西,而是因为它只是在理性中并且是心为了这样那样的目的而使用的对象。这样,所有命题、推理和心灵的词项都是理性的东西。然而它们实际上确实存在并且是比任何物体性质更完善和更实在的。所以,当评注家和哲学大师把是划分为现实的是和理性的是,或心灵之中的是和心灵之外的是,并且后来又把现实的是划分为十种范畴时,他们不是以我们把动物划分成比如说理性的和非理性的这样的方式把这个概念划分成对立的东西。相反,这是把一个词划分成它的各种意义,就像亚里士多德在《前分析篇》第一卷中把或然的划分成或然—必然的、由于机遇而或然的和一般来说可能的一样。这三个概念中的一个概念可以谓述其他概念,因为下面的命题是真的:"或然—必然的是可能的";"由于机遇而或然的是可能的"。相关的关于是的划分与"一个是理性的东西乃是一个是现实的东西"这个命题的真同样不是不相容的,如果我们把"现实的是"解释为是指代某种实际上存在的实在的性质。然而,如果"现实的外在的是"不被理解为意谓"那不在心灵之中的东西",那么把是划分成十种范畴就不是把一个一般概念划分成其逻辑上下位的东西。相反,它应该根据下面的方式被解释:是心灵之外的现实的东西有的是由这个范畴表示的,有的则是由那个范畴表示的,如此等等。或者,它会是像这样的:每个是心灵之外的现实的东西或是在这个或是在那个范畴之中。但是,由于我们可以以这种方式解释范畴,因而我们必须承认,有许多不是心外对象的东西都归属于范畴之下。

41. 论范畴的区别

下面应该考虑的是范畴的数量。所有作家都同意有十个范畴;然而在我看来,最近有许多作家在范畴结构这个问题上与古代作家是有分歧的。因为许多作家说,在每个范畴中都有一些以某种方式根据一般性的大小排列的词项,因此在主格的情况下和在第一种本质性质的模式中,更一般的词项以"每个 A 是 B"这样的谓述形式来谓述每个不如它一般的词项。为了在副词的情况下保留这样的谓述形式,他们创造出抽象的名。他们由"哪里"(where)这个副词形成像"哪里处"(whereness)这样的抽象词项;由"何时"(when)形成(何时候)(wheness)这个名;而且在其他这样的词项的情况下也是如此。

但是在我看来,古代作家并没有在各个范畴中设定这种结构。他们比许多现代作家更宽泛地使用"范畴"这个名以及像"属"和"种"这样的词项。当古代作家说更一般的总是可以谓述不太一般的时,当他们说每个范畴之下都有种时,他们是以某种方式扩展了"谓项"这个词项,从而使它适用于动词。他们使用这个词项,就像我们说"人行走"中的"行走"谓述"人"和我们谈论"他穿着鞋"和"他全副武装"这些命题中的谓项时使用这个词项一样。他们也扩展谓述这个概念,使它包括副词和带有其宾语的介词的谓述,如同我们在"这是今天"、"那是昨天"、"他是在家里"和"他是在城里"这样的命题中的用法一样。在各个范畴中,我们都可以发现一些相关的谓述,但是并不一定总会有只涉及处于主格的词项的专门谓述。例如,并非每个系列的词项都是这样排列的,使得更一般的可以在严格的"谓项"的意义上谓述不太一般的;只有当我们在更宽泛的意义上理解"谓项"这个词项时,有的系列才能被说成是以这种方式排列的。

由于古代作家的观点在我看来更有道理,我将试图在下面简要地描述这种观点。

如果我们看一看亚里士多德列举范畴的方式,就可以说明这种观点是正确的。他说:"不涉及组合的表达式意谓实体,或性质,或数量,或关系,或位置,或时间,或姿态,或被动,或主动,或状态。"后来,通过举例他说:"位置,比如'在这个地方';时间,比如'昨天';姿态,比如'坐'和'躺';状态,比如'穿着鞋'和'全副武装';主动,比如'砍'和'烧';被动,比如'被砍了'和'被烧了'。"他在论主动和被动的那一章阐述了相同的观点。

同样,达姆森在他的《逻辑》一书的第 32 章中说:"必须知道有十种范畴,即每个简单词项都归属于其下的十种最一般的属。这些范畴是:实体,比如'石头';数量,比如'二'和'三';关系,比如

'父亲'和'儿子';性质,比如'白的'和'黑的';位置,这融合了表达地点的词项,比如'在蒂尔'和'在大马士革';时间,这融合了表达时间的词项,比如'昨天'和'明天';状态,比如'穿衣服';姿态,比如'站着'和'坐着';主动,比如'烧';遭受,比如'被烧了'。"

这两位作家一个是圣徒,另一个是哲学家。他们著作中的这些段落足以说明他们谁也没有把范畴解释为与这样一些简单词项不同的东西,这些简单词项包含着不同的词或心灵的意向,然而却并非总是可以以处于主格的恰当的谓述形式作它们的谓词。

为了说明这一点,应该注意,根据古代作家的观点,范畴中的东西仅仅是一些简单词项,由此可以构成肯定和否定(即肯定命题和否定命题)。为了说明这一点,亚里士多德评注说:"这些词本身哪一个也不包含一个肯定。相反,正是由于这些词项相互结合起来,才产生肯定。"达姆森说,"每一个简单词项都归属于"这十种范畴之下,也就是说,每一个既不是肯定也不是否定的范畴词都归属于这十种范畴之下。这两位作家都企图说明,归属于范畴之下的词项是可以用来构成命题的简单词项。对于心灵和口头之类的词项,这是有效的。然而,正像我在后面将说明的那样,心灵的词项是居先的。

如同注释家在《形而上学》第七卷中指出的那样,范畴之间的区别是从适用于实体物或一个个体实体的疑问词之间的区别得出来的。关于一个实体可以询问的这些不同问题,可以由不同的简单词项来回答,而且由于一个简单词项可以被用来回答关于实体的这个或那个问题,因而它相应地处于一个范畴之下。例如,所有可以被用来回答"这是什么?"(关于某个个体实体的询问)这个问题的简单词项都处于实体这个范畴之下。比如下面这些表达式："人"、"动物"、"石头"、"身体"、"地球"、"火"、"太阳"和"月亮"。那些被用来回答"它有什么性质?"(对某种实体的询问)的简单词项处于性质的属下。例如，"白的"、"暖和"、"聪明"、"方的"、"长的"和"宽的"。另一方面，那些可以被用来回答"多少?"(同样是对一个实体提出的询问)这个问题的简单词项包含在数量的属下，比如"两立方"、"三立方"，等等。但是那些可以被用来回答"谁的?"这个问题或某个相似的问题的简单词项(因为这里我们没有一个一般的疑问词)处于关系范畴。那些可以被用来回答"哪里?"这个问题的简单词项处于位置的范畴。然而，除非借助副词和带有宾语的介词，否则无法回答这个问题。例如，如果问"苏格拉底是在哪里?"，那么合适的回答是"这里"或"那里"或"在蒂尔"或"在大马士革"或"在海上"或"在陆地上"。所有这些简单词项(我称它们为简单词项，因为它们均不涉及一个肯定或否定)都处于地点范畴。同样，人们可以仅仅借助副词和带有其宾语的介词来回答"什么时候?"这个问题。例如，如果问"苏格拉底是什么时候在的?"，就应该回答说"昨天"或"在某某天"。恰恰是这样的词项属于时间这个属。同样，对于提出的"苏格拉底做什么?"这个问题，可以借助动词来回答："取暖"或"行走"。在这种条件下，这样的言语部分属于主动这个范畴。相同的论述也适合于剩下的其他范畴，尽管由于语言的贫乏，我们没有适合于所有范畴的一般的疑问词。

　　从以上说明得出，像"白的"、"黑的"、"暖和的"和"苦的"这样的具体词项比它们的抽象形式更直接地处于性质的范畴下。正是由于这个原因，哲学大师在《范畴篇》中举例时说："性质，比如'白的'"。然而,如果我们把性质这个范畴看作某种普遍排除实体的东西,那么属于这个范畴的只有抽象的形式,而不是具体的形式。我之所以说抽象的词项本质地处于范畴之中,具体的形式通过化归而处于范畴之中,就是这个意思。但是在这个问题上,困难不在于现实中,而在于言语上,因此我将不详细论述它。每一个可以被用来回答关于一个实体而提出的问题的简单词项都在一个范畴中,知道这一点就足够了。至于它是一个副词、一个动词、一个名词,还是带有宾语的介词,都没有关系。但是,有一些简单词项不在任何范畴中。例如,联结词和助范畴词不附属于任何范畴;因为用"如果,那么"、"并且"、"每个"和"没有"这样的词项不能回答关于一个实体可以提出的任何问题。然而,如果实际上有一些这样的词项以某种方式可以被用来回答一个确定的问题,尽管不能回答所有问题,那么这些词项就可以归属于范畴之下。

42. 论实体

虽然我们尽量全面地介绍了关于范畴可以作出的一般论述,但是我们现在要对特殊的范畴逐个进行详细考察。首先我们要考虑实体。

首先应该注意,"实体"有许多意义。在一种意义上,实体被说成是任何与其他东西不同的东西。当作家们谈论白色这个实体、颜色这个实体,如此等等的实体时,就是在这种意义上使用"实体"这个词。

在一种严格的意义上,实体是任何这样的东西,即不是其他某种东西所固有的偶性。在这种意义上,不仅质料和形式形成的整体,而且质料和形式都叫作实体。

在这种严格的意义上,实体是这样的东西,即既不是另一个东西所固有的偶性,也不是其他某种东西的一个本质部分,尽管它可以和一个偶性结合在一起。正是在这种意义上,实体被说成是最高的属,而且根据亚里士多德的观点,它被划分成第一实体和第二实体。

但是,应该把这一点解释为这样一种划分,即被划分的词项可以谓述那些划分它的那些词项,而不是被划分的词项可以谓述那些指示这些划分它的词项的代词。因为当所指是一个第二实体时,"这是一个实体"这个命题是假的。例如,"任何第二实体都不是实体"这个命题是真的,而且我们可以应用前面说明的观点证明这一点。前面我们已经说明,任何普遍的东西都不是实体;但是每个第二实体都是一个普遍的东西,因为根据亚里士多德的观点,第二实体要么是属,要么是种;所以,任何第二实体都不是实体。

而且,根据亚里士多德的教导,凡是全称地否定所有直接包含在某个普通词项下的每个东西的,也全称否定这个普通词项本身,但是"第二实体"否定直接包含在"实体"之下的每个东西;所以,它全称否定实体。例如,"任何实体都不是第二实体"是真的,所以,我们可以推论,任何第二实体都不是实体。我的假定是清楚的,因为"任何物体实体都不是第二实体"是真的,正像"任何非物体实体都不是第二实体"这个命题一样。我们可以通过重复基本的论证方式来说明这些命题中的前一个是真的(对于第二个命题的情况也可以应用相同的技术);因为任何赋有心灵的肉体都不是第二实体,这是真的,而且,任何没有心灵的肉体都不是第二实体,这也是真的。我们可以通过重复相同的基本的论证方式来说明这里的第一个命题是真的(对于第二个命题的情况也可以应用相同的技术);因为任何能够感知的赋有心灵的肉体都不是第二实体,这是真的,而且,任何不能感知的赋有心灵的肉体都不是第二实体,这也是真的。我们可以通过再次重复基本的论证方式来说明这里的第一个命题是真的(对于第二个命题的情况也可以应用相同的技术);因为任何能够感知并且是理性的赋有心灵的肉体都不是第二实体,这是真的,而且,任何能够感知却是非理性的赋有心灵的肉体都不是第二实体物,这也是真的。显然,这里的第一个命题是真的;因为它与"任何人都不是第二实体"这个真命题是可交换的;而这后一个命题显然是真的,因为各个支持它的单称命题都是真的。在这种情况下,我们不得不承认亚里士多德的观点:任何实体都不是第二实体。所以,当指一个不如"实体"本身那样一般的第二实体时,"这是一个实体"这个命题就是假的。

应该说,这种划分是一种从一个普通的名向不太普通的名的划分。它等价于下面这样的划分:在意谓或表示心外的实体的名中,有一些是仅仅一种实体专有的名(这些名是第一实体),另一些是许多实体共有的名(这些名叫作第二实体)。是第二实体的名被进一步划分:一些是属,另一些是种。然而,所有第二实体实际上仅仅是性质。例如,所有那些被称为第二实体的普通的名至少在一种"在一个范畴中"的意义上处于性质这个范畴,因为"性质"这个词项总是可以谓述那指示一个第二实体的代词。然而,在另一种意义上,所有第二实体都处于实体这个范畴中,因为当有意义地

理解它们时,"实体"总是可以谓述它们的。例如,在"人是动物"和
"人是一个实体"这些命题中,"人"不指代它自身,而指代它所意谓
的东西。因为如果它指代它自身,"人是一个实体"就会是假的,而
"人是一种性质"就会是真的。同样,如果"人"这个词指代它自身,
那么"人是一个实体"这个命题是假的,而"人是一个词并是一种性
质"这个命题是真的。因此,第二实体是简单的确定的名,并且仅
仅意谓实体的性质。正因为这种原因而不是其他原因,它们被说
成是处于实体这个范畴之中。

　　显然,这种说明与作家们的说法是一致的,因为在《范畴篇》
中,哲学大师说:"每个实体似乎都意谓那是这某种事物的东西;对
于第一实体,毋庸置疑的是它们意谓那是这某种事物的东西。"从
这一段可以看出,亚里士多德认为,第一实体意谓那是这某种事物
的东西,但是,是心外的特殊实体并不意谓那是这某种事物的东
西。相反,它们是所意谓的东西;所以,亚里士多德在这里乃是称
是心外的特殊实体的名为第一实体。但是在这样的情况下更可以
看出,他必然称相关的名为第二实体。

　　而且,波爱修在对《范畴篇》的评注中多次指出,哲学大师在这
部著作中是探讨语词,因而他称语词本身为第一实体和第二实体。

　　同样,亚里士多德说第一和第二实体是在实体的范畴中,而且
他在这部著作中规定,只有处于范畴下的词项是构成命题的简单
词项。然而,命题不是由是心外的实体构成的;所以,……。

　　而且,达姆森规定,只有名应该下属于实体范畴。

　　所以,说亚里士多德称普通的实体名为第二实体与这些作家
的说法根本不是不相容的,而亚里士多德自己的说法"种比属更是

实体"在这里也不造成任何困难。亚里士多德用这种说法只是表示,通过阐述种而不是属,我们可以对"这是什么?"(对某个实体的询问)这个问题提供一个更合适的回答。例如,尽管一个像"种比属更是实体"这样的命题在字面上理解是假的,但是哲学大师用这个命题想要说明的观点却是真的。

综上所述,所说的划分是名中的划分;有一些是专门的,有一些是普通的。专名被说成是第一实体,普通的名被说成是第二实体。

然而,应该注意,哲学大师在《范畴篇》中使用"第一实体"这个术语是有歧义的。因为有时候他用它表示是在心灵以外的实体的名,比如他说:"第一实体意谓那是这某种事物的东西";但是在其他地方他说:"实体是那专门地、主要地……的东西"。这样,当哲学大师说"所有其他东西要么表述主要实体,要么作为主体在它们之中"时,他用"主体"这个术语不是在表示实际上构成其他事物基础的主体,而是表示命题中的主项。正像达姆森在他的《逻辑》第8章中所说,"'主项'在两种意义上使用;有关于存在的主体,在这种意义上,存在于心灵之外的单个实体是表示偶性的主体。也有关于谓述的主项;在这种意义上,特殊的东西是与比它自己更普遍的东西有关的主项"。哲学大师说第二实体表述主体时是在第二种意义上使用这个术语。这样,第一实体就不是实际构成第二实体基础的主体;它们只是借助谓述才是主项。

由此可以看出,哲学大师有时候称存在于心灵之外的实体的名或符号为第一实体;因为他说第二实体表述作为主项的第一实体,但是这只能是借助谓述。例如,第一实体是谓述中的主项,而第二实体是谓项；但是任何命题都不是由心灵之外的实体构成的；所以，作为一个命题中与第二实体有关的主项的第一实体不是心灵之外的实体。这样，当亚里士多德说如果第一实体被毁灭，那么其他任何东西就不可能会依然存在时，他不是在谈论现实的毁灭和现实的存在。相反，他的意思是指借助一个否定命题的毁灭。这样，他是在说，当"是"不谓述任何包含在一个普通词项下的东西时，它不仅真否定专属于这个普通词项的固有属性和偶性，而且真否定这个普通词项本身。因此，他的意思仅仅是说，像下面这样的推理是有效的："这个人不是；那个人不是；那个……（如此等等对所有个体的人）；所以任何人都不是；所以，任何东西都不是能笑的；所以，任何东西都不是语法的；所以，没有语法；所以，没有逻辑。"如果他的意思是现实的毁灭，他说的就会是假的；因为尽管会没有石头，依然可能会有石头这个属；因为仍然可能会有人形成下面这样的命题："任何人都不是石头"；"任何石头都不是驴"；但是，除非这些命题的相关部分事先在这里，否则就不会形成这些命题。但是，这恰恰是说会有石头这个属。当然，如果有了目前这个假定，它就不可能会在一个既是本质的又是现在时的命题中肯定地谓述任何东西。

43. 论实体的特性

由于我们已经看到应该把什么词项放入实体的范畴等级，现在我们应该考察实体的一些特性。在《范畴篇》中，亚里士多德提到一种特性，他声称这种特性是所有实体，包括第一实体和第二实

体(这种实体不是在主体之中)的共同的特性。如果把这种特性理
解为适合于是在心之外的实体,那么亚里士多德的观点是清楚的,
因为这样的实体都不出现在主体中。然而,如果认为这种特性适
合于第一实体和第二实体(即这样的东西,它们是在心外的实体的
名),那么"实体不是在一个主体之中"这个命题就应该按照下面的
命题来理解,一个行为的情况意谓:"'是在一个主体之中'不谓述
任何有意义理解的实体的专名或普通的名;'是在一个主体之中'
否定每个这样的有意义理解的名。"例如,凡像下面这样的命题都
是真的:"人不是在一个主体之中";"动物不是在一个主体之中";
"苏格拉底不是在一个主体之中"。然而,如果这样的词项指代它
们自身,而不指代它们所意谓的东西,那么说它们是在主体之中就
会是真的;因为它们实际上正是命题的部分,因而是心灵的概念或
者是说出或写下的词。

　　但是亚里士多德本人似乎反对这种说明,因为他承认第二实
体表述主体,他还否认它们是在主体之中;但是,如果我们始终一
致地理解"第二实体",那么这两种特性就有一种是不合适的。

　　应该回答说,哲学大师并非仅仅以一种方式使用这个术语;而
且丝毫也不要求他这样做。为了简便,以不同的方式采用同一个
术语常常是有用的。例如,亚里士多德的意思只是说,实体的普通
的名谓述主项;然而,如果这些相同的名像它们在产生的相关行为
中那样指代,那么具有这些名的东西就不能真谓述"是在一个主体
之中"。例如,"苏格拉底是一个动物"是真的;而如果"动物"像它
在"苏格拉底是一个动物"中那样指代,那么具有"动物"的东西就
不能真谓述"是在一个主体之中";因为如果"动物"以这种方式指

代,那么"动物是在一个主体之中"就是假的。

实体的另一种特性——属于所有第二实体的特性——是被单义地谓述的特性。这种特性并不仅仅属于第二实体;它也属于种差。然而,它不是第一实体的特性。

应该注意,恰当地说,除了对于许多事物是共同的东西外,任何东西都不被单义地谓述,除了那种意谓许多事物或能够意谓许多事物的东西以外,任何东西都不被单义地谓述。所以,既然第一实体均仅仅专属于一个个体,并且不意谓多个东西,因此它们不被单义地谓述。然而,第二实体意谓多个东西。"人"这个名主要不意谓一种对于所有人都是共同的本性,可是许多人却错误地认为是那样;相反,它主要意谓所有特殊的人,如同我们前面借助达姆森而说明的那样。无论是谁首先建立了"人"这个词的用法,他都是看到某个特定的人并创造出这个词意谓那个人和每个与他相像的实体。建立这个词的用法的人并不一定想到那种共同本性,因为很简单,没有这样的共同本性。但是即使"人"毫无区别地意谓许多人,它也不是歧义的,因为在毫无区别地意谓许多人时,它是一个仅仅从属于一个概念而不是从属于多个概念的符号。

人们认为实体具有的第三种特性在于这样一个事实:第一实体意谓这某种东西,而第二实体意谓这样的东西。由于意谓这某种东西或这样的东西不属于是在心外的实体,而仅仅属于这样的实体的符号,因此可以看出,存在于心外的实体的符号,专门的和普通的,就叫作第一和第二实体。必须承认这一点。

尽管如此,仍然应该注意,意谓这某种东西不过是意谓一个东西而不是多个东西;而意谓这样的东西则是能够意谓多个东西。

所以,当亚里士多德说第二实体意谓这样的东西时,他的意思不是说,第二实体意谓一种特性或某种实际上在一个个体出现的东西;因为这根本是假的。从我前面的说明中可以看出这一点。他的意思只是说,第二实体意谓多个东西而不是仅仅一个东西。考察《范畴篇》相关的章节可以证明这一点。我对《范畴篇》的评注说明了这一点。

　　实体的第四种特性是没有对立的东西。应该注意,对立性有两种非常不同的形式。对立性可以是词项的一种特性。例如我们说,"白的"和"黑的"是对立的性质,因为"白的"和"黑的"这两个词项在代表相同的东西时不可能同时真谓述这个东西。对立性可以是事物的一种特性。这里,这个词项有三种意义:一种狭义、一种广义和一种最广泛的意义。在狭义上,下面这样的事物被说成是对立的东西,它们在一个主体中起相互排斥的作用,当它们在一个主体中自然地相互替代时,它们逐渐地这样替代。在这种意义上,任何一个实体与其他任何一个实体都不是对立的。在广义上,下面这样的事物被说成是对立的,它们在一个主体中起相互排斥的作用,却不在它们的第一主体中逐渐地相互替代。在这种意义上,实体的形式是对立的,因为它们在同一种质料中相互排斥。在最广泛的意义上说,那些由在广义上对立的事物构成的事物是对立的。例如,气和火被说成是对立的东西,因为它们是由在广义上对立的实体形式构成的。任何实体东西都不是第一种意义上对立的;但是在第二和第三种意义上,实体是作为对立面而对立的。在《范畴篇》中,哲学大师在第一种意义上谈论对立的东西;在其他地方,他在其他意义上谈论对立的东西。

实体的第五种特性是不容许程度的变化。应该理解这里的意思是说,在实体这个属中,绝没有普通词项先是以"更"这个副词后又以"不如"这个副词谓述数量为一的实体。例如,"苏格拉底比他以前更是人(或比他以前更是动物)"和"苏格拉底不如他以前是人(或不如他以前是动物)"这两个命题或其他与此相似的命题不可能相续是真的。例如,这样的谓词绝不能如下那样真谓述指代实体的词项:"这现在比它过去更是人(更是动物)"或"这现在不如它过去是人(或不如它过去是动物)"。然而它却可以表述数量为一的实体:"这现在是比它过去更白的"。

实体的第六种特性是,实体保持数量为一和相同,同时可以先后相继接受对立的东西。例如,数量为一和相同的东西可以是先黑后白的。但是正如亚里士多德在《范畴篇》中指出的那样,这种特性属于实体,而不属于其他是者。他说:"实体最专门的特征似乎是这样的:它在数目上保持为同一个,同时应该允许有对立的东西。因为在其他事物中,任何东西都不是实体,都不是在保持数目为一的同时允许有对立的东西。这样,一种颜色在数目上保持为一个事物的时候不允许既是白的又是黑的;一种行为在保持数目为一的时候也不能既是善的又是恶的。对于其他不是实体的事物也是如此。但是实体在保持数目为一的时候却能够接受对立的东西。这样一个人在数目上保持为一的时候可以先是黑的,后来是白的;先是暖的,后来是冷的;先是恶的,后来是善的。在其他事物身上不会发现这种特征。"从这一段话可以看出,根据亚里士多德,接受对立的东西仅仅是实体的一种性质。因此在他看来,任何与实体不同的东西都不可能接受对立的东西。

由此我们可以推论,亚里士多德坚持两种观点。首先,我们可以推论,对于亚里士多德来说,量不是这样一种与实体不同的偶性,它既确实是实体固有的,又确实起物体量的主体的作用。现在有许多作者说量是主体中存在的一种偶性和质的主体,他们就是持这种观点。因为如果这是真的,那么就会必然得出,某种不同于实体的东西一方面保持数量为一和相同,同时又可能会由于发生一种变化而接受对立的东西;因为如果这种观点是真的,量就会先得到一种特性,后又得到与此对立的特性。事实上,量会比实体更直接地并且在实体之前接受对立的东西,因为根据那种观点,实体不是对立的特性的直接主体,而只是间接主体。结果,除非以量作媒介,否则它不接受对立的特性。

同样,我们可以推论,对于亚里士多德来说,任何偶性都不是任何其他偶性的主体,至少不是具有对立的东西的偶性的主体。因为如果是这样,那么某种不同于实体的东西就可能会先后相继接受对立的东西。

这样就得出,智力和意志是使智力活动、决断和其他这样的行为和习惯首先得以接受的智慧心灵的偶性,这种看法与亚里士多德的观点是不相容的。同样,感觉能力在亚里士多德看来也不是某种决定其他偶性的偶性。我们可以推论,他会接受这样的观点,即关系是与实体确实不同的东西,所以以主体的方式存在于量和质之中,而量和质是存在于实体中的偶性。

这样,亚里士多德想表达的观点是,每个偶性直接存在于实体之中,因而任何起主项作用的东西都不调解一个实体和它的任何偶性之间的关系。为了通过解决困难来说明自己的观点,亚里士多德为自己提出了一个关于陈述和意见的问题。陈述和意见是实体；然而，它们似乎容许有对立的东西；因为同一个陈述先是真的，后来是假的。在解决这个困难的时候，亚里士多德说："但是尽管一个陈述可能会接受对立的东西，但是它在接受它们的方式上是不同的，因为那些是实体的东西接受对立的东西是由于它们自身的变化。例如，过去是暖和的东西由于变化现在变冷了；它进入了一种新的状态。与此相似，现在是白的东西过去是黑的，这个好人以前是堕落的。在其他情况下也是如此；正是由于理解一种变化，实体才能接受对立的东西。然而，陈述和意见完全保持不变。正是由于事物中的变化，一个陈述才接受对立的东西。例如，一个表达这个人或那个人在坐着的陈述本身保持不变；但是由于事实变化，因而这个陈述在此时是真的，而在彼时是假的。关于意见也是如此。例如，实体专有的一种特征是，通过发生一种变化，它们可以接受对立的东西。"

于是应该清楚，对于亚里士多德来说，只有实体能够发生两种对立的情况的变化，从一种情况变成另一种情况。但是，如果量是质的直接主体，这就会是假的，而且，尽管如此，这与实体确实就会是不同的。所以，一个陈述曾经是真的，后来是假的，这个事实不是由于下面的事实：这个陈述本身发生了一种变化，因而先展示了真，后展示了假。实际上它是由于某个实体的部分上的一种变化，至少是一种局部变化。

为了说明亚里士多德是怎样解决这个困难的，应该注意，"对立的"这个名以及"接受"这个动词可以有不同意义的理解。我们已经特别说过，"对立的"这个名是多义的。这里我们可以集中考虑"对立的"的两种意义。在一种意义上,对立的东西是心外的东西。例如,我们说白和黑是对立的东西;但是在另一种意义上,对立的东西是词项,比如我们说,"白的"和"黑的"这两个词项是对立的。因而我们说,对立的东西适用于特殊理解的同一个东西,例如,"人是白的"和"肉是白的";但是只有关于词项才是这样的情况。然而,词项是对立的可以有两种意义,一种狭义,一种广义。在狭义上,词项意谓对立的东西,因而是对立的;而在广义上,词项由于指代相同的东西,所以不能同时真谓述而只能先后谓述相同的东西,这样的词项就是反对的。

另一方面,"接受"有两种意义。一个东西能够接受另一个东西,要么通过现实固有性,要么通过谓述。

在第一种意义上理解"接受",言语不能以任何方式接受对立的东西。然而,如果我们在广义上使用"对立的"这个表达式,即词项可以是对立的并能在第二种意义上采用"接受"这个词,那么言语就可以接受对立的东西。这就是说,言语不接受表现为一个主体所固有的偶性这样形式的对立的东西。然而,对立的东西可以相继谓述言语,当然不是这样的对立的东西:它们的作用是在一个主体上相互排斥对方,而是这样的词项:它们指代相同的东西,却不能同时真谓述相同的东西,而只能相继谓述它。另一方面,实体由于固有性而接受表现为主体中偶性形式的对立的东西。

亚里士多德补充这一点说,"如果任何人要拒绝这种观点说,意见和陈述可以接受对立的东西"(通过现实固有性而提供),"那么他就会是错误的",因为言语实际上根本不接受对立的东西。他继续说,"因为陈述和意见可以接受对立的东西"(也就是说,陈述和意见可以借助谓述而接受对立的东西），"不是因为它们本身接受某种对立性"（通过现实固有性而提供），"而是因为其他某个东西的一种变化。这是因为事物要么是要么不是如此如此的，以致一个陈述被说成是真的或假的，而不是因为这个陈述可以接受对立的东西。总之，没有东西能够改变意见或陈述。"亚里士多德的意思是承认"真的"和"假的"这两个对立的词相继符合一个陈述，而那个陈述数量保持为一。例如，"你坐下"先是真的，后是假的；但是他实际上是要说，这个陈述其实不接受对立的东西，仅仅因为它曾经是真的，而后来是假的。这个陈述本身实际上没有任何东西发生变化。它曾经是真的而现在是假的，这是由于它现在意谓的东西与实际上不同，而它以前意谓的东西与实际上一致。例如，它现在意谓你坐着，但是由于你不是坐着，因此它是假的。以前它是真的，因为你确实如这个陈述意谓的那样坐着。然而这个陈述本身没有接受任何东西，它也没有发生任何变化。正是由于这个原因，亚里士多德才补充说："这样，既然它们不发生变化，它们就不能接受对立的东西。"

在阐述观点的过程中，亚里士多德说明，命题的真和假不是命题中实际上固有的命题的特性。如果它们会是这样的特性，那么就会得出，一个此时真而彼时假的命题确实会接受对立的东西。而且还会得出，在某物开始运动而后来静止这样的情况下，在那个形成"这个东西是运动的"这个命题的人的心灵中，一种新特性就会产生，而另一种特性就会丧失。甚至还会得出，仅仅由于一只苍蝇运动这一事实，有的写下的命题就会被改变。但是所有这些东西都是假的和荒谬的。

　　此外，明显的异端邪说会导致神学；因为如果命题的真和假是命题的特性，就像白和黑是物体的特性一样，那么只要某种真是，"这个真是"①就是真的。这就好像某种白是，因而"这个白是"乃是真的。对于假也是如此。现在，我接受"上帝从无创造某种东西"这个命题的假。根据所说的观点，这是这个命题中实际上固有的命题特性，因而是一个与上帝不同的对象。要么那个东西可以被上帝处理，要么它不能被上帝处理。如果它不能被上帝处理，它就是某种与上帝不同的、上帝不能创造的东西，但是这与福音中下面这段话是矛盾的："所有东西都是由他造的，没有他，就没有东西会造出来。"如果它能被上帝从无创造出来，那么就可以设想它实际上是。根据现在的设想，"这种假是由上帝从无创造出来的"这个命题结果是真的。但是下面是一个有效的推理："这个假是由上帝从无创造出来的；所以，有的东西是由上帝从无创造出来的。"但是在这种条件下，"有的东西是由上帝从无创造出来的"就将是真的并且不是假的。但是，这个命题的假并不存在，因而上帝并不从无创造它。显然，那种假不是这种相关的命题的特性。

　　那么真和假是什么呢？像亚里士多德一样，我认为，真和假并不是确实不同于真命题或假命题。例如，如果"真"和"假"这两个抽象的词不与任何助范畴词或与此等价的表达式结合，人们就必须承认下面的命题："真是一个真命题"；"假是一个假命题"。

　　但是，上述论证也与我对真和假的解释相悖吗？回答是不，因为如果假定"真是一个真命题"和"假是一个假命题"这两个命题是

---

① 原文是"*haec veritas est*"，英译文为"This truth exists"。——译者

真的,那么就得出下面的命题是假的:"只要这个假将是,'这个假是'就将是真的。"所以必须承认,"上帝从无创造某种东西"这个命题的假可以由上帝从无创造出来。然而,人们可能认为,"这个假是由上帝创造的"这个命题是不可能的。同样,"这个白的可以是这个黑的"是真的,而"这个白的是黑的"却是不可能的。之所以我的观点可以成立而前面的观点不能成立,原因在于,在我看来,"真"和"假"不是绝对的名,而是含蓄的名。然而在前面的观点看来,必须被它们解释成像"白"、"黑"、"冷"和"热"这样的绝对的名。我同意亚里士多德的观点,即除了实体,没有东西能够由于固有性而接受对立的特性。例如,在论实体那一章结束的时候他说:"这样,实体的独特特性是,它是数量为一的,但是由于它自身的变化,它能够接受对立的东西。关于实体,以上论述就足够了。"

44. 针对现代人的观点论量

下面我们将考虑量这个范畴。首先应该注意,量这个普通词项是心灵的一种意向,其下包含有根据一般性的大小而排列的其他意向。现代作家常常认为,每个量都是一个与实体和质实际上完全不同的是者。他们坚持认为,连续的量是位于一个实体和它的特性之间的一个偶性,它由于是具有性质的主体,因而从主体方面说它在实体之中。同样,他们认为,离散的量是一种确实不同于实体的东西;他们认为,关于地点和时间也是如此。我们应该详细考察他们的观点。

首先我想说明,这种说明与亚里士多德的观点是对立的;其次我要提出一些反对这种观点的论证；再次我将简单论述一种相反的观点，这种观点在我看来是亚里士多德式的，无论它是真的还是假的，是正统的还是非正统的。

在上一章我说明了这种观点与亚里士多德的观点是不相容的。我说明了，对于亚里士多德来说，任何与实体确实不同的偶性都不能由于其自身发生变化而接受对立的东西；但是，如果量是一种偶性并且是质的主体，那么显然它在得到质的过程中会发生变化。因此，通过发生变化，它就会接受对立的东西。而这与亚里士多德的说明是不相容的。

而且，正像在《物理学》第四卷可以明显看到的那样，亚里士多德认为，空气可以浓缩，同时并不发生其全部或部分性质的变化。例如，当空气浓缩时，它并不一定失去它的一些性质，或者至少不失去它以前所有的全部性质。基于这一点我要说明，当空气浓缩时，要么以前就有的全部性质依然存在，要么它不再存在。如果它依然存在，那么这同样的量现在比以前少了，仅仅是因为量的部分比它们以前相互挨得更紧密了；但是既然实体的部分以完全相同的方式现在比它们以前挨得更紧密了，量似乎就是一种多余的实体。但是如果最初出现的全部量现在没有保留下来，那么就失去了一些部分；但是每当一种偶性的直接主体被腐蚀时，这种偶性总是被腐蚀的。于是就得出，并非每种质保留下来，而这与亚里士多德的观点是不相容的。

此外，亚里士多德认为，每一种偶性都以某种方式在第一主体之中，即如果这种偶性有部分，那么这种偶性的一部分在这个主体的部分之中，而这种偶性的另一部分在这个主体的另一部分之中。

例如,整个白色在整个物体之中,而这个白色的一部分在这个物体的一部分之中。如果另一方面一种偶性是不可分的,那么它就在每个不可分的第一实体之中。基于这一点我认为,对于亚里士多德来说,点不是与线不同的东西;线与面没有什么不同;面与立体不是不同的;最后,立体不是与实体和质不同的。

我将如下证明这是从前面的原理(点不是与线不同的东西)得出来的:如果点是一种不同于实体的绝对的偶性,那么它就在某个第一实体中。点要么在一个实体中,要么在一条线中。点不在一个实体中,因为如果这样,它就会在一个可分的或不可分的实体中。它不可能在一个可分的实体中,因为这样点的一部分就会在实体的一部分之中,而且点就会是一种可分的偶性,而这是人人否定的。点也不可能在一个不可分的实体中;因为根据亚里士多德的观点,实体的属只容纳质料、形式和质料与形式的合成,而且亚里士多德把所有这些都解释为可分的。因此,点就不是这样一种偶性,它以主体的方式直接存在于某种作为其第一主体的实体之中。点的第一主体也不是线或线的一部分;因为线和线的每一部分都是可分的,因而不能是一种不可分偶性的第一主体。这样就可以看出,在亚里士多德看来,一个点不是一个可分的偶性。但是根据相同的推理方式,线不是一种在宽度上不可分并且确实与面不同的偶性。同样,面不是一种在深度上不可分并且确实与立体不同的偶性。而且亚里士多德不认为线和面应该与立体区别,他也不认为被认为是立体的量确实应该与实体区别。

对于亚里士多德来说,连续的量似乎不是一种实际上与立体完全不同的绝对的东西。所以,我想对现代作家通行的观点提出一些反驳。我还想指出这种观点中的一些神学方面的困难。无论这些神学考虑是不是决定性的，作为这样的考虑，它们能够产生十分重要的作用。

首先，我论证如下：上帝能够保留任何在先的绝对的东西，使之没有位置的变化，同时毁灭在它之后的东西。根据一般的观点，一块木头是一个有部分的实体，其中一部分在整体固有的量的一部分之下，而另一部分在这个量的另一部分之下。此外，根据那种观点，实体对象从本性上说先于它所固有的量；所以，上帝能够保留实体，而不改变它定位的条件，同时毁灭它的量。如果这是可能的，就让我们假定发生这样的情况。要么实体有一个部分在空间上与另一部分分离，要么没有。如果有，它就是没有量而量化的，在这种情况下，量就是多余的。如果没有，那么由于这个实体的部分以前在空间上是相互分离的，因而这个实体就有了一种位置的变化；但是这与假设是不相容的。

此外，对任何东西来说，如果它由于其本身和内在部分而以某种方式出现在某种量化的东西之前，使得整体出现在整体之前，部分出现在部分之前，那么它凭其本身和内在部分就是某种其部分相互有一定距离的东西。但是任何这样的东西凭其本身和内在部分都是一种量化的对象。现在物质实体凭其本身和内在部分而出现在某种量化的东西之前——即说明它的量（我在这里假定有这样一个东西）。但是它凭其本身和内在部分而确实有一个部分是与另一个部分空间上分离的；所以，它由于其本身和内在部分而是量化的。

此外，那种量不是一种位于一个实体和它的质之间并起这些

量的主体作用的偶性，这一点可以通过参照圣餐面包来证明。因
为如果是这样，那么圣餐面包所保留的质从主体上说就会在量中。
这个推论在许多人看来都是假的，但是前提同样是假的。我如下
证明这个推论的假：如果这个假定是真的，那么质就不会凭其自身
存在，而这与大师的观点是不相容的，因为他在《论辩集》这部著作
的第四卷谈论颜色、味道、重量和其他这样的质时说，这样的偶性
凭其自身在圣餐中存在。同样，如果量是这样的质的主体，那么量
就会确实是重的、白的，有这样或那样的味道；然而，这个推论与在
以"如果由于疏忽"开始的那一章的第二种区别中关于"论献祭"的
注释是不相容的。这个注释说："重量与其他偶性保留在那里；然
而，那里没有任何东西有重量。"

　　这些论证证明，一个长的量、一个宽的量，以及一个深的量，不
是与实体和质不同的东西。

　　关于线不是与面不同的，我证明如下：假定一条线是这样的东
西，它使一些面相互联系起来；然后能令一些面被分开。一旦它被
分开，那么就会要么有一条新线，要么只有以前的线保留下来。如
果有一条新线，那么就将有无数多的新线，因为当一个物体被分开
时，将有无数多有新线的面。同样，如果一个面被分开，那么就将有
无数多的点作无数多的线的终点。但是如果没有新线，那么以前存
在的线保留下来；但是它不在这个面的一部分，也不在另一个面的
一部分。所以，要么它将本身依然存在，要么它将在两个面上不同
的地方依然存在，但是这两种可能的情况都是荒谬的；所以，……。

　　此外，如果线是不同于面和点的东西，不同于线的东西，那么
上帝就可能会保存一条线而毁灭它的点。但是当做到这一点时，

线要么是无限的，要么是有限的。显然它不是无限的；所以，它是有限的，但是它却没有点。因此没有必要假定点是线的终点。此外，上帝可能会保存一条线而毁灭所有的点；但是一旦这样做了，线依然是一条线，结果它依然是一个量。然而，它不是一个分离的量；所以，它是一个连续的量；但是，尽管它是一个连续的量，却没有什么东西与把部分联系起来的线不同。这样就不必假设点是与线不同的东西。由于同样的原因，假定线是与面不同的东西也是没有意义的，而且假定面是与物体不同的对象同样是没有意义的。

现在我要描述一种关于量的不同的解释。无论这是不是一种正统的解释，在我看来，这似乎是亚里士多德持有的解释。我不想把这种解释作为自己的提出来。因此，当我在对哲学大师的评注中提出这种解释时，我不是把它作为自己的解释写下来，而是仅仅把它作为我认为我所恰当说明的亚里士多德的观点写下来。现在我将以同样的方式描述这种解释，不把自己牵扯进去。然而这是许多神学家如今和过去都持有的一种解释，即认为：任何量都不是与实体和质不同的对象；而且他们坚持这种观点，不管是不是应该把像"实体是一种量"和"质是一种量"这样的命题解释为真的。

他们说，一个连续的量只是一个其部分是空间上相互分离的东西。例如，"连续的量"和"一个其部分是空间上相互分离的东西"这些表达式在意义上是等价的；这些词项是可互换的，除非其中一个含有某种具有互换性和相互谓述性质的助范畴表达式或等价的限定。例如，由于实体和质都有相互间有一定距离的部分，因而有的量与实体没有什么不同，而有的量与质没有什么不同。这些神学家没有想到可以恰当地说,如果不把某种附加的绝对的东西与实体的部分结合起来,上帝就不能使实体的部分在空间上相互分离。但是如果上帝能够这样做,那么实际上不附加任何绝对的东西,实体就将有一部分与另一部分空间上分离,因而实体的量化将没有任何其他绝对的东西。对于量这样论证也是有效的。所以,由于实体和质都可以不用附加的量,而以一种不同于实体和质的事物的形式进行量化,所以,处于一个实体和它的质之间的东西这个概念似乎完全是多余的。例如,他们说,任何量都不是与实体和质不同的东西,因为除了实体和质,任何东西都没有空间上相互分离的部分。他们在谈到圣餐面包时说,一种量过去在这里并且等同于面包这个实体;但是在耶稣基督的身体献祭以后,相关的量不再存在;尽管如此,依然存在一种与一种质同一的量。他们说,这个量不是任何质的主体,因为所有在献祭后依然存在的偶性依然与耶稣基督的身体一起存在,但是没有任何主体;相反,它们凭其自身继续存在。这就是一些神学家提供的关于连续的实体的解释。

关于分离的实体,他们坚持认为,数与枚举的东西没有什么不同。因而他们否认一个事物的统一体是某种加到是一的这个事物上的偶性。同样,数也不是某种加到枚举的事物上的偶性。统一体不是一种加到是一的东西上的偶性,这可以以下述方式说明:如果它是一种偶性,那么根据一般的看法,它必然要么是一种相对的东西,要么是一种绝对的东西。它不是一个相对的词项,因为它不必有一个与它相联系的关联词项。有的东西可以是一,同时又不是其他东西的一,也不是相对于其他东西的一,如此等等,对于某个东西与其他某个东西相联系的其他一些情况,也是如此。同样,它也不是一个绝对的偶性，因为如果它是，它就会是一种质，而这显然是假的，或者它会是一种量；但是在这种情况下，它就会要么是连续的，要么是分离的，而这两种情况显然都是假的。唯一剩下的可能性是，统一体不是这样一种偶性，它确实与是一的东西不同并且加到是一的东西上。由于同样的原因，数不是一种加到枚举的东西上的偶性。

他们还认为，地点和时间不是与实体和质不同的对象，但是这种观点在我的著作《物理学》中已经考察过了。他们对言语也持相同的观点，他们说，言语不过是说出的词。

这样，拥护以上描述的这种观点的人一定会认为，点、线、面、立体和数不是相互确实完全不同的或与实体和质确实完全不同的对象。然而，由于他们主张这些词项所表示的东西是同一的，因而他们要说，这些词项本身是构成量的不同种的不同的谓词。因为有时候有这样的情况，不同的谓词意谓相同的东西，却不可能相互谓述。例如，"人"和"人们"意谓相同的东西，而"人是人们"①这个命题却是荒唐的。尽管上面列出的词都意谓相同的东西，它们却是不同的谓词，并且是不同种的量。

45. 回答反对意见

为了澄清以上描述的观点，我们将提出一些反对意见，这些意见似乎说明上述观点与亚里士多德及其追随者的解释是不相容的。

---

① 原文有单复数区别。——译者

（1）首先，亚里士多德在《范畴篇》中说的似乎是对立的，他在那里说，一大片白只是偶然地是一个实量。然而，如果量与质没有什么不同，那么这片白就本质上是一个实量。确实，它本质上就会是量。

（2）此外，在《形而上学》第五卷中亚里士多德说："在被说成偶然是实量的东西中，有的被以某种方式说成偶然是实量，如同这个爱好音乐的和这个白的被说成是实量——由于在是一个实量的东西中。"但是既然这个白的是一个量仅仅是由于它在一个本质上是实量的东西中，白就不是量。

（3）此外，在相同的地方亚里士多德说："有的东西被说成本质上是实量，而另一些东西只是偶然地是实量。这样，这条线本质上是一个实量；而这个爱好音乐的偶然地是一个实量。"

（4）此外，在《范畴篇》中亚里士多德认为一些量是这样的，它们的部分在一些共同的边界相联系。例如，线的部分在点上相联系，面的部分在线上相联系，立体的部分在面上相联系。既然一个事物的部分不在相同整体的某个不同部分相联系，所以，点应该与线相区别，线应该与面相区别，而面应该与立体相区别。

（5）此外，在《后分析篇》中他说，点是不可分的，但是这种性质既不在线上，也不在面上。

（6）此外，他想主张，统一体是不可分的，因而它既不是立体，也不是线，也不是面；它也不是点；所以，它是这些东西之上的某种东西；但是由于统一体不是一个数，因而它是某种在数之上的东西；但是前面表述的观点与这些论述是相悖的。

（7）在《物理学》第一卷中，他针对巴门尼得和迈里苏证明，通过指出实体和量存在,存在许多东西。显然,如果实体和量不是不同的东西,这个证明就会是无效的。

但是尽管有这些反对意见,我仍认为,我描述的那种观点,无论对错,是从亚里士多德哲学的原理得出来的。

首先应该注意,哲学大师使用"本质的"和"偶然的"这两个词是有歧义的。这里,只要提到一点就足够了:在这些相关的地方,亚里士多德不像他在《后分析篇》第一卷中那样一般地运用"本质的"和"偶然的"这些词。相反,他以某种方式使用"本质的"一词,从而使这样一个命题是本质的,它是真的并且还有一个谓词,这个谓词仅仅表示主词以类似方式所表示的东西。这样,一个这种意义上的本质的命题是假的,而那个肯定相关主词是的命题是真的,这种说法就是肯定一个彻头彻尾的矛盾。换句话说,他是在声称一个命题是本质的,如果这个定义的一部分谓述相关的定义,如果整个定义谓述这个定义,如果一个词项谓述它自身,或者如果一个词项谓述其同义词。他称所有其他命题为偶然的。

回答(1)

这一点使我们能够处理第一种反对意见;因为当哲学大师说一大片白只是偶然地是一个实量时,他的意思是说,"这片白是一个实量"这个命题是偶然的。它是偶然的,因为谓项"实量"意味或意谓一事物的一部分与另一部分是空间上分离的。然而,主项"白"却不意味这样的东西。这样,谓项"实量"不是"白"的定义的一部分,"白"也不是"实量"的定义的一部分。然而,这片白实际上是并且真是一个实量,这是真的,同样,它是一个量也是真的。这样,哲学大师不承认白是一个量,也不承认白是一个实量。正像这片白实际上是并且真是一个实量一样，尽管仅仅偶然地是，根据哲学大师，这片白也实际上是并且真是一个量，但同样仅仅偶然地是。从哲学大师在同一篇论文中前面的论述可以看出，这是他的观点。

这样，在列举量的种并说明它们的种差之后，他说："只有我们指向的东西才被恰当地称为量；其他东西仅仅偶然是量。正是根据这些东西，我们称其他东西为量。我们说一大片白是一个量，因为它的面很大。"从这段话中可以看出，在亚里士多德看来，谓项"量"真适用于与他列举的那些东西不同的东西。例如，这片白可以被称为一个量，尽管不恰当，而仅仅是偶然地。因而他说"正是根据这些东西，我们称其他东西为量"；而且"量"这个名可以谓述这些其他东西，尽管不是本质地，而仅仅是偶然地。对于亚里士多德列举的那些东西，"量"这个词可以恰当地和本质地谓述；这是因为"量"是它们定义的一部分。然而，"量"不是"白的"、"爱好音乐的"、"人"或"石头"的定义的一部分。

在这种条件下，应该注意，哲学大师从来也没有区别"实量"和"量"这两个词的意义力量。它们一个是具体的，另一个是抽象的。他承认一个有什么意义，也就承认另一个有什么意义。他把它们看作相同的。对于他来说，它们是同义词，除非这个抽象的词与某个助范畴词或某个与一个助范畴词意义相等的表达式结合起来。

回答（2）

我们可以以相同的方式处理第二段引文。白的和爱好音乐的东西被说成是偶然的实量，因为"这片白是一个量"和"这个爱好音乐的是一个量"这两个命题和其他相似的命题不是本质的。它们不是这样的命题，即一个定义的一部分谓述其被定义项。当人们说它们是实量，因为它们是在某种东西中时，"是在……中"不是在实际固有性的意义上使用的。例如，"这片白是一个实量"是真的，仅仅因为谓述"白的"的面是一个实量；因为"这个面是一个实量"是真的，但是"白的"谓述"面"并且"面"谓述"白的"；所以，"这片白是一个实量"是真的。

回答（3）

我们也可以用相同的方法处理第三段引文。有些东西据说本质是实量——线、立体，等等；因为下面的命题是本质的："这条线是一个量"；"这个立体是一个量"；等等。然而另外一些东西偶然地是实量，因为下面的命题是偶然的："这片白是一个量"；"这个爱好音乐的是一个量"。

回答（4）

在回答《范畴篇》的另一段时，亚里士多德并不是要说，表示相对位置的量的部分在某个与这些部分完全不同的临界结合起来；因为在亚里士多德看来，任何主体都不能被指定在这样一个临界。此外，它会不得不在某种本质的属中，因为它不能被解释为某种处于一个属中的东西的一部分。因此这个临界一定是一个量或一个实体或一种质或……，但是这些情况均是假的。相反，哲学大师的意思只是说，这样的量的一部分以某种方式延伸到另一部分，从而使任何东西都不在这些部分之间。这确实就是这样的量被称为连续的量的原因；它们的部分以某种方式向对方延伸，以致如果它们不达及对方，一种连续的量就不会由它们形成。

根据亚里士多德，连续的量和分离的量之间的区别在于，以分离的量区别不出使分离的量连续的东西是不是在不同的地点，而且同样区别不出它们之间是不是有其他某种东西。这样，那两个人是二，他们之间是否有东西是不相关的；因为当他们相距百里或近在咫尺时，他们都是二。谓述这两个人的词项"二"也不会由于他们走近些或离开些而变化。确实，如果他们不在相同的地点，他们是二，而如果他们同时在相同的地方，他们同样也会是二。在连续的量的情况下，事情是不同的。量只有在其间没有东西时才能是相互连续的。它们必须在不同的地点，相互延伸，并且使某种数量为一的东西连续。否则它们就不是连续的，因为如果它们不使某种数量为一的东西连续，如果它们不相互向对方延伸，或者如果它们不是场所和位置不同的，那么它们就不是连续的。但是这些特征都不是分离的量的情况所要求的。为此，亚里士多德说："它们的部分在某个共同的临界结合起来。"也就是说，它们相互向对方延伸并且它们不在相同的地点，因而如果有一个不可分的东西，那么就会限定它们。但是在分离的量的情况下不是这样，因为它的诸部分不必然相互向对方延伸。确实，当它们之间没有东西时，同样，当某种东西在它们之间时，它们都可以使一种量成为连续的。而且正是由于这个原因，亚里士多德说，一个连续的量的部分有一个相互相对的位置。由于它们是一个连续的量的部分，因而必然是这样的情况：它们空间上是相互分离的，因而可以说一部分在这里，另一部分在那里，而第三部分在那里，等等。正像前面说明的那样，对于分离的量不要求这样的空间分离。这样，质料和形式确实是两种东西，尽管它们不是空间上分离的。

回答(5)

这里的回答是：当哲学大师说点是不可分的时，他只不过是在用术语表达一个著名的观点,或者他是在以虚拟方式说,如果点是某种不同于量的东西,那么它就会是不可分的。或者,他以"点是不可分的"这个命题表达这样一个命题:"一个连续的量的一部分延伸到另一部分,其间没有任何可分的东西。"同样,他以"一条线的部分在某个共同的临界结合起来"这个命题表示:"一条线的部分相互延伸,其间没有任何第三种东西。"

回答(6)

哲学大师在这里并不是说,统一体是某种缺乏部分的东西,因为在他看来,这个世界上没有任何东西缺乏部分。当他说"统一体是不可分的"时,他的意思是说,"是一的东西不是多"。我在关于《物理学》注释的第二卷中论证了这是他的意思。为了简明,这里将不探讨这个问题。

回答(7)

这里的回答是,当哲学大师说由于实体和量存在,因而有许多东西时,他不是从实体不同于量这一事实在进行论证,而是从下面的事实进行论证:如果某种东西不含有许多部分,那么它就不可能是一个实量。这样,如果有实体和量,那么就必然有许多东西,因为量要求许多部分。哲学大师就需要这些来说明古人是错误的。

因此,我认为亚里士多德的观点是,也许除了不可分的智慧心灵,这个世界存在的任何东西都不是可分的。他还想说明,每个东西要么是一个实体,要么是一个量。如果说有时候会看到他说实体不是量或质不是量,那么他的意思是说,"实体是量"和"质是量"这些命题不是本质的。它们之所以不是本质的,这是因为"量"这个名如果被看作是"连续的量",那么就意味一个事物的一部分与另一部分在空间上是分离的。然而,"实体"和"量"这些名不表示这样的东西。所以,我坚持认为,亚里士多德和其他许多作家的观点是,任何量都不是与实体和质以及相似的东西不同的对象,点、线、面和立体不是本质上相互不同的东西。

但是那些持有现代作家中常见的观点的人却会说,点是与线不同的东西,它是连接一条线的部分的东西;线是与面不同的东西,它是连接面的部分的东西;面是与立体不同的东西,它是连接立体的部分的东西。在他们看来,数也是与列举的东西不同的东西。它是在这些东西中存在的偶性。同样,言语是与说出的词和它的量不同的东西。关于地点和时间他们也会提出相同的观点,说它们是相互不同的东西并且是与上述所有东西不同的东西。

46. 论量这个范畴中的东西

对于量是否与实体和质同一这个问题,我们已经考察了有关的不同观点,现在我们应该考虑,根据各种观点,哪些东西下属于量这个属? 首先我要探讨我认为是亚里士多德的说明。对于亚里士多德来说,每一个可以借以回答"多少?"这个问题的词项都要放在量这个属中;这里我在广义上使用"多少"这个表达式,在这种意义上,它的意思在(狭义的)"多少"和"多少个"之间①。

使用这个疑问词,人们可以问有多少个事物,因而这个疑问词

---

①　这里有语言的差异。前者表示不可数的,后者表示可数的。中译文加"个"以示区别。——译者

表达复数。例如,我问:"多少个在里面?"或者"有多少个人?"我可以借以回答这样的问题的词项应该被看作分离的量,因为它们表达复数。这样,数是一个分离的量;因为如果问"他们是多少个人?",而我回答"三个",那么我借以作答的这个词就表达多个事物。同样,言语是一个分离的量;因为当有人就言语问"多少?"时,他的问题应该被理解为涉及音节的复数和它们的量。当然,当我们询问一个字母或音节时,则是另一回事,因为字母或音节只能是长的或短的。例如,我们借以回答这个问题的一定表达多个;所以,应该认为它属于分离的量。

但是,当表示量的疑问词不表达多个时,它表达一个其部分是空间上不分离的事物。但是在这种情况下,它表达相应于长度的距离(于是我们有了线);或者表达相应于宽度的距离(于是我们有了面);或者表达相应于深度的距离(于是我们有了立体)。或者,这个疑问词提出关于地点或时间的问题;这样,"地点"和"时间"这两个表达式应该放在量这个属中。

但是,为了清晰,应该注意,"地点"和"时间"这两个表达式不像其他表达式那样属于量这个属本身。在"地点"和"时间"的情况下,要求有一种特殊原理。这样,"时间"就不像其他表达式那样下属于量这个属本身,因为"时间"与其他表达式不同,它不意谓自然存在的事物。这样,"线"、"面"和"立体"意谓实际存在的对象;它们只意谓或表示存在的事物。但是,"时间"以及"运动"表示既不现实存在也不潜在存在的事物。这样,根据我们考察的这种观点,时间就不是实际上与运动不同的东西,运动也不是实际上与持续的对象不同的东西。确实,"运动"只表示一事物有一个又一个的部分,或者一事物与一个又一个的事物连接起来,或者如果某个物体静止地向一事物移动,那么这个事物就会有其他某个与它相连的事物。这样,运动不是实际上与持续的对象不同的东西。在时间的情况下也是如此。这样,"时间"不处于量这个属下,除非偶然的情况,或者因为它是处于这个范畴的持久的东西的一种感受。正像亚里士多德在《形而上学》第五卷中指出的那样,运动也以这种方式下属于量这个属。

在"地点"的情况下,要求有一条不同的基本原理。"地点"据说不在量本身这个属中,因为地点不是使面不同的东西。此外,当一个表达某个主体的地点的命题是真的时,"地点"不能以不同的模式和不同的意味量的表达式相继肯定那个主体,除非在对"面"、"线"或"立体"那个主体的谓述中出现一种类似的变化。例如,假定"A 是一个地点"现在是真的。给定了"A 是一个地点"这个命题,"A 是一个更大的地点"、"A 是一个更小的地点"、"A 是更长的"和"A 是更短的"这些命题就不能相继是真的,除非像"A 是一个更大的面"、"A 是一个更小的面"、"A 是一条更长的线"、"A 是一条更短的线"、"A 是一个更长的立体"和"A 是一个更短的立体"这样的命题也相继是真的。一般来说,在加到"地点"的时候,任何这样相互不相容的修饰都不能成功地肯定一个地点,除非它们可以同时加在"线"、"面"和"立体"之中的一个上。

这样,尽管线、面和立体不是不同的东西(正像地点与它们不是不同的一样),它们比地点更恰当地被解释为是量这个属的依自身的构成物。尽管这三种东西表示相同的东西,但是,比如"A 是更长的"和"A 是更短的"这两个命题能够相继是真的,而下面的命题却各个不是真的："A 是更宽的"、"A 是更窄的"、"A 是更深的"、"A 是不太深的"。

因此十分明显，"地点"不是一个与"线"、"面"和"物体"不同的谓词，而后面这三个词是相互不同的谓词。

同样十分明显，在量这个属中发现的事物之间的首要的和实际上至关重要的划分和区别是基于下面的事实：一个可以被用来回答（广义的）"多少?"这个问题的词项要么表达许多事物（而这使我们有数），要么表达一个由许多事物构成的事物（而这使我们有划分成线、面和立体的数量）。这样，在这个划分中找不到言语、地点或时间的位置。确切地说，它们是这些东西的感受或偶性。

哲学大师在《形而上学》第五卷中用这种技术划分这个范畴；在列举是量本身的事物的时候，他只提到数、线、面和立体。例如，当他第一次表述量的时候，他说："但是叫作量的是那种可以划分为构成物的东西，而这些构成物各个能够是某一种事物和这一种事物。"根据第一个从句（"可以划分为构成物的"），排除了"时间"、"言语"和"运动"。这些词各个表示某种不存在的东西；或者它要么简单地要么与其他东西相联系地表示是否定的东西。（在《魔鬼的堕落》中，安瑟伦采用了这种表达形式；在处理一些困难的时候，这是必要的。）这样，这些东西不叫首要的量。根据第二句，所有偶性、所有形式以及质料都可以被排除，因为它们都不能是这一个事物。因此，这里用"量"这个词严格地表示这样的东西，它是一个依自身的存在物，既不是另一个事物固有的，也不是其他某个事物的一部分或偶性。

如果我们严格地理解"量"这个词，那么只有由质料和形式构成的实体，在亚里士多德看来，还有天体是量。因此，在列举了是量的事物以后,哲学大师说:"如果量是可枚举的,它就是复数,如果量是可衡量的,它就是数量。复数是潜在地可分为不连续的要素的东西;而数量可分为连续的东西。在数量中,一维上连续的是长度;二维上连续的是宽度;三维上连续的是深度。对于这些东西,决定的复数是数;长度是线;宽度是面;深度是立体。"因此显然,亚里士多德想列举线、面、立体和数这四种东西。由于上面提供的原因,时间、言语和地点都没有被列举。

但是除了这些论述外,还应该注意,在量这个范畴中,有些东西是人们可以用来回答"多少?"这个问题的词项。这样,"二立方"、"三立方"、"二"、"三",和类似的词处于量这个属下。但是其他词处于量这个范畴下,因为它们是可以以依自身的性质的模式谓述这样的表达式的普通词项。例如,像"线"、"立体"和"数"这样的词就在量这个属中。

47. 论量的特性

下面我们应该考察量的特性。亚里士多德声称量有三种特性。第一种特性主要在于:没有东西与量是对立的;这样,"线"不是与"面"对立的东西,"二立方"也不是与"三立方"对立的东西。

但是,从这种特性似乎得出,量既不是实体,也不是质。假定量是质。由于有的东西是与质对立的,因而有的东西也会是与量对立的。

这里应该像前面那样说明,"对立的"这个词有几种意义。但是,当否定任何东西是与量对立的时,哲学大师是把"对立的"这个表达式当作表示与其他事物对立的东西的词来使用的。被表示的东西反过来又被称为对立物，因为它们可以在不同阶段被得到，不能同时而只能先后存在于相同的事物中。在这种意义上理解"对立的"，显然本身包含在量这个属中的任何东西都不是其他任何谓词的对立物；因为本质地包含在属中的任何东西都不会使它所意谓的或共同意谓的每一个东西是其他某个词所意谓的或共同意谓的东西的对立的东西，从而与它们是自然对立的。从归纳看这是显然的。有时候，持以下看法的人也会承认这一点。他们认为"有的东西是有的量的反对物"（这里，"是反对物"的意思是"拒绝是同一个东西同时固有的，尽管不是先后固有的"）是真的。然而，"任何在量这个属中包含的东西本身都没有对立物"（这里，我们在上述意义上理解"有对立物"）是真的。例如，尽管白和黑是对立的东西，"二立方"和"三立方"这两个词却不是对立的东西。"二"和"三"或"线"和"面"等等这些词也不是对立的东西。那三立方的白色是这二立方的黑色的对立物，因此一个量实际上是另一个量的对立物。然而，"二立方"和"三立方"这些词不是对立物，因为即使白色是黑色的对立物，"二立方"怎么表示黑，也就怎么表示白。

因此应该认为，对于亚里士多德来说，"一个量是另一个量的对立物"是真的，如果这些词人称指代相关的外在对象。然而，"在总是意谓对立的东西这种意义上，依自身包含在量这个属下的任何词项都不是对立的东西"是真的。这就是亚里士多德说任何东西都不是量的对立物时的意思。

第二种特性是量不接受"更"或"不太"；也就是说，量这个属下包含的任何东西都不能有时候以"更"这个副词，有时候以"不太"

这个副词来谓述某种东西。例如,我们说一本书有时候是更白的,有时候是不太白的,但是人们不这样说一个东西有时候是更二立方,有时候是不太二立方。我们确实说这个比那个更白,但是我们不说这些东西比那些东西更三。

第三种特性是一些量可以被说成是相互相等或不相等的。例如,一个立体被说成是与另一个立体相等或不相等的。在其他情况下也是如此。

从这种特性可以看出,哲学大师的本意并不是否认质是量,也不是否认实体是量。根据哲学大师,这是量最专门的特征。它确实可以与量互换。例如,凡是这种性质适合的,"量"也谓述。但是下面这个命题尽管可能不是依自身真的,却是真的:"一块木头与另一块木头相等;并且一片白与另一片白相等;并且一片黑与另一片黑或与另一片白相等。"所以,"实体是量"是真的,与此相似,"质是量"也是真的,尽管它们不是依自身真的。

人们也不能声称相等或不相等不是量独特的性质,以此来否认每个相等或不相等的东西都是一个量。哲学大师并不是说,正是根据量,有的东西才被说成是相等或不相等的。他实际上是说,量专有的性质是实际上相等或不相等。例如,他说:"量最专门的特征是它被说成是相等或不相等的。因为单个的被说成是量的东西的情况被说成是相等或不相等的。例如,一个立体被说成是与另一个立体相等或不相等的;一个数被说成是与另一个数相等或不相等的。时间也被说成是相等或不相等的。与此相似,在其他被说成是量的事物的情况下也是如此——它们被说成是相等或不相等的。"从这段话中可以看出,他认为量本身是相等或不相等的,而不是认为其他某种东西被说成是根据量而相等或不相等的;所以应该说,既然白和实体都是与其他某种东西相等或不相等的(即使仅仅是偶然地这样),实体和质就都是量,尽管仅仅偶然地是量。后来哲学大师说其他范畴中的任何东西都不能被说成是相等或不相等的,这也没有什么关系,因为他的意思并不是否认"相等"和"不相等"可以谓述其他范畴的东西。他的意思只是说,其他范畴的任何东西都不被说成是依自身相等或不相等的,而只是偶然地相等或不相等。当他说"但是关于不是量的东西"(假定是依自身的),"'相等'和'不相等'似乎并不表述什么"时,他暗含着这种意思,因为"相等"和"不相等"不是依自身地,而仅仅是偶然地表述这些东西。但是这与"相等"和"不相等"表述其他东西这种说法是完全相容的,而且对于其他这些东西,"量"以相同的方式谓述。

48. 论符合一般意见的量

有一种观点把量解释为一种与实体和质不同的绝对事物,把点、线、面和立体解释为相互不同的东西。在这种观点看来,事物是相当不同的。根据这种观点,尺度是使人们知道实体和确认物体的质的东西。这样,实体不是尺度,而是尺度的主体,质也不是尺度,而是一种在尺度中以主体方式存在的东西。现在要么量有一些部分,这些部分在某个共同的边界结合起来,要么它没有这样的部分。如果它有这样的部分,那么这些部分都是持久的,而且它们根据长度延伸,这样,我们就有线;或者它们根据长度和宽度延伸,于是我们有面;或者它们根据长度、宽度和深度延伸,因而我们有立体。但是许多持这种观点的人把地点解释为实际上与面同一的东西。然而如果并非这种量的所有部分都是持久的，我们就有时间。另一方面，如果这些部分不在任何共同的边界结合起来，那么要么它们是持久的，这样我们就有了数，要么它们不是持久的，这样我们就有了言语。这样，量这个属包含线、面、立体、地点、时间、数和言语。但是，点，以及时刻和单位元素，就不是依自身处于量这个属下，而仅仅是化归于它。

量也划分成那些其部分有相对位置的东西（这里的种是线、面、立体和地点）和那些其部分没有这样的相对位置的东西（这里的种是时间、数和言语）。

量的第一种特性是它没有对立物；因为尽管以主体方式存在于量中的质有对立物，量本身却没有对立物。从归纳法看这是显然的。

量的第二种特性是它不接受"更"或"不太"，因为一个量不比另一个量更是量。

量的第三种特性在于下面的事实：正是根据量，某种东西被说成是相等或不相等的。例如，量被说成是首要地和依自身相等或不相等的；而支持量的实体和量中以主体方式存在的质被说成是次要地和偶然地相等和不相等的。

关于量，这些论述就足够了。

49. 论符合亚里士多德观点的关系

亚里士多德列出的第三个范畴叫作 *ad aliquid*（与……相关）

或关系。正像关于量存在着对立的观点一样,关于 *ad aliquid*
(与……相关)或关系也有对立的观点。一些人认为,关系不是心
灵之外的与一个或多个绝对的东西实际上完全不同的东西。我认
为亚里士多德和追随他的哲学家持这种观点。然而,另一些人认
为,关系并不是像一个人或一头驴那样的绝对的东西,它实际上与
一个或多个绝对的东西是不同的。许多神学家持这种观点。我过
去认为亚里士多德也持这种观点,但是现在看来,他的哲学原理隐
含着对立的观点。首先我要考虑亚里士多德的说明所提供的关于
关系的观点,然后再考虑与它对立的观点。

　　首先我要说明第一个观点实际上是亚里士多德的;其次我要
以论证支持这种观点;最后我要考虑归属于这个范畴的东西。

　　这种观点是:除了实体和质,没有东西是可以想象的,无论是
现实的还是潜在的。然而,不同的名以不同的方式表示相同的对
象。有些名以某种方式意谓它所意谓的东西,因而不用增加另一
个间接格的表达式它们就可以谓述某种东西。这样,有一个东西
是一个人,但他不是某物的或对于某物(以及通过其他间接格表达
的情况等等)的人。然而,其他的名以某种方式表示其意谓的东
西,因而它们不能真谓述任何东西,除非其他某个处于间接格之一
的表达式可以真谓述它们并能合适地加到它们上。例如,某个人
不可能是父亲,除非他是其他某个人的父亲。同样,某种东西也不
可能是类似的,除非它与其他某个东西是类似的。这样,"父亲"、
"儿子"、"原因"、"结果"这些名和其他类似的名在有意义地理解
时,就不能真肯定任何东西,除非可以真而正确地增加其他某个间
接格的表达式。所有这样的名都叫作关系的名。

　　根据一种观点，一个名在一个真命题中可以指代的每一个东西都是一种现实的关系，因而"关系"不是一个第二意向或第二指定的名；相反，它是一个第一意向的名。这样，"关系"这个词在有意义地理解时，可以指代一个不是符号的东西。从苏格拉底与某种东西或某人的父亲相似这一事实得出，"人是一种关系"和"苏格拉底是一种关系"都是真的。尽管神学家以这种方式使用这个词，因而必须承认灵魂之外的某种东西（即一个对象，它不是一个可以构成一个命题的简单词项）是一种关系；然而我认为，亚里士多德认为只有可以构成命题的名（无论是心灵的、言语的还是书写的）才是一个关系词，一种关系，或 *ad aliquid*（与……相关）。所以，在亚里士多德看来，"关系"、"*ad aliquid*"（与……相关）和"关系词"是第二指定或第二意向的名，而不是第一意向的名。在他看来，不应该承认人是一种关系或白是一种关系。是关系词的正是"父亲"这个名，而不是是父亲的这个人。

　　有充分的理由认为这是亚里士多德的观点。首先，在《范畴篇》定义关系的时候，哲学大师说："这样一些事物被说成是关系的，它们被说成是属于别的东西，或者以某种方式属于或为了其他某种东西。"他举了一些例子说明了一事物可以属于另一个事物或为了另一事物的不同方式。一个例子是，它处于所有格；另一个例子是，它处于夺格或与格。基于这一点我进行论证，只有名被说成是以所有格或其他某格属于或为了某种东西的；但是所有被说成与其他某种东西相关的事物都被说成是在某种格的装饰下相关的；所以，每一个关系词都是一个名。由此得出，根据哲学大师，一个关系词是一个这样的名，它以某种方式表示它所意谓的东西，因而除了可以给这个名加上其他某个处于一个间接格的表达式的时候，它不能指代它所意谓的东西。

哲学大师在这一章结束的时候收回了关于关系词的这个定义，这样说就搞错了；他在那里的意思并不是建议这个相关的定义在所有关系词的情况下不成立。相反，他说，这个定义适合于所有关系词，但是由于它适用于没有关系词的情况，因此它不能与"关系词"互换。这一点在后面将变得更加清楚。对于哲学大师来说，每一种关系都是一个相关种类的名；这些在有关的章节是显然的。这些章节也说明他称实体的名为第一实体和第二实体，因为他说有的实体表述其他事物。然而，实体本身不表述其他事物；只有实体的名才表述其他事物。

同样是在《范畴篇》中，哲学大师说："所有关系词都是关于某种相关的东西而表述的，前提是相关的东西被正确地指派。"他还说，当我们缺少名的时候，我们可以构造名来表示与现存关系词相关的东西。但是基于这一点我要论证：正如我们在这里可以使用的东西只有名一样，我们可以指派的东西只是名；但是由于我们可以指派关系词，因而得出名是关系词。此外，根据哲学大师的观点，我们可以构造关系词来表示与现存关系词相关的东西；但是我们只能构造名；所以，名是关系词。

人们可能会说，根据哲学大师，我们不构造关系词，而只构造关系词的名。例如，哲学大师说："有时候必须构造名——在没有可以正确地指派关系词的名的情况下。"这里，似乎我们可以构造关系名，而不是关系词本身。但是这其实并不是哲学大师的意图。他的意思是说，我们构造关系词本身；因为当实际上与一个给定的相关的东西没有一个相应的关系名时，我们可以构造这样一个名。这样，他说"必须构造名——在没有可以正确地指派关系词的名的情况下"，但是在这种情况下，关系词被指派给构造的名；但是它只指派给它的关系词；所以，名本身才是关系词。从相同的章节可以看出这一点；因为在举例说明一些关系词是如何涉及与其相关的东西而被表述的以后，亚里士多德补充说："在其他例子中也是如此，但是有时候涉及的表达在格上是不同的。"这里可以看出，对于亚里士多德来说，关系词在格上是不同的；但是只有名在格上是不同的；所以，对于亚里士多德来说，只有名是关系词。

而且，人们可以运用下面的论证方式来说明关系词对于亚里士多德不是不同的东西：如果一种关系是一个独特的东西，那么当它第一次自然增长成一个对象时，这个对象就会有某种它所固有的新东西；因而，它实际上会被改变。但是这与哲学大师在《物理学》第五卷中的论述是对立的，在那里他说，一事物可以没有丝毫变化而获得一种新关系。

而且，根据亚里士多德在《形而上学》第五卷中的论述，能够发热的东西是与能够被加热的东西相关的。这样，如果相关的关系是某种东西，存在于能够发热的东西之中，那么它就会是与可以被加热的东西有关的东西；但是没有这样的东西。

而且，在同一个对象中实际上会有无数事物。证明：根据亚里士多德，一个对象给这块木头加热，也给无数其他事物加热。这个对象是太阳；因为太阳给无数物体加热。例如，太阳现在能够对各个物体发热。但是，如果关系是一种独特的对象，那么有多少事物将被太阳加热,就有多少事物将实际上在太阳下存在。但是由于太阳给无数事物加热,因而在太阳下必然存在着无穷多相互有本质不同的对象。但是,这与哲学大师在《物理学》第六卷中的论述是对立的,在那里,他否认在自然界能够发现任何这样的无穷性。下面的说法也是不行的:对于所有能够被加热的东西恰恰有一种关系,而且改变涉及的词项并不改变这些关系本身。根据相同的推理人们就可以说,关于所有这些东西甚至不必要提出一种关系。有一种东西可以被不同的名或仅仅被一个加了一些处于间接格的不同表达式的名来称呼,这样就足够了。

同样,根据在说明一种关系就足够了的过程中所采用的相同推理,我可以很容易地说,关于所有事物,甚至那些在种和属方面不同的事物,一种关系就足够了;但是这样一来,就不再有任何理由提出关系是不同种的、灵魂以外的实体物。

这样,在我看来,只有名是 *ad aliquid*(与……相关),这才是亚里士多德的观点。

许多语法学家都同意这种观点。他们说关系词或 *ad aliquid*(与……相关)是名的一个种。例如,当普里西安在他的大部头著作(第三卷,论名这一章)中列举许多名的种时,他列出了关系名说:"一种关系是这样的东西,不理解它是关于什么说的,就不能说出它来。例如'儿子'和'仆人'——因为当我说'儿子'时,我懂得'父亲';而当我说'仆人'时,我懂得'主人'。这样,如果它们其中一个被毁灭,那么用来理解它的另一个也被毁灭。"一些遵循上述作家的语法学家表达了相同的观点。

50. 代表亚里士多德的观点的论证

可以提出一些为这种观点辩护的论证。目前我不考虑它们是不是最终的结论。

人们可以如下论证：如果关系是灵魂以外的确实与绝对的事物不同的事物，那么就会得出：第一质料能够借以得到形式的第一质料的潜能就会是某种与质料不同的东西。这个推论是假的；因为由于质料能够先后得到无数的形式，因而质料中会有无数的事物。

而且，如果有这样一个东西，那么每当一头驴产生局部运动时，每个天体都会被改变并且本身会获得某种新东西；因为这条驴与任何天体之间的距离现在都会和以前不同。所以，如果距离是这样一个东西，那么各个天体就会实际上失去一个东西而获得另一个东西。

而且，在任何给定的物体中都会有无数东西。证明：任何物体与其他某个物体的每个部分实际上都有一定距离，但是其他物体的这些部分是无数的；所以，在第一个物体中会有无数的距离，它们各个相应于第二个物体的无数部分中的一个。

此外，一块给定的木头是它的一半的两倍。所以，如果两倍与是两倍的东西是不同的事物，那么同样会有这块木头超过它的一半的一半这样一种关系；而且这种东西将是存在于木头中的一种独特的实体。由于相同的原因，这块木头将有一个与自身的各个部分的各一半相应的实体。但是由于这块木头含有无数满足这种特征的部分,而且由于这块木头与这些部分各自以不同的方式相联系,因而在这块木头中将有无穷多种类不同的关系。

有人可能会说,既然这块木头的相关部分并不是实际的,而只是潜在的,那么关系在现实中就不是无穷的。回答是,这些部分是自然的,因为若不是这样,一个对象就会是由不是者构成的;所以,与相关部分相应的关系是自然。结果,在木头中就有无穷多种类不同的事物。

此外,这块木头确实是其一半的两倍;所以,是其自身一半的两倍这种关系在这块木头中是实际的和现实的;但是一部分不比另一部分更实际,因为所有部分都是相似的。所以,其他每一个部分都是实际的,因为关于它可以有一种实际关系。所以,对于每一个这样的部分都将有一种实际和现实的关系。这些部分是无穷多的;所以,这块木头中有无穷多关系。

除此之外,如果任何关系是这样一种东西,那么两倍就是。但是 A 是 B 的两倍,这是一种要么可分要么不可分的偶性。它不能是一种不可分的偶性,因为任何为整个木头命名的不可分的偶性都不会出现在那块木头中。这种偶性的第一个主体将会是要么可分的,要么不可分的。显然它是不可分的。所以,这个主体一定是可分的。然而,一个可分的主体不能是一个不可分的偶性的第一主体;所以,这种偶性不是不可分的。但是人们也不能说这种偶性是可分的和扩展的。如果它是可分的和扩展的,那么那种偶性的部分就会要么是相似的,要么是不相似的。如果它们是相似的,它们就会分享这个名和整体的定义,这样,两倍的每一个部分本身就会是两倍。整体是什么的两倍,每一部分就会是什么的两倍,而这是荒谬的。但是如果部分是不相似的，那么它们就会在种上是不同的。因此，如果它们要构成一个事物，那么一个就会不得不是现实性，另一个就会不得不是潜能。两倍就会是由行为和潜力构成的。同样，如果一部分是行为，而另一部分是潜力，那么由于在形成一个事物的过程中行为和潜力不是空间分离的，因而这些部分不能是空间分离的。但是除非假定新部分，否则我们就不会有一个扩展的对象。

而且，关于这种观点，人们可以提出下面的神学论证。上帝借助一个第二有效因所能制造的任何对象能够在没有任何第二有效因的条件下被上帝制造。由于有效的原因这种关系是借助一个第二因而在一个有效因中提出来的，因而上帝能够亲自产生那种关系，而不用任何第二因与他一起运作。假定情况是这样。我将证明不可能发生这样的情况。如果上帝在这个相应的对象引起了这种关系，这个对象就将是一种有效因。正如含有白的东西是白的一样，含有有效原因关系的东西是一种有效因。但是，如果它是一个有效因，那么能够以它为有效因的唯一对象就是所考虑的这种关系。但是在这种情况下，上帝是这种关系的原因并不仅仅是由于运作，例如，我们可以从假设得出其对立面，因而这是不可能的。

此外，对于任何东西而言，上帝若是在没有其他东西的条件下保存它，那么他就能够创造它，即使其他东西现在不是，并且从来也不是。所以，如果一个父亲与他的儿子相联系的父性是与父亲和儿子不同的东西，那么上帝就会在没有遗传行为的条件下保留它；因为这已经过去了。所以，即使没有遗传行为，上帝也能够或过去也能够创造那种父性。但是在这样的情况下，一个人就可能是某个不是他生的人的父亲。

而且,假定上帝在创造其他任何人以前创造了一个人并且在这以后其他人被遗传出来。应用这个假设我要论证:无论在任何一个其他人中有什么,上帝都能以他绝对的力量在这个第一个人身上产生出来;但是是一个儿子是在其他人之一身上;所以,上帝能够在第一个人身上产生这种关系。但是如果这样,这个人就将是儿子,并且他将是某个人的儿子。然而,每个人都将比所说的这个人年轻。所以,这个人将是某个比他年轻的人的儿子,而这似乎包含了一个矛盾。

我可以引用无数论证来支持这种观点,但是为了简明的缘故,就把它们省略了。

51. 回答反对意见

但是有人会反对说这不是亚里士多德的观点。

(1)首先,基于亚里士多德在《范畴篇》中列举范畴的时候所说的:"简单词各个表示实体或量或质",如此等等对于其他范畴也是这样。但是在这里他的意思似乎是说,不同的东西是由不同的属表示的。这样,由于关系是这十种范畴之一,因而它将表示某种与其他属所表示的东西不同的东西。

(2)而且,他在同一篇论文中说:"那些表述其他事物的东西是关系"。然而,实体排除在这类东西之外,因为尽管它们可能是其他事物的实体,但是它们不是与其他任何东西相关的。但是这种标准似乎既不适合词项,也不适合绝对的外在对象,因而必然有作为一种关系所适用的与这些东西不同的东西。

（3）此外，亚里士多德教导的关于关系的那些东西——它们接受对立的东西，它们接受"更"和"不太"，它们本性上是同时是的——如何能够是真的呢？这样的特征似乎既不适合于词项，也不适合于绝对的事物。

（4）似乎我们能够构造一个从亚里士多德的哲学原理得出来的论证，因为同一个事物不可能在同一个时间既是又不是。然而，绝对的事物即使当它们的关系不再是时也能够继续是。因此它们必然是独特的事物。

（5）而且，一种感受确实不同于它的主体；因为它确实证明它的主体，而一个事物是不证明它的主体的。"相等"和"不相等"以及其他一些关系词是感受；因为如同亚里士多德在《范畴篇》中教导的那样，被称作相等和不相等的是量的性质；而是相似的和不相似的则是质的性质；所以，……。

（6）而且，一条现实运算的原则必然本身是现实的。关系似乎就是这种东西；因为有时候发生这样的情况，有一些东西处于一定关系和次序时不产生快乐，而处于其他关系和次序时却确实产生快乐。

（7）此外，（既然关系是这十种范畴之一）我们如何才能保持这十种范畴之间的区别呢？我们如何才能保持创造物分为绝对的和相对的这样的区别呢？而且，我们如何才能保持心灵之外的是者分为这十种范畴的区别呢？

（8）对于"这个父亲由于父性而是一个父亲"、"这个儿子由于子性而是一个儿子"、"这个类似的东西由于类似性而是类似的"

(因为没有关系是类似的)和"关系是一种偶性"这样的普通表达，会发生什么情况呢？

（9）如果我们拒绝统一这种关系，似乎就不可能解释形式是如何与质料结合在一起的，一部分是如何与另一部分结合起来而形成一个连续体的，一种偶性是如何与它的主体结合在一起的，以及精神是如何与肉体性结合在一起的。精神与肉体性的统一不仅仅是基督教正统观念的一种因素，每一个民族、礼仪和教派都承认它。甚至在迷信的宗教中，这也是一种普通的信仰。

（10）如果所说这种观点是真的，那么相同的事物就会在不同的范畴之中。然而，亚里士多德似乎否认这一点，因为在他看来，表现出一个范畴否定了另一个范畴这样的否定命题是一个直接的命题。

这些考虑可能会引导一个人认为，哲学大师的观点与这里表述的观点是不同的。然而，它们不应该引导细心的读者认为，亚里士多德也许确实假定了相关种类的实体作为心灵之外的事物。

回答（1）

在回答第一种反对意见所提出的观点时，亚里士多德并没有证明事物的区别符合简单词项之间的区别。同样，上帝中事物的区别不是由下面的事实证明的：我们说有些神圣的名意谓正义；其他一些名意谓智慧、善、权力等等。我们也不能从下面的事实建立马中事物的多样性：我们说有些适用于马的名意谓移动性；其他一些名意谓可腐蚀性，等等。这些表达的意义实际上是说，一些适用于上帝的词表示上帝是正义的，另一些词表示上帝是善的，如此等等以及其他词表示的情况；而在马的情况下，意思是说有些词表示马是什么，另一些词表示马是移动的、可腐蚀的，等等。在目前的情况下也是如此。每一个简单词项要么表示实体，要么表示量，……。这里的意思是说，有些词表示一事物是什么，另一些词表示一事物是什么质的，有什么量，与其他事物是如何相联系的（例如"类似的"和"相等的"），它做了什么，对它发生了什么，等等。

亚里士多德在《形而上学》第五卷中更清楚地表达了范畴的实质，他说，"在这些范畴中，有的表示一个事物是什么；有的表示它有什么性质；有的表示它有什么量；有的表示它与其他事物如何联系"，等等。

所以，亚里士多德并不是说，有多少有意义的词项，就有多少事物。相反，他的意思是说明，有些词如何是绝对的；有些词如何是含蓄的；有些词如何是关系的，如同我在其他地方充分详细地论证的那样。

回答（2）

相同的回答在这里也是适合的。根据亚里士多德，对其他事物作出表述的词叫作 *ad aliquid*（与……相关）或关系的。换言之，关系词是这样一些词，当表示一些东西时，它们涉及其他一些东西，因而对于一个含有这样谓述另一事物的词项的命题，除非人们确切地知道所涉及的事物是什么，否则就不能知道这个命题是真的。例如，仅仅看见一个头、一只翅膀或一只手，人们就能够知道这是什么，即使他不知道它属于什么或谁。

回答（3）

关于关系词显示出来的对立，应该注意，能够以运动的方式获得的事物和抵制共存的事物有时候被说成是对立的。在这种意义上，白和黑是对立的东西。但是我们有时候把词项说成是对立的东西。我们说当一些词项不能就相同的方面真谓述相同的事物时，它们就是对立的。正是在这种意义上，关系词项可以是对立词。例如，"类似的"和"不类似的"，"相等"和"不相等"是对立词。它们不可能就相同的方面真谓述相同的事物。有时候我们把接受"更"和"不太"这样的词限于一事物对另一事物的现实增加。在这种意义上，白和黑都接受"更"和"不太"。但是有时候我们与谓述联系使用这个词。这里，一个名允许一种比较，而在这种意义上，关系接受"更"和"不太"。但是由于一事物加到另一事物上，因而并非总是发生这样的情况。普通发生这种情况，是因为一事物从另一事物被取走。例如，由于一部分被取走，不相等的就变得更相等。有时候发生这样的情况：一事物仅仅基于其他某种东西的变化而变得带有一个关系名。也发生这样的情况：一些事物可以说是或多或少与一个关系名有关，这是因为其他某种事物中发生了变化，或者可能发生这种情况是因为对象本身固有的其他某种绝对的东西的减少或增加。

同样，关系词被说成是实质上同时的。这不是因为它们是这样的东西，其中的一个必然地要求另一个，而是因为如果"是"真谓述有意义地理解的它们中的一个，那么就必然地谓述有意义地理解的另一个；因为下述推理是有效的：两倍是；所以，一半是[①]（并且反之亦然）。

---

① 原文是"*duplum est, ergo dimidium est*"。——译者

回答(4)

这里,正确的回答就是承认这个结论;因为绝对的确实是与关系相区别的。被说成是关系的东西是关系词,而且这样的东西与外在对象确实是不同的。然而,这种形式的论证常常欺骗没有经验的人。它促使他们接受许多实际上人们不应该假设的东西。下面的推理提供了一个例子:创造是;保持不是;所以,创造与保持是不同的。从下面的说明将看出,这种形式的论证在什么时候起作用。

人们可能会反对说,既然现在是白的东西从不相似的变成相似的,那么它这时一定具备以前不具备的东西。我的回答是:这个白的东西从不相似的变成相似的,不过是由于其他某种东西被弄白了。任何新东西也不必来到这个对象。上帝从一个非创造者变成一个创造者;一根过去不在右方的柱子最终在右方;但是在这两种情况下,所考虑的对象都不必得到任何新东西。在我们考虑的情况下也是如此。

回答(5)

一旦承认一种可证明的感受是什么,就很容易处理关于感受及其主体的困难。它不是一个确实存在于主体之中的外在事物。相反,它是一个可以以第二种依自身性的模式谓述主体并能指代与主体相同的东西的词项。这样,"相似的"和"不相似的","相等的"和"不相等的"分别被说成是质和量的感受。

回答(6)

一定的事物是以不同的方式排列和安排的,由此就产生不同的结果。正由于我们发现了这一点,我们就不应该认为它们表示的关系是相关结果的原因。相反,以相关的方式排列的绝对的事物才是原因。一事物现在能够成为它以前不能引发的事物的原因,这仅仅是因为它与那个事物更加接近了。不必要增加某种新东西。在音乐和绘画中就是如此。以前不产生快乐的东西现在产生快乐了,这仅仅是因为它们得到不同的安排。

回答(7)

只有一些人感到范畴区别的困难。甚至阿威森那也是发现它是一个显著困难的人。但是谁也不必为这个困难感到烦恼。他有权检验替代的选择。忠实于亚里士多德的逍遥学派有一种不同的说明;他们说范畴之间的区别不是从它们表示的事物之间的区别得到的。阿威罗伊在《形而上学》第七卷中阐述了这一点。但是不应该认为这十个属是心灵之外的事物,也不应该认为它们以某种方式表示十种事物,使得各种事物恰恰由一个属所表示。逍遥学派的学说认为,这十个属是十个以不同方式表示相同事物的词。代表言语八个部分的各部分的词都能够表示相同的东西。表示"白的"的形容词形式、分词形式、不定式形式、副词形式和其他形式提供了这种例子。对于范畴之间的区别也是如此;尽管它们有区别,它们表示的事物之间却有一种同一性。

同样,把是区分为绝对的和关系的,并不是把是作为是来区别的,而是词项之间的一种区别。它像抽象词项和具体词项、专门词项和普通词项,以及名词和形容词之间的区别。因为在什么基础上一事物可以叫作绝对的呢?是因为它是与其他事物相区别的吗?如果是这样,那么近来的作家解释为外在的关系就会是绝对的;因为它们被解释为确实与其他每个事物不同的事物。是因为它不需要或依赖于其他事物吗？如果是这样,那么任何决定的东西就不会是绝对的事物,根本的形式也不会是绝对的事物,任何创造物也不会是绝对的事物;因为,是这些东西,则分别要求有其他某种东西并且依赖于其他某种东西。也许,能够通过它们自身而被把握并且不要求有其他任何词就可以被理解的事物应该被称为绝对的。但是在这种情况下,质料、所有偶性,甚至神性都成为不那么绝对的东西;因为根据许多思想家,没有形式就不能理解质料;没有主体就不能理解偶性;没有有限的人的概念也就不能理解神性。

任何人看一看《形而上学》第六卷的内容,都会明白关于心灵之外的是者的划分的观点。这种区别不是心灵之外的事物的划分,而是词项之间的一种区别。从《范畴篇》和《形而上学》第五卷中的论述来看,这一点是显然的。在一个地方他说,合成和划分不属于那些心灵使之结合和划分的事物。在另一个地方他说,有多少范畴,就在多少种意义上谈论是;因为一种范畴表示某物是什么;另一种范畴表示它有什么性质;另一种范畴表示它的数量如何。但是显然,合成、划分和表示意义不能是事物的性质,而只是词的性质。

回答(8)

人们对于关系作出的习惯论述有许多是不恰当的,有些甚至是错误的。然而,一些普通的表达在它们意向的意义上是真的,比如,"这个父亲由于父性而是一个父亲","这个儿子由于子性而是一个儿子","这个相似的东西由于相似性而是相似的",等等。在这样表达的情况下,不必要创造任何对象,以此使一个父亲是父亲,使一个儿子是儿子,使一个相似的东西是相似的。也没有任何必要在下面这样的表达中使对象增多:"这根柱子由于惯用右手而是在右边","上帝由于创造而是创造性的,由于善而是善的,由于正义而是正义的,由于力量而是强大的","一种偶性由于固有性而固有","这个主体由于主体性而是主体","这个合适的东西由于合适性而是合适的","吐火女怪由于无而什么都不是","这个瞎子由于盲而是瞎的","身体由于可移动性而是可移动的",以及无数其他命题。

　　如果我们要使这些命题各个成为明确的和没有歧义的,我们就必须把它们分析为两个命题,在这两个命题中,以一种描述把名取而代之。例如,"这个父亲由于父性而是一个父亲"就成为"这个父亲是一个父亲,因为他生了一个儿子",而"这个儿子由于子性而是一个儿子"就成为"这个儿子是一个儿子,因为他被生出来"。"这个相似的东西由于相似性而是相似的"成为"这个相似的东西是相似的,因为它有一种与其他某种东西相同种类的性质"。对于其他命题也是这样进行分析。

　　但是,如果有人认为处理这些命题的这种技术不令人满意,那么有另一种方式可以不增加实体而保留这类命题。人们可以把抽象词项和关系词项(即"父亲"和"父性","儿子"和"子性","类似的"和"类似性")解释为表示相同的东西。比如,"这个父亲由于父性,即由于他自己,而是一个父亲","上帝由于其主动创造,即由于他自身,而是创造者"(因为"主动创造"并不表示任何在上帝之上的东西),"上帝由于他的善,即由于他自身,而是善的"(因为上帝的善并不是与上帝自身不同的东西)。

　　安瑟伦在《独白》第25章中为我们提供了一种关于关系如何

能够被称为偶性的解释。与白不同,关系被说成是一种偶性,这并不因为它是实际上说明它所表述的实体的一种形式。关系是一种偶性,这是因为它是一个可以或然地谓述某种东西的词项;它可以由于下面的原因而先后被肯定和否定,即它所谓述的东西中出现某种变化,或者因为如同在诸如"相等"、"相似性"、"君主"和"创造者"这些词的情况中那样,在其他某种东西出现某种变化。

回答(9)

人们也不能从质料和形式、主体和偶性、整体中诸部分或精神和肉体的统一来论证得出以下结论:在这些结合起来的事物之间有某种东西,即关联的东西。因为对于这些中介事物可以问相同的问题:通过加到其他某种东西上,它们如何能够产生一种东西?它们要么凭其自身这样做(但是这当然可以会是对原初对象的表述),要么通过某种进一步的结合(在这种情况下,我们将会有一个无穷倒退)。因为令这种中介对象通过某种力量与它使之结合的事物分离开,然后再令它与它们相结合,就像一种偶性与其主体相结合一样。那么在这种情况下,不同的事物是如何结合起来的呢?是通过某种进一步中介的东西而结合的吗? 在那种情况下,前面的困难重新出现。

简要地说,人们可以像亚里士多德在《形而上学》第八卷中(他在那里问质料和形式如何形成一事物)教导的那样说,一事物是现实的,另一事物是潜在的。既然一事物是现实的,而另一事物是潜在的,那么它们均能够以自己的方式与对方结合起来。或者,结合起来的事物分别是现实的和潜在的,因为我们并非总是有一种说明其他某种事物的现实的情况。相反,有时候一事物说明另一事物;有时候一事物推动另一事物;有时候一事物控制和支配另一事物;如此等等。

回答(10)

从亚里士多德自己的说明中可以看出,在他看来,在不同范畴所表示的相同事物中没有什么有问题的东西,因为他说,不仅感觉和可感觉的东西,而且知识和可认识的东西都在关系范畴中并且在其他范畴中。

当他说表达了一个范畴否定另一个范畴的命题是直接的时,也没有什么东西有任何问题。这里的关键不是与它们所表示的事物的多样性相联系,而在于一种范畴不是以依自身性的第一种模式直接谓述另一种范畴。每一个这样的谓述都是偶然的。同样,相同的事物由"创造"和"保持"来表达,而它们却是相互否定的。在我们所考虑的情况下也是如此。

所以,我们可以得出以下结论:亚里士多德以我们所说的方式解释关系。

对立的观点有两个来源。首先,有些人过分依赖于哲学著作发现的语言的特殊性。这是许多人的一种错误根源。一方面,这些书翻译得不正确。另一方面,一些希腊表达式在翻译成拉丁文时意思是不明确的;这就造成理解的困难,有时候甚至造成不正确的解释。最后,作者的说明常常被不正确地采用,因为尽管这些作者说的是正确的,但是一些人由于不正确地采用他们的论述,因而遇到了我们提出的这些问题。

第二种根源存在于这样一种倾向之中,即根据词项的多重性而增加实体,从而对每个词项都有一个事物。这是一种糊涂错误的态度,最大的问题是它使人离开了真。因为人们不应该关于每个词项都问相关的事物是什么。在许多词项应该问词项的意思是什么。这样的例子包括所有关系词和其他一些在意义上等价于更长的表达式的词项。所以,对含有它们起作用的命题必须进行分析和分解,有时候以一个描述取代一个名,因为词和概念本身是能够欺骗人的。

52. 论关系范畴中的东西

既然我们已经勾画了似乎是亚里士多德所持有的观点,我们就应该考虑根据这种观点纳入关系属下的东西。

首先应该注意,对于亚里士多德来说,除了那些心灵中的、言语的和写下的名外,任何东西都不处于关系这个属下,而且当这些名在一个命题中起作用时,可以给它们加一个间接格的表达式。

然而,可以加一个间接格的表达式的有两种不同的名。当一些名可以真谓述某种东西时,唯一可以正确加上的表达式是相应的抽象的名。(这里,我是在前面提到的第一种意义上使用"抽象的"这个词。)例如,"白的"、"热的"和"有心灵的"这样的表达式。除了凭借白,任何东西也不是白的,除了凭借热,任何东西也不是热的,对于其他例子也是如此。但是,由于这样的表达式是内涵的,它们不被说成是关系词。

但是还有其他一些名,除非可以在这些名上加上一些不是其抽象形式的名,否则它们就不能真谓述任何东西;被加的名处于一种间接格,但是它们不是相关的抽象形式。例如像"主人"、"仆人"、"父亲"和"儿子"这样的名；因为除非一个人是某个人的父亲，否则他就不是父亲，除非一个东西与某个东西相似，否则它就不是相似的。这些表达式叫作符合是①的关系词，因为除非它们可以加上一个处于间接格的表达式，否则它们就不适合某种东西。当符合是的关系词或然地谓述某种东西和或然地适合于它们所谓述的东西时（假定主项保持相同），除非一个人确切地知道与这个词所谓述的东西相关的东西，否则他不可能知道这个词适合于某种东西。例如，不知道一个人是谁的仆人，就不可能知道他是一个仆人。同样，不知道一事物与之相似的事物，就不可能知道它是相似的。当哲学大师在《范畴篇》中说"谁确切地知道两个关系词中的一个，谁就确切地知道另一个"时，就是在指这种关系词。但是，如果一个符合是的关系词以某种方式真谓述某种东西，从而它不可能不适合于那个东西（当主项保持不变），那么谁确切地知道两个关系词中的一个，就不必一定知道另一个。

另外，对于一些名而言，有时候可以加上一个处于间接格的表达式，有时候不能这样加。例如，有时候可以正确地说这条驴是苏格拉底的，因而这是某人的驴。但是有时候发生这样的情况，尽管"那头驴是一头驴"是真的，但是"那头驴是某人的"却是假的。这样的表达式可以叫作符合言语的关系词。有时候加上某个处于间接格的表达式，它们能够表述其他事物，但是这种增加不是它们谓述一个事物的必然条件。所以，这些表达式并非依自身属于关系这个属。像"手"和"头"这样的名就是例子。例如，有时候那只手

---

① 原文是"*secundum esse*"，英译文是"according to being"。——译者

是一个人的手；但是有时候它不是任何人的手，比如当它被砍下来的时候。然而，在这样的情况下，如果它叫作手，那么"手"这个词就会在关系这个属中。其他情况也是这样。例如，一个名在有意义地理解时，除非可以加上一个与其抽象的对应词不同的间接形式的表达式，否则就不能谓述任何东西，每个这样的名都处于关系这个属中。所有这样的表达式都叫作符合是的关系词。另一方面，一些表达式可以叫作符合言语的关系词，因为它们有时候可以加上一个间接格的表达式，有时候不能这样加。

　　尽管如此，哲学大师却不使用"符合是的关系词"和"符合言语的关系词"这些表达式，他也不使用如今哲学教师常常使用的另一套表达式"现实关系"和"理由关系"。在哲学大师的著作中看不到这样的区别。对于他来说，所有其他表达式以什么样的方式是关系词，像"原因"和"君主"这样的名就以什么样的方式是关系词。他总是或者至少常常用"主人"这个名作关系词的例子。因为除非一个人是某个仆人的主人，否则他就不能是主人。所以，对于亚里士多德来说，不存在现实关系和理由关系之间的区别。他在《形而上学》第五卷中确实区别了几种关系形式，但是现在我不探讨这种区别。知道下面的情况就足够了：对于亚里士多德来说，每个名或表达式都有这样一个名（因而包括分词）的力量，它在有意义地理解时不能真谓述任何东西，除非可以给它加上一个表达式的间接格形式，而不是加上与它相应的抽象名词，它实际上是一个关系词，处于关系这个范畴之下。这个词是仅仅表示实体或质，还是表示实体和质，这是不相关的。它是不是表示其他某种东西，是现实的还是潜在的，是肯定的还是否定的，还是其他某种方式的，同样是不相关的。例如,所有下述表达式都应该处于关系这个范畴之下:"主人"和"仆人","符号"和"符号表达物","原因"和"结果","生产者"和"产品","动因"和"被动者","能够发热的东西"和"能够被加热的东西"。

但是由此得出,在亚里士多德看来,一个动词可能会处于主动或被动这个范畴或其他某个范畴,而与此相应的分词或动名词可能会处于关系范畴。他在《形而上学》第五卷论述关系的这一章中列举关系的形式时隐含着这种观点,"其他东西被说成是关系——比如能够发热的东西与能够被加热的东西,能够砍的东西与能够被砍的东西,而且一般来说,主动的与被动的。"他后来说:"事物根据一种主动的和被动的潜能与这样一种潜能的现实化而是主动的和被动的——能够发热的东西与可以被加热的东西是有联系的,因为它能够发热。而且,发热的东西是与被它加热的东西相联系的,砍的东西是与被砍的东西相联系的,如同动因与被动者相联系一样。"但是注意,发热的东西是第二类关系的一个例子。由此,我认为,在亚里士多德看来,对于所有名和分词来说,如果只有可以给它们加上一个间接格的表达式,它们才能真谓述某种东西,并且它们在意义上相应于主动的和被动的动词,即不仅形式上是主动的和被动的,而且意义上(即它们表示某种东西确实作用或被作用或者某种东西做某事或被做了某事)也是主动的和被动的,那么它们都是第二种关系词。例如,"动因"和"被动者","原因"和"结果","主动的"和"被动的",等等。

此外,从亚里士多德在《范畴篇》关于关系这一章中的论述可以看出,它把动名词或分词归于关系范畴之下,并把与它们相应的动词归于其他范畴之下。他说："同样,躺、立和坐也是位置,但是位置是一种关系。躺下、站立和坐下本身不是位置,但是这些名得自举出的位置。"从这段话可以看出,"站立"不是处于关系这一属中,但是"在站立着"处于关系的属中;因为如果有一个在站立着,那么它是某个人在站立着。然而,归根到底,必须把一个体现这种表达式的命题化为以下形式的命题:"这个物体的部分以这种或那种方式相互分离。"这里,相关种类的名或分词(即这样一个词,除非可以加上其他某个间接格的表达式,否则它就不能谓述某种东西)将得到明确说明。

53. 论关系词的特性

既然我们已经检验了亚里士多德关于关系的观点,我们就应该考虑他赋予关系的特性。

在一些关系词的情况下存在着对立的性质。然而,这种特性并非在所有关系的情况下都存在。但是显然,这种对立的性质被有些关系词表现出来;比如,"美德"和"邪恶"是关系词,它们是对立的词。应该注意,这些关系词叫作对立的词,它们不能同时适用于同一个事物。这样,如果关系词是对立的词,那么一对关系词中只有一个能够在特定的时间适合于一个特殊的个体;另一个只能在不同的时间适合于它。在这种意义上,"父亲"和"儿子"不是对立的词,因为同一个人可以同时既是父亲,又是儿子。当然他不能相对同一个人既是父亲又是儿子。同样,任何东西也不是与"三倍"对立的东西,因为对于任何东西而言,"三倍"适合,则其他某个关系词也可以同时适合。如果它不能同时适合,它就绝不能适合。

　　关系词的第二种特性是它们允许"更"或"不太";但是这并非在所有关系词的情况下都适合。有些关系能够先以副词"更",然后又以副词"不太"谓述某种东西。例如,某种东西开始时更相似,后来则不太相似,并且反之亦然。但是在"三倍"、"二倍"、"相等"或其他一些关系词中就不会出现这样的情况。

　　第三种特性是所有关系词都被说成是与某种相关的词相关的。也就是说,对于每一个关系词都可以加上一个与它自己相关的词的间接形式。可能会发生这样的情况,即我们缺少所需要的名。在这种情况下我们可以创造一个名;于是可以把现存名的间接格加到这个创造的名的主格上,同样,也可以把这个创造的名的间接格加到现存的名的主格上。例如,如果某个人是主人,那么他必然是一个仆人的主人,如果某物是类似的,那么它是与类似的东西类似的。同样,如果"翅膀"是一个关系物,因而不可能某物是一个翅膀而不是某物的翅膀,那么我们就能创造一个名与它相应,起它的相关东西的作用。例如,我们可以说,一个翅膀是这个长翅膀的东西的翅膀,这个长翅膀的东西借助翅膀而有翅膀。在其他所有情况下也是如此。

　　但是应该注意,有时候同一个名既处于间接格又处于主格。这些格就叫作有类似的名或等价关系的关系词。例如,"每一个相似的东西都是与相似的东西相似的","每一个相等的东西都是与相等的东西相等的",以及其他一些相似的情况:相同的名既在主格使用,又在间接格使用。但是有时候一个不同的名放在主格和间接格。比如,如果某人是父亲,那么他是一个儿子的父亲;而且并不一定他就是一个也是父亲的人的父亲。同样，如果某个人是仆人，那么他是一个主人的仆人。这些叫作具有不同的名的关系词或不相等的关系词。然而一般规则是：如同达姆森在他的《逻辑》第 34 章中说明的那样，总是可以把一个间接格加到一个关系词的主格上。

关系词的第四种特性是它们本性上是同时的。这里的意思应该作如下理解：存在（意义）的是①不能真谓述一个关系词，除非当这个相关的命题形成时它也真谓述另一个关系词。这样，如果"二倍是"是真的，那么"一半是"也是真的。如果"父亲是"是真的，那么"儿子是"也是真的，并且反之亦然。所谓关系词被同时毁灭应该以相同的方式理解。如果表达否定一个关系词是的否定命题是真的，那么相应的表达否定另一个关系词的否定命题也是真的。例如，如果"父亲不是"是真的，那么"儿子不是"也是真的，并且反之亦然。

但是应该注意，根据哲学大师在《范畴篇》中的说法，这些规则不是绝对一般的。例如，他说明这种特殊的性质不适合于所有关系的情况。他在"知识"和"认识对象"，"感觉"和"可感觉物"的情况下证明了这一点；尽管他既没有在其他任何情况下建立这一点，也没有提供额外的例子，但是这一点在其他情况下确实是成立的。例如，"能够发热的东西"和"能够被加热的东西"是相互联系的。然而，这里得不出：因为能够发热的东西是，因而能够被加热的东西也是。同样得不出：仅仅因为能够被弄白的东西不是，因而能够制造白的东西也不是。在其他许多情况下也是如此。

_____

① 原文是"*esse exsistere*"，英译文是"existence"。——译者

54. 论符合其他人意见的关系

到目前为止，我们检验了我认为是亚里士多德的关于关系的说明。现在我们应该从与亚里士多德对立的观点来考虑关系。根据这样的观点，每一种关系都是与这种关系的基础不同的事物，因而白的苏格拉底与白的柏拉图相像的相似性就是这样一种东西，它与苏格拉底和构成这种相似性的白实际上是不同的，并且是完全不同的。同样一类论述也适合父性和子性的情况，以及所有置于关系属下的事物的情况。例如，尽管"一种关系的基础"不是亚里士多德的一个哲学术语，主张这种观点的人却声称每一个关系既有一个基础又有一个词，而且它与它的这二者确实是不同的。他们证明关系在许多方面是不同的东西。

首先，各个独特的范畴表示不同的事物；关系是一个独特的范畴；所以，……。此外，白能够没有相似性而依然存在；所以，白不是相似性。

此外，如果一种关系和它的基础是一样的，那么由于关系的基础处于不同的范畴（即实体、量和质），所以一些关系就会在实体范畴，另一些关系就会在质的范畴，而还有一些关系会在量的范畴；但是在这种情况下，关系就不会是一种独特的范畴。

此外，正是由于同一种基础，白的苏格拉底与白的柏拉图是相似的，而与黑的苏格拉底是不同的；所以，如果一种关系与它的基础是同一的，那么相似性和不相似性就会是同一的。但是在这种情况下，它们就不会是不同的关系。

此外,如果关系与它们的基础是同一的,那么由于有一种向基础的运动(例如,有一种向白的运动),就会有一种向着一种关系的运动;而这与哲学大师在《物理学》第五卷中的论述是相悖的。

此外,宇宙的统一体就在于其部分的秩序;所以,如果关系不是一种独特的东西,那么那种秩序就不会是一种独特的东西,因而宇宙就不会是一。

此外,当构成某个整体的部分分离的时候,这些部分依然存在,但是这种统一却不再存在;所以,统一是与部分不同的东西。

此外,在福音假定的本性上说,不存在与我本性中的某种东西不像的绝对的东西;所以,既然这种本性是与福音相联系而不是与我的本性相联系的,因而那种本性有某种我的本性所没有的东西,但是它不是任何绝对的东西;所以,它是某种相对的东西,而这是我们要证明的东西。

由于这些和相似的原因,许多人认为关系是一种心灵之外的东西,与每一个绝对的东西确实是不同的。

然而,他们区别关系,因为有些关系是现实的,而另一些关系是理性的关系。后者的例子是上帝与他的创造物的关系和其他一些没有这种理智运作就不能存在的关系。

以上提到的这些特性都被认为是关系具有的;因为有些关系词是相互对立的(例如美德和邪恶),而另一些关系词不是相互对立的,比如任何东西都不是与三倍对立的东西。

此外,关系允许接受"更"和"不太",尽管如同我已经指出的那样,这不适合于所有关系。

此外,每一个关系词的表达都涉及一个相关的东西。然而,有时候有这样的情况，一种现实的关系与另一种现实的关系相符合。这样，苏格拉底的相似性与它与之相似的东西中的一种现实关系相符合。然而有时候，一事物中的一种现实关系与另一事物中的现实关系不相符合。这样，对一个创造物依赖于上帝的这种现实关系，上帝中并没有任何相应的现实关系。

同样，关系被说成是本性上同时的，因而如果一种关系是，那么另一种关系一定也是。但是这种特性应该被解释为只在两个对象都是现实关系的情况下成立。而当一个对象是一种现实关系而另一个对象是一种理性关系时，这种性质不一定成立。例如，知识和认识对象，感觉和可感觉对象。

55. 论质这个范畴

第四个范畴是质这种范畴。如同在前三个范畴一样，我将先探讨那种无论真假，看上去与亚里士多德的哲学原则相容的观点。然后我将描述对立的看法。根据亚里士多德的哲学原则，似乎应该说质这个范畴是一个概念或符号，其下包含着所有这样的词项，它们不表达一个实体的实体部分，可以被用来回答关于实体而提出的"它有什么性质？"这样的问题。暂时我将不考虑具体或抽象的词项是不是更恰当地属于质这种范畴。

在质这个属中，有一些词项表示与实体不同的事物，即本身不是实体的事物。例如"白"、"黑"、"颜色"、"知识"和"光"。但是质这个范畴也包括这样的东西，它们不表示与实体不同的事物和以上提到的质。例如"图"、"弯曲"、"直"、"密"和"薄"。

为了确定什么时候应该将一种质解释为一种与实体不同的东西，什么时候不应该这样解释，人们可以进行如下检验：一些谓词不能同时真适用于一事物，而能先后仅仅作为一种局部运动的结果适合于一个对象，这样的谓词不必被解释为意谓不同的东西。例如，"弯曲的"和"直的"可以作为一种局部运动的结果先后肯定同一个东西。这样，把某物看作是直的。如果由于一种局部使它的两端变得更近，那么就可以说它是弯曲的。不需要有附加的东西。所以，"弯曲"和"直"不意谓与是弯曲的和直的事物不同的事物。在形状的情况下也是如此，因为一个对象仅仅由于其某一部分的一种局部运动就能呈现一种新的形状。因此在"罕见的"、"稠密的"和类似的词项中就是如此。但是在"白"、"黑"、"热"和"冷"这些词的情况下却不是这样。因为并非仅仅因为一事物或它的部分发生局部运动，这个事物就变得热了或冷了。所以，这些词项表示与实体不同的事物。

应该注意，亚里士多德提出质的四种模式或类型。第一种他称为习性或倾向。每一种质，无论精神的还是肉体的，只要牢固建立起来的，就叫作习性；而且每一种质，无论精神的还是肉体的，只要是容易变化的，就叫作倾向。由此得出，一种质在一个对象中可以是一种习性，而同一种质在另一个对象中可以是一种倾向。

应该注意，在这种模式下不仅包含那些表示与实体不同的事物的词项，而且包含那些不表示任何不同东西的词项；因为每一种质，只要能够由于该事物中的一种变化而被从其主体中很容易或不容易去掉，就包含在这种模式中。正像我后面将指出的那样，每一种质都包含在这种模式中。所以，这叫作一种质，不是因为存在某种既不是习性也不是倾向的质，而是因为有些质不是习性，有些质不是倾向。或者，这叫作一种质，有可能是因为它表示比"质"这个名更专门的东西。

另一种质包括自然的能力和无能。例如，有些东西能够很容易起作用或拒绝作用，它们这样作所凭借的东西就处于这个类型。

第三种质叫作感受和感受质；每一种可感觉的质都处于这种质下。

第四种质包括一事物的形式和确定的形状。"直的"、"弯曲的"和类似的词项处于这个属下。应该注意，如果某种东西根据一种质的说明而被说成是美丽的或丑陋的，那么这种质就叫作形式。这种名不表示与实体不同的事物和已经提到的质。

应该注意，对于亚里士多德来说，同一种事物处于不同种的质。这是显然的，因为他说热和冷在第一种质中，也在第三种质中。这样，他不想说这几种质是相互排斥的，而说它们能够至少相互特称地谓述。对于亚里士多德来说，在那些能够相互特称谓述的范畴的情况下，也是如此。

哲学大师认为质有许多特性。第一种特性是质允许有对立的东西，因为一种质可以是另一种质的对立面。同样，以间接格表示这些质的具体的名也是对立的。然而，并非每一种质都有一个对立面。有些质，比如光，就没有对立面。

第二种特性是质允许有"更"和"不太"，因为这种范畴的一个具体的形式有时候带有"更"这个副词谓述一事物，有时候带有"不太"这个副词谓述一事物。例如，有时候，"A 是比 B 更白的"是真的；而有时候，"A 是不如 B 白的"是真的。但是这种特性不适合所有特性的情况；因为人们不说一事物比另一事物更三角，也不说一事物比另一事物更方。

第三种特性是：关于考虑到的质，事物被说成是相似的和不相似的。例如，两个白东西是相似的，同样，两个黑东西也是相似的，但是白的和黑的不是相似的。

由于我在评注《范畴篇》时比较详细地探讨了亚里士多德关于质的观点，因此，关于他的说明，这些论述就足够了。每当我评论哲学大师的时候，我都不表达我自己的观点，而是表达我所理解的亚里士多德的观点。

56. 论根据其他人意见的质

然而其他人声称每一种质都是一种确实不同于实体、量和关系的东西。他们列出四种质，他们把这些种类各自包含的东西解释为相互不同的东西。例如，他们说，习性和倾向构成第一种质。它们的区别在于习性是某种牢固建立起来的东西，而倾向是某种容易变化的东西。

他们说，第二种质包括自然的能力和无能；他们还认为这些是与习性和倾向不同的东西。

他们说，第三种质是融入了感受和感受的质；这就是说，融入了所有可感觉的质。

他们声称第四种质包括形式和形状；他们还认为这些不仅确实不同于实体，而且不同于其他种质。例如他们说，当一个直的物体变成弯曲的时，它确实失去了一种绝对的东西并得到一种新东西。

亚里士多德赋予质什么性质,他们就赋予质什么性质。

57．论活动

亚里士多德简要地讨论了剩下的六个范畴。为了对那些在研究哲学方面进步不太大的人有好处,我将更详细地讨论这些范畴。

第五个范畴是活动。当哲学大师列举诸范畴或单独探讨这个范畴时,他不是以一个名而是以"做"这个动词来指它的。达姆森也是以一个动词而不是以一个名来指这个范畴的。因此,在我看来,对于亚里士多德来说,这个范畴不过是一系列排好的表示某人有活动或做某事的动词。这些动词以某种方式排列,因而加上"任何东西"这个代词,一个动词就可以谓述另一个动词。这样,"任何东西发热,就有活动或做某事","任何东西移动,就有活动或做某事"。正是在这种意义上,这个范畴是一个最高的属。如果相应于动词总是不仅有分词而且有指代与分词指代相同事物的名可以供我们使用,那么关于这个范畴就会没有什么问题。因为在这种情况下就可以简单地说,相关的名(比如"活动")是指代与相关的分词(比如"正有活动")指代的相同的东西,这样就会看出,活动是一个像有活动的事物那样的绝对的东西。但是既然有活动的事物是一个实体,那么活动本身就会是一个实体。然而,正如实体只不过或然地是有活动的事物一样,实体也只会或然地是一种活动;在这种情况下,这个动词就会在一个范畴之中,而这个名词在另一个范畴之中。因为正像我们已经证明的那样,以亚里士多德的观点看,

"正有活动的事物"(the thing acting)在关系这个范畴之中(因为
"有活动的事物"总是能够允许加上一个间接格形式),但是"有活
动"(to act)不在那个范畴中。这样,行为这个范畴就不会表示任
何与实体范畴和质范畴之中的东西不同的东西。它不过会表示来
自这两个范畴的东西。例如,在"火烤热这块木头"这个命题中,动
词表示热,尽管不是以名词的形式而是以动词的形式表示的。所
以,它可以谓述热。"白的"以相同的方式表示白,但是它不能谓述
白。

　　在为这种观点辩护的时候,而且不论它是不是真的,都可以引
证令人信服的理由。举一个例子,可以论证说,当一个人说"火起
作用或发热"时,没有表示任何超出实体之外的东西。

　　首先,假定表示了其他某种东西。这个东西在哪里呢？要么
它凭自身存在,要么它是其他东西固有的。如果它凭自身存在,那
么它是一个实体,而这里想树立的论点就确立起来。如果它是其
他东西固有的,那么它要么是发热的火所固有的,要么是被加热的
木头所固有的。如果承认了前者,那么每当每一个动因和每一个
推动者起作用或推动时,自身中都会真得到某种新东西。例如,当
天体和智慧起作用时,就会不断得到新东西。

　　同样,在有活动和创造事物的时候,上帝本身也会得到一种新
东西。有人可能会说,事物在上帝和创造物那里是不同的。但是
回答是:如果上帝在没有得到任何新东西的条件下确实并真能有
活动(因而在上帝的情况下不过是有不带任何附加事物的活动),
那么在任何动因中提出这样一种东西就是没有意义的;因为它们
各个都能够在不附加任何这样的东西的条件下确实并真是一个动

因。

有人可能要说,相关的东西本来就是在被加热的事物之中的。这里的难题是被加热的事物不应该被称为动因,但是却会被称为动因;而火应该被称为动因,但是却不会被称为动因。

同样,被加热的事物本身将会得到一些东西,即热,这被称为活动的东西,还有另一种被命名为感受的东西。然而,没有必然性地无缘无故地提出这样许多对象,似乎是荒唐的。

此外,人们可以论证:所说的对象要么是被引起的,要么不是被引起的。如果它不是被引起的,它就是上帝。如果它是被引起的,我就问"由谁引起的?"它将是由某种动因引起的;所以,某种动因产生了它。但是如果承认了这一点,那么关于产生事物的这种产生活动,我就问相同的问题。这样,我们就将有一个无穷倒退,或者人们将会认为一个事物能够在不生产的条件下被产生。但是由于相同的原因,人们在上面第一种情况下就应该说:人们应该承认,热在木头中被产生,而在产生热的事物中没有任何新东西。

此外,人们可以进行如下的神学论证:凡上帝借助某种第二因产生的东西,他都能直接地由他自己产生。所以,他能够产生在火直接起作用(有活动)的条件下和在没有火实际起作用(有活动)的条件下被说成是活动的东西。假定做到了这一点。那么,要么火起作用,要么火不起作用。如果火起作用,我们就必须说火起作用和只有上帝起作用。针对火不起作用的说法人们可以论证:这种作用形式地出现在火中,但是在这种情况下,火实际上是由这种作用命名的。所以,火起作用,因而火既起作用又不起作用,是不可能的。

由于这些原因和其他许多原因，人们可以说，活动不是某种与动因、被影响的事物或被产生的事物不同的东西。而且无论正确还是不正确，我认为这是亚里士多德主张的观点。他说"活动"这个名指代动因，因而下面的句子是真的："活动是动因"；"有活动是动因"。或者他认为这种形式的命题应该通过以动词取代相关的名词的命题来分析。例如，"动因的活动是"等价于"动因起作用"。同样，"加热是一种活动"等价于"加热的东西起作用"，等等。

应该注意，在亚里士多德看来，"有活动"和"做"有一些用法。有时候它们是这样使用的：某种东西产生、引起或毁灭其他某种东西；有时候它们是这样使用的：某种东西毁灭某种东西或使某种东西成为其他某种东西；还有些时候它们的用法非常宽泛和一般，包括上述两种情况，而且也包括运动的情况。正是在这种广泛的使用上，它们标明一种范畴。

一些对立的性质属于这个范畴，因为"制冷"和"发热"是对立的词。它们表示对立的性质，不能同时用于相同的事物，至少不能关于相同的事物同时使用。这种范畴也允许"更"和"不太"；也就是说，可以把"更"和"不太"这样的副词加在这个范畴的动词上，尽管不是加在其所有动词上。例如，人们可以正确地说，"这是比那更热的"，"这是不如那热的"，"一个人是更高兴的，而另一个人是不太高兴的"。（所有这些说明都符合在我看来是从亚里士多德的教导得出来的观点。）

其他人说，活动是这样一种东西，它不仅与动因、被影响的事物和被产生的事物不同，而且也与其他所有绝对的事物不同。它是这样的一个方面，有的人说这个方面是以主体的方式存在于动因之中,而另一些人说它以主体的方式存在于被影响的事物之中。然而他们说,有时候活动是动因与被影响的事物相对的实在的方面,有时候它是原由的一个方面。例如,当上帝起作用时,只有原因的一个方面。他们说,上述性质(有对立的东西和允许"更"和"不太")属于所考虑的东西。

58. 论遭受

第六个范畴是遭受(感受)这个范畴。亚里士多德总是以动词的形式提到这个范畴。在《范畴篇》的最后一章和关于"做和遭受"这一章中,这一点是十分清楚的。达姆森在这一点上与亚里士多德似乎是一致的,因为在他的《逻辑》中,他也以动词的形式谈到这个范畴。在亚里士多德看来,前一个范畴是由动词构成的,这一个范畴也是这样。这个范畴包含所有表示某种被作用的事物的动词。这样,关于前一个范畴的所有说明在这个范畴也适用。因此,对于亚里士多德来说,遭受某种情况(动词和动名词)不过是遭受的实体。当达姆森说"做和遭受不过是以某种方式起作用和遭受某种情况的实体"时,他说明了这一点。因此,对一个含有"遭受"这个名或它起一个名的作用的动词不定式这样的命题,人们总是可以用替换的方式,用一个动词取代相关的名词或不定式的命题来分析。例如,"被加热是遭受"等价于"被加热的东西遭受"。"被加热是一种感受"等价于相同的命题。

但是应该注意,"遭受"有许多用法。在一种意义上,它被用于这样的情况:某种东西从其他某种东西得到某种东西。在这种意

义上是一个主体遭受，如同质料获得一种形式一样。在另一种意
义上，这个词更广泛地使用，不仅包括第一种情况，而且包括这样
的情况：某种东西被推动同时没有得到某种东西，比如在局部运动
中。在第三种意义上，这个词不仅适合于前两种情况，而且适合某
种东西被引起或被产生这样的情况。在这种意义上，动词标明一
种范畴。

概括起来，在我看来，亚里士多德认为所有以主动声调表示的
心灵动词都属于"做"这个范畴，所有以被动声调表示的心灵动词
都属于"遭受"这个范畴。动词是表示实体，还是表示质，还是表示
实体和质，则是不相关的。

然而，其他一些人说，遭受是在一个被作用的事物中的某个方
面，这个方面是以主体方式存在的并且与这种作用方面是相应的。

59. 论何时

第七个范畴是何时①。根据亚里士多德，这是一系列依次排
列的副词或等价表达式，以此可以恰当地回答以"何时"这个疑问
词提出的问题。他总是以"何时"这个疑问词而不是任何其他表达
式来指这个范畴。我们并没有一个适合于所有表达式的通名，以
此来回答那个问题。对于亚里士多德来说，根据我对他的观点的
理解，这个范畴并不表示任何与实体和质不同的东西。它仅仅表

---

① 在汉译著作中，翻译亚里士多德关于时间范畴的论述一般用"时间"这个词。
这里谈的是时间，但是拉丁文用的是"*quando*"，英译文是"when"。——译者

示那些东西,尽管不是以名词的形式而是以副词的形式表示的。

无论这种观点是真的还是假的,都可以以下述方式来论证它:假定何时是时间对象中固有的一个东西。既然不应该相对于一个时间而不是另一个时间提出它,那么就将有一个与未来相应的相关种类的东西;但是这个推论是假的;因为如果在明天将是的对象中有一种东西,没有它就不能说这个对象明天将是(与没有白就不能说某物是白的同理),那么这个对象就将有一个东西,这种东西与它要处于其中的时间所包含的每一时刻有关。然而这些时刻是无穷的;所以,这个对象中将有无穷多这样的东西。

对象是以同样的方式处于无穷多的时间和无穷多的时刻之中;所以,无穷多这样的东西依然是从过去的对象中来的。

人们可能会说,相关的时刻过去实际上不存在。回答是:要么过去某种这样的时刻存在,要么过去没有任何这样的时刻存在。如果过去没有这样的时刻存在,那么就没有东西是时刻;但是如果过去有某个时刻存在,那么既然没有理由为什么一个时刻应该实际上存在而另一个时刻不存在,所以过去实际上就有无穷多时刻存在。

此外,对于所有事物而言,可以确切地说,它要么是,要么不是。所以,这样一种东西要么是确切地在这个人中,要么不是确切地在这个人中。让我们集中考虑与明天联系在一起的东西。如果这种东西是在人中,那么人明天将是就确切无疑是真的。如果这种东西不是在人中,那么对立的情况就确切无疑是真的。但是这似乎与亚里士多德的观点是对立的,因为亚里士多德否认在未来或然的情况下有确定的真。

　　人们也可以进行神学论证:要么那个人有这样一种东西,要么他没有。假定他有。那么以下就是形式有效的:这个人有一种与明天相应的东西;所以,这个人明天将是。(这与下面的情况是并列的:这第一个主体有白色,所以它是白的。)但是由于前件是真的,因此就不可能发生,甚至由于神的力量也不可能发生这样的情况:这个事物以前存在后来是假的。所以,"那个人过去应该是在那天存在"这样说将总是必然真的。因此,上帝只能使他将在那天存在的情况发生。但是如果那个人现在没有这个东西,那么那个人过去没有这个东西以后就将是必然的。现在,下面的推论是有效的:那个人过去没有这个东西;所以,他过去不能在那天存在。由于前件是必然的,因此后件也是必然的。所以,上帝甚至一天也不能多延长那个人的生命。

　　而且,如果何时是那些持对立观点的人认为的这种东西,如同热的东西由于热而是热的一样,那么时间的东西就会由于那种东西而是这样的。所以,正像没有热的某种东西就不可能是热的一样,没有时间中固有的相关的东西,某种东西就不可能是有时间性的。但是这个结论是假的,因为"反救世主的人将在审判日前存在"是真的。然而,由于反救世主的人什么也不是,因此没有这样的东西在反救世主的人中。

　　人们可能会说,任何东西都没有相应于一个未来时间这样的东西,至少在它达到那个时间以前是没有的。这样,那个人和反救世主的人本身都没有一种相应于未来的东西。回答是:如果一个对象真能够在明天和其他未来时间存在而又没有相关的东西,那么一个事物同样能够真的在过去并且在现在已经存在,同时又没有所说的这种东西。于是提出这样的东西是没有意义的。

此外，如果在昨天存在的人有一种东西，依据这种东西他被说成昨天存在（如同木头由于热而被说成热的一样），那么"这个人昨天存在"就不可能在没有相关东西的条件下是真的（一如木头不可能在没有热的条件下是热的）。但是这似乎是假的。这是因为，在"上帝在没有东西的条件下保存了人"这个假定中没有矛盾的东西，因为上帝以他绝对的力量能够保存人并毁灭这种东西。假定发生这样的情况，要么这个人昨天存在，要么他昨天不存在。如果他昨天存在，那么他昨天存在而没有这种相关东西。但是在这种情况下，他就不是以这种假设的东西而被说成昨天存在，而这一点正是我们着手要证明的。针对他昨天不存在这种说法，人们可以指出，一个指过去的命题在某种程度上是必然的，因为如果它是真的，那么甚至上帝也不能使它成为假的。

由于这些理由和其他许多为了简明而被我省略了的理由，相信和不相信的人都能够承认，何时不是以上描述的这样一种东西。在我看来，这是亚里士多德的观点，正是由于这个原因，他从来不以一个名，而总是以一个副词来提及这个范畴。

然而，其他一些人说，何时或何时性是处于时间中的事物的一个方面，这个方面是从不同的时间得出来的，而且一事物根据它被说成是在过去的、现在的或将来。

60. 论何处

第八个范畴是何处。我关于前一个范畴的说明在这个范畴也适用。看上去,根据亚里士多德的教导,何处不是一个与地点和其他绝对的事物不同的东西。相反,哲学大师总是用表示地点的疑问副词指这个范畴。因此,所有那些可以借以恰当地回答以"何处"这个副词提问的表达式都归属于这个范畴。例如,如果对于"苏格拉底是在何处?"这个问题的恰当回答是他在城里或在家里,那么这些带有宾语的介词在亚里士多德看来就归属于何处这个范畴。

为了为这种观点辩护,人们可以论证说:假定有这样一种东西。上帝毁灭那种东西,但是他既不毁灭相关的地点,也不毁灭占据这个地点的事物,同样不把这个地点或占据这个地点的事物从一个位置移动到另一个位置。让我们假定发生这样的情况。因此,要么那个物体在相关的地点,要么它不在相关的地点。如果它在相关的地点并且没有所说的东西,那么它就定位在一个没有那种东西的地点;但是在这种情况下,假定这样一种东西是没有意义的。如果它不在它以前所在的地点,如果没有东西被破坏,那么某种东西就发生了局部运动;但是这与假设是矛盾的。

而其他一些人则说,何处或何处性是在占据地点的事物中获得根据的并且是从事物所在的这个地点的限制得出的某一方面。这样,占据地点的事物使所说的这种方面获得基础,而事物所在的地点限定了它。

61. 论状态

第九个范畴是状态。在亚里士多德看来,这个范畴不表示任何与绝对的东西不同的东西。相反,它表示一事物的部分是以如此这般的方式被安排的、被排列的和被定位的。例如,从一个事物是直立的(即它的部分——它的腿——不是弯曲的而且它的两端之间处于最大距离)这一事实出发,这个事物被说成是站立的,或者如果发生相反的情况,它就被说成是坐着的。

像"坐"、"站"、"靠"和"躺"这样的词项都属于这个范畴。除非一个事物是一个定量,它的部分能够以不同的方式相互靠近,否则这个范畴的任何词项都不能用于这个事物。由于这些不同的方式,这些部分能够相互靠近,不同的或对立的和不相容的谓词可以先后应用于同一个事物。

但是由于我们语言的贫乏,我们对这个范畴没有一种相应的疑问词。

然而,有人说,状态是一个整体或其部分中固有的一定的方面。例如,当一个坐着的对象起身时,它本身要求一种它以前所没有的东西并且失去它以前确实具有的东西。

62. 论具有

第十个范畴是具有。正像前面几个范畴一样,我坚持认为,在亚里士多德看来,这个范畴不表示与持久的事物不同的东西。相反,它表示一事物以某种方式在另一事物之上或围绕另一事物,以致除非有某种阻碍,否则当这另一事物移动时,它就移动,但是,它不是这另一事物的一部分,并且与它在地点和状态都是不同的。亚里士多德把像"武装了的"和"穿着鞋的"这样的表达式都放在这个范畴之中。然而,对于哲学大师来说,"具有"表达了几种意思。

我在关于《范畴篇》的注释中说明了这一点。

但是,其他一些人说,具有是在一个围绕另一物体的物体上的或一个被围绕的物体上的一定的方面。

关于范畴,以上论述就足够了。

63. 论指代①

我们已经讨论了词项的各种意义,现在我们要讨论指代。指代是词项的一种性质,但是,只有在一个命题中,它才是词项的性质。

首先应该注意,"指代"有广义的和狭义的两种意思。在广义上,这个术语与"称呼"不是对应的。相反,"称呼"是"指代"下的一个术语。在严格的意义上说,这两个术语是对立的。但是我不想谈论这种意义上的指代,而只想谈论第一种意义上的指代。这样,正像我使用这个术语那样,主项和谓项都指代;而且一般来说,凡可以成为一个命题的主项或谓项的东西都指代。

指代被说成是一种替代。这样,当一个词项在一个命题中以某种方式代表某个东西,使得我们用这个词项表示这个东西,并且这个词项或(如果它在间接格)它的主格真谓述这个东西(或那个指这个东西的代词)时,这个词项就指代这个东西;或者至少当接

---

① 这里是根据英译文翻译的。原文为"命题中的词项指代"(*De Suppositione Terminorum in Propositionibus*)。"指代"(*suppositione*)是中世纪逻辑中比较独特的理论。"*suppositione*"这个拉丁词不太容易翻译,所以在西文文献中一般沿用了它,英译文为"supposition"。——译者

受这个词的意义时,情况是这样。更一般地说,如果指代词项是主项,它就指代包含它的那个命题所断定的谓词应该谓述的那个东西(或那个指这个东西的代词)。然而,如果指代词项是谓项,它就指代主项被断定为是其主项的那个东西(或这个名所命名的那个东西)。这样,在"人是动物"这个命题中,断定了苏格拉底是动物,因为如果形成"这是动物"(指苏格拉底)这个命题,它就会是真的。但是在"'人'是一个名"这个命题中,断定了"人"这个词是一个名;因此,在这个命题中,"人"指代一个名。同样,在"这个白东西是动物"这个命题中,断定了这个是白的东西是动物。这样,"这是动物"如果指这个是白的东西,它就是真的,而且根据这一考虑,这个主项指代那个东西。这样的考虑也适合谓述的情况,因为在"苏格拉底是白的"这个命题中,断定了苏格拉底是有白性的东西;因此这个谓词指代有白性的东西。如果除苏格拉底外,任何东西都不会有白性,那么这个谓词就会只指代苏格拉底。

这样就有一条一般规则:一个词项,至少当它有意义地使用时,在任何命题中从不指代一个东西,除非它能够真谓述那个东西。但是在这种条件下,类似一些人的下述说法就是假的:一个在谓项一边的具体词项指代形式,因而在"苏格拉底是白的"中,"白的"这个词指代白性,因为无论这个词项如何指代,"白性是白的"都是假的。这样,根据亚里士多德的说明,这种具体的名从不指代相应的抽象的名所意谓的形式。但是在我们考虑过的其他具体的名的情况下,这确实是可能的。同样,在"人是上帝"中,"人"真指代耶稣基督,因为耶稣基督确实是人。

64. 论指代的划分

但是应该注意,指代首先划分为人称指代、简单指代和实质指代。

一般来说,当一个词项指代它所意谓的东西时,就出现人称指代,无论这个东西是心灵之外的一个实体,还是一个说出的词、一种心灵的意向、一个写下的词,还是任何其他可以想象的东西。这样,每当一个命题的主项或谓项指代其意谓的东西,因而被有意义地使用时,我们总有人称指代。

第一种情况的例子是,在"每个人是动物"中,"人"这个词指代它所意谓的东西;因为"人"不被用来意谓不是人的东西。它不意谓人共同的东西。正像达姆森所说,它恰恰意谓人本身。第二种情况的例子是"每个有声的名都是言语的一部分";"名"这个词只指代有声的词;但是由于它被用来意谓有声的词,它就作人称指代。第三种情况的例子是,在"每个种都是普遍的东西"和"每个心灵的意向都是在心灵之中的"中,主项作人称指代;因为它们都指代它们被指定意谓的东西。第四种情况的例子是,在"每个写下的表达式都是一个表达式"中,主项指代它所意谓的东西——写下的词;因此,它是人称指代。

在这种情况下,应该清楚地看到,一些人说,当一个词项指代一个东西时,我们就有人称指代,他们并没有恰当地描述人称指代。相反,正确的定义如下:当一个词项指代它所意谓的东西并且是有意义地这样指代时,它就是人称指代。

当一个词项指代心灵的意向，并且不是有意义地起作用时，就出现简单指代。例如，在"人是种"中，"人"这个词项指代心灵的一种意向，因为正是这种意向是种。然而，确切地说，"人"这个词项不意谓这种意向。相反，这个词附属于这种意向，意谓它所意谓的相同的东西。前面我已经解释过这一点。因此，一些人说，当一个词项指代它所意谓的东西时，就出现简单指代，他们显然是错误的。当一个词项指代心灵的一种意向，而这种意向不是这个词项专门所意谓的东西时，就出现简单指代，因为显示简单指代的词项意谓实在的东西，而不意谓心灵的意向。

当一个词项不是有意义地指代，而是指代一个说出的词或写下的词时，就出现实质指代。一个很好的例子是"'人'是一个名"。这里，"人"这个词指代自身，但是它不意谓自身。同样，在"'人'是被写下的"这个命题中，我们有实质指代的一种情况，因为这个词项指代被写下的东西。

但是应该注意，恰如说出的词得到这三种形式的指代一样，写下的词也得到这三种形式的指代。这样，假定写下下面四个命题："人是动物"、"人是种"、"'人'是单音节的"、"'人'是一个写下的表达式"。这四个命题都可以是真的，但是仅当主项在各种情况分别代表某种不同的东西。是动物的绝不能是种，也不能是单音节的或写下的。同样，是种的人不是动物，也不是单音节的，等等。然而，在最后两个命题中，词项都有实质指代。

但是我们也可以对一个词项指代一个说出或写下的词这样的指代作进一步划分。这样，我们将会只需要一些名来区别指代一个说出的词的情况与指代一个写下的词的情况。这种情景将会类似于人称和简单指代的情景,在这里,我们有不同术语表示不同形式的指代。然而,我们现在没有术语可用来以相关方式划分实质指代。

而且,恰如写下和说出的词项都有这些不同形式的指代一样,思想中的词项也有这些形式的指代;因为心灵的意向可以指代它意谓的东西,指代它自身,指代一个写下的或说出的词。

但是应该注意,我们不是因为词项指代一个人而说人称指代,不是因为词项指代简单的东西而说简单指代,也不是因为词项指代质料而说实质指代,应用这些术语全在于以上给出的原因。因此,"实质"、"人称"和"简单"这些术语在逻辑中和在其他学科中的使用是有歧义的。然而在逻辑中,它们的使用很少不加上"指代"这个术语。

65. 论必须如何区别词项的指代

还应该注意,任何词项,在任何包含它的命题中,都可以有人称指代,除非使用它的人把它限制在另一种指代形式。同样,一个多义词项可以在任何命题中指代任何一种它所意谓的东西,除非使用它的人把它限制在一种特殊的意谓的东西。

但是一个词项不能在任何命题中有简单或实质指代,而只能在这样的命题中有简单或实质指代,即它与一个指一种心灵意向、一个说出的词或一个写下的词的端项连接在一起。例如,在"人跑"这个命题中,"人"这个词不能有简单或实质指代,因为"跑"不指一种心灵意向、一个说出的词或一个写下的词。"种"意谓一种心灵意向;因此,在"人是一个种"这个命题中,"人"这个词项可以有简单指代。此外,由于这个命题,我们必须根据第三种多义的方式,区别我们有简单指代的情况和有人称指代的情况。在第一种情况下,我们有一个真命题,它断定心灵的一个概念或意向是种;在后一种情况下,我们有一个假命题,它断定"人"所意谓的某种东西是种。

在下面这些命题的情况下,必然得出相同的区别:"人谓述多"、"能笑的是人的感受"、"能笑的首先谓述人"。这里我们必须在主项和谓项部分都作出区别。我们还必须在"理性动物是人的定义"这个命题的情况下作出区别;因为如果这个命题表示简单指代,它就是真的;如果它表示人称指代,它就是假的。对于其他许多命题也是这样。例如,"智慧是上帝的一种属性","创造性是上帝的感受","善和智慧是神圣的属性","善谓述上帝","有后代是父亲的一种固有属性"。

当一个词项与一个指一个说出或写下的词的端项连接在一起时,人们也必须作出区别,因为这个词项要么表示人称指代,要么表示实质指代。这样,人们应该在下面的情况下作出区别:"'苏格拉底'是一个名"、"'人'是单音节的"、"父性意谓父亲的一种固有属性"。在最后一种情况下,区别是必要的,因为如果"父性"是实质指代,这个命题("'父性'意谓父亲的一种固有属性")就是真的。如果它是人称指代,这个命题就是假的,因为父性是父亲的一种固有属性或者就是父亲。像下面这样的命题应该以相同的方式进行区别:"'理性动物'意谓人的本质"、"'理性(的)'意谓人的一部分"、"'白人'意谓一个偶然聚集体"、"'白人'是一个复合构成的词项"。

这里可以详细说明一条规则。一个词项若是能够表示这三种形式指代的任何一种形式,那么当它与一个对于简单词项或复合词项(无论它们是写下的还是说出的词项)都是共同的端项连接在一起时,它可以有实质指代或人称指代;相关的命题必须以相同的方式进行相应的区别。当一个词项与一个意谓一种心灵意向的端项连接在一起时,这个词项可以有简单指代或人称指代。但是当它与一个对所有这些词项都是共同的端项连接在一起时,这个词项可以有简单的、实质的或人称的指代。这样,人们在"'人'谓述多"的情况下必须进行区别。如果"人"有人称指代,这个命题就是假的,因为这样就会断定,"人"这个词项意谓的某种实体谓述多。然而,如果"人"有简单或实质指代(无论是关于说出的还是关于写下的词),这个命题就是真的,因为一般的意向和这个词(无论说出的还是写下的)都谓述多。

66. 回答反对意见

但是人们能够以几种方式反对这种说明。

(1)首先,下面这个命题是真的:"人是造物中最有价值的"。但是,这里"人"有什么形式的指代呢?它没有人称指代,因为相关的单称命题个个都是假的。那么它必然有简单的指代。但是如果在一个简单的指代中,一个词项应该代表心灵的意向,那么这个命题就会是假的;因为任何心灵的意向都不是造物中最有价值的。结论:在简单的指代中,词项不代表心灵的意向。

（2）此外，"颜色是视觉的第一对象"，这是真的。然而，每个相关的单称命题都是假的；因此，这必然是简单指代的一种情况。但是，如果主项指代心灵的意向，这个命题就会是假的。结论：在简单的指代中，词项不代表心灵的意向。这样，"人首先是能笑的"，这也是真的，但是这里"人"既不指代一个特殊的东西，也不指代心灵的一种意向。因此它一定是指代其他某种东西。在下面的情况下都可以论证相同的观点："是者首先是一"①，"上帝首先是人"。这些命题都是真的；然而，主项既不是指代一个特殊的东西，也不是指代心灵的一种意向；因此，它是指代其他某种东西。但是在各个命题中，主项都有简单的指代；因此，在简单的指代中，词项不指代心灵的意向。

（3）此外，一个词不谓述一个词，一种意向也不谓述一种意向，因为否则的话，每个像"人是动物"这样的命题都会是假的。

回答（1）

在第一种反对意见的情况下，那些说"人是造物中最有价值的"这个命题的主项有简单指代的人是错误的。在这个命题中，"人"有人称的指代。他们的论证是不成功的，实际上可以被用来反驳他们。他们论证说，如果"人"能够有人称指代，这个命题就会是假的，因为所有相关的单称命题都会是假的。但是这种推理方式与他们自己的说明相悖，因为如果在这个命题中"人"不代表任何单个的东西，而代表其他某种东西，那么这种东西就会是造物中

---

① 原文是"*ens est primo unum*"，英译文为"Being is first and foremost one"。——译者

最有价值的。但是这是假的,因为在这种情况下,他就会比任何人都尊贵,这显然与他们自己的说法是对立的。他们说,一个普通词项或一个种绝不比其下的特殊的东西更尊贵。像他们所说,不太一般的总是包含更一般的和其他另外一些东西。这样,作为人的一部分的普遍形式,就不会比人更尊贵。这样,如果"人是所有造物中最有价值的"这个命题中的主项能够不指代特殊的人而指代其他某种东西,这个命题就会是假的。

因此,应该说,"人"是人称指代。这个命题在字面上解释是假的,因为相关的单称命题都是假的。然而,断定这个命题的人实际想说的却是正确的。他们不是想说任何人比普遍考虑的每个造物更尊贵,而只是想说,人比所有这样的造物更尊贵,这些造物不是人,本身却属于肉体造物,从而排除了理性实体。这种事情常常发生——从经典作家,从老师那里搬来的一些命题在进行字面解释的时候是假的,但是在根据他们的本意来看时却成为真的。我们前面的情况就是如此。

回答(2)

对第二种反对意见的正确回答是:"颜色是视觉的第一对象","人首先是能笑的","是者首先是一","人首先是理性动物","三角形首先有三个角"和"声音首先是听的对象",所有像这样的命题在字面上都是假的;然而,哲学大师想表达的命题本身是真的。

应该注意亚里士多德和其他一些作家常常把具体的看作抽象的(并且把抽象的看作具体的),把单数的看作复数的(并且把复数的看作单数的)。同样,产生的行为常常被看作意谓的行为并且意谓的行为常常被看作产生的行为。

产生的行为是由"是"或其他某种表达式表示的行为,这种表达式不仅意谓某种东西谓述其他某种东西,而且实际上产生一种东西对另外一种东西的谓述。例如:"人是动物","人争论","人跑"。

而意谓的行为是由一个像"谓述"、"有……作主项"、"断定"和"属于"这样的动词表示的行为,所有这些动词都意谓相同的东西。例如,当一个人说,"'动物'谓述人"时,动物不是实际上在谓述人;因为在这个命题中,"动物"在起主项作用,而不是起谓项作用。在这种情况下,这种行为被意谓了。说"动物谓述人"和说"人是动物"不是一回事。其中一个句子比另一个句子在结构上更复杂。同样,说属谓述一般词项"人"和说普通词项"人"是一个属也不是一回事。此外,说属谓述它的种或"动物"这个词谓述"人"这个词与说"种是属"或"'人'这个词是'动物'这个词"是非常不同的。前两个说法是真的,后两个说法是假的。但是,尽管有这种差异,哲学大师依然有时把产生的行为看作意谓的行为,有时把意谓的行为看作产生的行为。其他人也是这样做的。结果许多人都陷入错误。

现在,在我们所讨论的这种情况下,恰恰是这种混淆在起作用。因为当人们像哲学大师在《后分析篇》中那样看待"首先"时,"人首先是能笑的"这个命题是假的,恰如"种是属"是假的。然而,它所取代的意谓的行为是真的,即"能笑的这个谓项首先谓述人"。在这种意谓的行为中,"人"和"能笑的"都简单地指代心灵的一种意向。"能笑的"首先谓述的是心灵的这种意向,不是表示它自身,而是表示其下的特殊的东西。产生的行为应该表达为:"每个人都是能笑的,而且任何不是人的东西都不是能笑的。"这样,在意谓的行为中,"人"简单地指代并且指代这种意向;而在相应的产生的行为中,"人"人称地指代相关的特殊的东西;因为只有特殊的东西能够笑。这样,"首先"这个词项被正确地放置在意谓的行为中,但是在相应的产生的行为中却没有地位;因为"首先"的意思是"普遍地谓述某种东西而不谓述其他东西"。所以,相应于一个这类意谓的行为应该有两个产生的行为。在像"声音首先是听觉的对象"这样的命题中,情况也类似。在字面上解释,这个命题是假的,因为"声音"指代单个的东西或普遍的东西。如果它指代单个的东西,这个命题就是假的,因为所有相关的单称命题都是假的。如果它指代普遍的东西,这个命题仍然是假的,因为根据反对者的意见,任何普遍的东西都是不能由感觉把握的。因此从字面理解,这个命题是假的。

　　然而,使用并理解这种用语的人会坚持认为,这个命题意味的是下面这种意谓的行为:"能够被听觉把握首先谓述声音"。这里有关的谓项正是首先谓述这个普通词项,不表示它自身,而表示它下面的特殊的东西;因为在以"声音"为主项,以"能够被听觉把握"为谓项的命题中,"声音"不是简单地指代并且指代自身,而是指代它下面特殊的东西。这样,在意谓的行为中,"声音"简单地指代并且指代心灵的一种意向,但是在两种产生的行为中,它都是人称地指代并且指代它下面特殊的东西,即指代它所意谓的东西。

　　神学提供了一个例子,可以清楚地说明以上观点。"不依赖于任何其他指代的完整的理性实体首先是人。"这是真的,由于相同的原因,"人首先是能笑的"也是真的。同一种说法适合这两种情况。但是假定这个命题的主项人称地指代它下面特殊的东西。在这种情况下,这个命题就是假的,因为所有相关的单称命题都是假的。根据归纳法,这是显然的。因此,假定它简单地指代并且指代普通的形式。在这种情况下这个命题也是假的,因为任何普通的形式无论是不是首先的,都不是人。根据反对者的意见,人这个概念与普遍的东西这个概念是不一致的。对于下面这样的命题也是如此:"这个单个的首先是一","这个特殊的首先是区别于普遍的"。从字面上理解,它们是假的;然而,与它们相应的意谓的行为却是真的。

因此,应该像过去那样说,当一个词项指代心灵的一种意向,而这种意向要么借助谓述对许多东西是普通的,要么像有时发生的那样,专属于一个东西时,我们就有简单的指代。原因在于就这个东西而言,它只能是特殊的东西。

这样,一些人错误地认为在事物中,在特殊的东西之上还有某种东西,与特殊的东西不同的人性是个体中属于其本质的某种东西,这种观点使他们陷入这些困难和其他许多逻辑困难。然而,正像波菲略在他的《引论》中指出的那样,解决这种错误不是逻辑学家的任务。逻辑学家只是应该否认,当一个词项指代其所意谓的东西时,就出现简单的指代,而且他们应该指出,当一个一般的词项指代某种对其所意谓的东西是普通的东西时,它就有简单的指代。至于普通的东西是不是应该在事物之中,这不应该由逻辑学家来说。

回答(3)

对第三种反对意见的回答是:一个词谓述一个词,同样,一种意向谓述一种意向,然而,不是表示它自身,而是表示这个东西。因此,在"人是动物"这个命题中,一个词谓述另一个词或一种意向谓述另一种意向。然而,断定的不是一个词是另一个词或一种意向是另一种意向。断定的是主项所代表或指代的东西是谓项所代表或指代的东西。

但是可能有人会反对说:"在这里和在罗马都销售胡椒"这个命题是真的,然而,相关的两个单称命题都不是真的。这样,只有当"胡椒"简单地指代并且指代不是心灵意向的东西时,这个命题才能是真的。但是在简单指代中,词项不指代意向。这里的回答是,如果这个命题有一个合取的端项,它就根本是假的;因为两个单称命题都是假的。而且如果主项被理解为有简单的指代,那么这个命题依然是假的;因为无论它是外在的东西还是心灵之内的一个东西,没有人想买胡椒这种普遍的东西。人们想买的是他们没有的特殊的东西。然而,如果这个命题被当作合取式,"这里销售胡椒并且在罗马销售胡椒",它就是真的;因为这两部分在代表不同的特殊的东西时都是真的。这样,"在这里和在罗马都销售胡椒"不过是像"在这里和在罗马都销售特殊的胡椒"一样是真的。

67. 论实质指代

下面我们应该详细考虑各种不同形式的指代,首先我们要考虑实质指代。

应该注意,任何能够以任何方式成为一个命题一部分的词项都能够表示实质指代,因为每一个这样的词项都可以是一个命题的端项并且指代一个说出或写下的词。关于名,这是显然的。这样,"'人'是一个名","'人'是单数的"。在副词、动词、代词、联结词、介词和感叹词的情况下,显然也是这样。这样,"'好好地'是一个副词","'读'是陈述语气","'正在读'是一个分词","'他'是一个代词","'如果'是一个联结词","'从'是一个介词","'噢'是一个感叹词"。命题和词组也能够表示实质指代。这在下面的命题中是显然的:"'人是动物'是一个真命题","'那个人跑'是一个词组"。这种形式的指代,不仅说出的词可以有,写下的词和思想中命题的要素也可以有,无论它们是完整的命题还是仅仅是命题的一部分。简言之,任何简单或复杂的词项都可以表示实质指代。

然而,人们可以对实质指代进行划分,因为有时一个说出或写下的词指代自身。例如:"'人'是一个名","'人的'是所有格","'人是动物'是一个真命题","'好好地'是一个副词","'读'是一个动词"。然而,有时一个说出的词、一个写下的词,或心中的一个概念不指代自身,而指代它所不意谓的其他某个说出或写下的词。这样,在"'*Animal* *praedicatur* *de* '*homine*'"("'动物'谓述'人'")这个拉丁文句子中,"*homine*"这个词不指代"*homine*",因为"*animal*"不谓述"*homine*"。在这个句子中,"*homine*"这个简单词项指代"*homo*"这个词,因为在"*Homo* *est* *animal*"("人是动物")中,"*animal*"谓述的正是"*homo*"。同样,在"'人跑'是真的"中,主项"人跑"不指代它自身,而指代"人跑"这个命题,尽管如此,它并不意谓这个命题。同样,在"'*Homo*' *praedicatur* *de* '*asino*' *in* *obliquo*"("'人'间接地谓述'笨蛋'")这个拉丁文句子中,"*homo*"

这个词指代间接格形式,因为在"*Asinus est hominis*"("笨蛋是人")这个命题中,不是"*homo*"这个词,而是"*hominis*"这个词起谓述作用。同样,在"'质'谓述其具体的主项"中,"质"这个词项指代一些可谓述主项的具体的名。

68. 论简单指代

正像任何复杂或简单词项可以表示实质指代一样,任何本身有意义或与其他词一起有意义的复杂或简单词项也可以表示简单指代;因为每个这样的词项无论是思想中的、口头的或文字的,都能指代心中的一个概念。从归纳看这是显然的。此外,正像一个表示实质指代的词项有时指代自身,有时指代另一些东西一样,思想中一个具有简单指代作用的词项有时指代自身(比如在"人是一个种"和"动物是一个属"中),有时指代它并不意谓的心灵的其他某种意向(比如在"'人是动物'是真的"这样的思想中的命题中)。其他许多这样的情况也是如此。

69. 论人称指代

下面我们要考虑人称指代。应该注意,只有被有意义地用作一个命题的端项的范畴词才有人称指代。

第一个条件排除了助范畴词,不仅排除了那些是名的助范畴词,而且还排除了联结词、副词、介词和其他任何可能的助范畴词。

第二个条件排除了所有动词,因为动词绝不能作命题的端项,甚至当它有意义地起作用时也不能。人们可能会反对说,在"读(to read)是好的"中,"读"(to read)是有意义地起作用的,然而,它指代。对此的回答是,这里的"读"(to read)不是动词,而是名词。这是因为它在这里的用法,一个不定式不仅可以起动词的作用,而且可以起名词的作用。如果"读"在这里仍应是一个动词,并且应该是一个仅仅像"读"(reads)这样的名,那么"读是好的"("To read is good")这个命题和"读是好的"("Reads is good")就同样是真的。差异在什么地方呢? 差异在于说这种语言的人对这个表达式的用法。

"一个命题的端项"这个表达式排除了一个端项的一部分,即使这部分是一个范畴词和名词。这样,在"这个白人是动物"中,"人"和"白"都不指代。整个端项指代。这样,即使端项的诸部分是根据或大或小的一般性排列的,从肯定一个端项到肯定另一个端项的推理也不必然是有效的。应该理解,只有当实际上起指代作用的端项是根据一般性的大小排列的时候,支配这类推理的规则才是有效的。这样,从"*Tu es vadens ad forum*"("你去市场了")这个拉丁文句子,人们不能有效地推出"*Tu es existens ad forum*"("你在市场存在"),"*exsistens*"("存在")和"*vadens*"("去")被排列为或多或少一般的,但是端项本身不是这样排列的,因此,这个推理不是有效的。然而,有时这个推理却是有效的,因为有时部分不能被排列为或多或少一般的,除非以它们作构成部分的整体也是这样排列的或是能够被排列的。例如,"白人"——"白动物"和"看见人"——"看见动物"。因此,这种推理常常是有效的,但并非总是有效的。无论如何,是一个命题中一个端项的一部分的东西,在这个命题中不指代,尽管它能够在其他某个命题中指代。

"有意义地使用的"这个表达式排除了所有只起简单或实质作用的范畴表达式;因为既然它们不被有意义地使用,它们就不能人称指代。例如,"'人'是一个名","人是一个种"。

70. 论人称指代的划分

人称指代可以被划分为分离的指代和普通的指代。当指代词项是有意义地使用的表示某个对象的专名或有意义地使用的一个指示代词时,就出现分离的指代。这样的指代产生单称命题,譬如"苏格拉底是人","那个人是人"。如果人们提出反对,说"这株草长在我的花园里"是真的,不过主项没有分离的指代,那么回答是,从字面上理解,这个命题是假的;然而,这个命题的意思是说,"一棵那样的草长在我的花园里",在这个命题中,主项确切地指代。这样,当一个字面假的命题有真的含义时,如果在这种含义上理解它,那么主项和谓项就应该有它们在相应的真命题中所具有的相同的指代。

当一个普通词项指代时,我们就有普通的人称指代,例如,"人跑","每个人是动物"。普通的人称指代被划分为模糊的指代和确切的指代。当通过一个析取命题可以降至特殊的东西时,就出现确切的指代,这样,下面是一个有效的推理:人跑;所以,这个人跑或那个人跑……(如此等等对所有相关的特殊的东西)。采用"确切地指代"这个名,是因为在这样的指代起作用时,断定的是这类相关的命题在某种确切的特殊的东西的情况下是真的。这个特殊的东西本身足以使这个命题是真的。其他任何东西都是不需要的。这样，为了"人跑"这个命题的真，要求相关的单称命题有一个必须是真的。哪一个命题都可以，而且剩下的单称命题是否都是假的也没有关系。然而，常常发生这样的情况：剩下的许多或所有单称命题都是真的。这样，可以采用下面这条规则：每当借助一个析取命题可以降至一个一般词项下特殊的东西时，每当从一个特殊的东西可以推出这样一个命题时，所说的这个词项就有人称确切的指代。因此，在"人是动物"这个命题中，两个端项都有确切的指代；所以，这个人是动物或那个人是动物……（如此等等对所有相关的特殊的东西）。下面也是一个有效的推理：这个人是动物（这里指出某个特殊的人）；所以，人是动物。下面也是一个有效的推理：人是动物；所以，人是这个动物，或人是那个动物……（如此等等对所有相关的特殊的东西）。这还得出，如果人是这个动物，这里挑选出某个特殊的动物，那么人是动物。这样，"人"和"动物"都有确切的指代。

　　人称模糊的指代属于每一个表示人称指代但不是确切指代的普通词项。人称模糊的指代划分为仅仅模糊的指代和模糊周延的指代。仅仅模糊的指代出现在下面的情况：一个普通词项是人称指代并且不可能在没有任一端项变化的情况下借助一个析取命题降至特殊的东西，但是可以借助一个带有析取谓项的命题下降，并且可以从任何特殊的东西推出原初的命题。例如，在"每个人是动物"这个命题中，"动物"这个词有仅仅模糊的指代；因为人们不能借助一个析取命题降至"动物"下特殊的东西。下面不是一个有效的推理：每个人是动物；所以，每个人是这个动物或每个人是那个动物或每个人是……（如此等等对所有相关的特殊的东西）。然而，可以降至一个带有包含特殊东西的析取谓项的命题；因为下面是一个有效的推理：每个人是动物，所以，每个人是这个动物或那个动物或那个……（如此等等对于所有相关的特殊的东西）。这里的结论是一个由主项"人"和谓项"这个动物或那个动物或……"构成的直言命题。显然，这个谓项真谓述每个人，因此，这个全称命题是真的。也可以从"动物"下包含的任何东西推出这个全称命题；因为下面的推理是有效的：每个人是这个动物（无论指出哪个动物）；所以每个人是动物。

模糊和周延的指代出现在下面的情况：假定相关的词项下包含许多东西，这样就可以以某种方式通过一个合取命题下降，而不可能从这个合取命题的任何因素推出原初的命题。这样，"每个人是动物"的主项模糊和周延的指代，因为下面的推理是有效的：每个人是动物；所以这个人是动物，那个人是动物……（如此等等对所有相关的特殊的东西）。然而下面的推理不是有效的：那个人是动物（无论挑选出哪一个）；所以每个人是动物。

我说过，可以以某种方式下降。我这样说是因为并非总可以以相同的方式下降。有时下降可以不改变原初的命题，除非把主项或谓项从普通词项变成单称词项，但是有时只有部分地改变命题才能下降，因此某种既不是普通词项也不是普通词项下包含的词项这样的东西，在一个命题中出现，而在另一个命题中不出现。例如，人们可以从"除了苏格拉底，每个人跑"降至一个单称命题合取式；因为下面的推理是有效的：除了苏格拉底，每个人跑；所以，柏拉图跑，西塞罗跑，……（如此等等对所有不同于苏格拉底的人）。但是在这些单称命题中，缺少某种在全称命题中出现的东西，而且这既不是一个普通词项，也不是一个使普通词项周延的符号；这是关于其对象有例外情况的表达式。这样，在"除了苏格拉底，每个人跑"和"每个人跑"的情况就不可能以相同的方式下降，甚至也不可能降至相同的命题。模糊和周延指代的第一种情况叫作模糊的和周延的可变指代；而第二种情况叫作模糊的和周延的不变指代。

71. 论确切指代的规则

下面我们将考察一个普通词项什么时候有这一种人称指代，什么时候有另一种人称指代。首先我们要考虑名的情况，然后考虑关系代词的情况，因为在这两种情况下使用不同的规则。

首先应该注意，在一个直言命题中，当一个词项不是间接地或直接地（即在这同一个端项部分，或在前一个端项部分）带有使命题的整个端项周延的全称符号时，当一个普通词项不带有否定或者任何与一个否定符号或全称符号相等的表达式时，这个普通词项就确切地指代。例如，在"人是动物"这个命题中，其构成词项不带有全称符号或任何否定或任何涉及否定的表达式或表示普遍性的符号；因此这两个词项都确切地指代。在"一些人跑"的情况下也应该这样说，因为是否加上表示特殊性的符号并不改变一个词项的人称指代，尽管它确实常常使这个词项代表人称的。同样，尽管"动物不是人"表示了一个否定，但是这里的否定并不在"动物"

这个词项之前；因此，"动物"有确切的指代。同样，尽管在"动物是每个人"中出现全称符号，但是这个全称符号并不在"动物"这个词项之前；因此，"动物"确切地指代。凡是在"每个人是动物"中，"人"没有确切地指代，因为它由全称符号周延了。"动物"也没有确切的指代；它间接地跟在这个全称符号的后面。但是，因为在"*Videns omnem hominem est animal*"（"被看见的所有人都是动物"）这个拉丁文句子中，"*omnem*"这个词不使整个主项周延，因此谓项确切地指代。这样，下面的推理是有效的：*Videns omnem hominem est hoc animal；igitur videns omnem hominem est hoc animal vel videns omn em hominem est illud animal vel*……〔被看见的所有人在这里是动物，所以，被看见的所有人在这里是动物，或被看见的所有人在那里是动物，或……〕（如此等等对所有相关的特殊的东西）。但是在"*Omnem hominem videns est animal*"（所有被看见的人都是动物）中，这个符号使整个"*hominem videns*"（被看见的人）周延，因此谓项不代表确切的。在"每一人的驴跑"也出现这种情况，因为这里，谓项只是模糊地指代。然而，在"每一个人的驴跑"中，谓项代表确切的指代。① 在"人不是动物"的情况下，"人"也是代表确切的或确切地指代；但是因为确定动词的否定在"动物"之前，因此"动物"不代表确切的。在"苏格拉底异于人"的情况下，谓项不是确切地指代；因为动词"异于"包含一种否定。

---

① 这里有语言的差异。我们可以这样理解：前一个例子中的"每一"有可能是修饰"驴"的，而后一个例子中的"每一个"肯定是修饰"人"的，因而是有区别的。——译者

72. 回答反对意见

但是以上说明也有一些困难。

（1）首先，假定苏格拉底现在不存在，那么在"苏格拉底过去是人"中，"人"是如何指代的呢？同样，在涉及过去和未来的命题中，在涉及可能和其他模态的命题中，词项是如何指代的呢？这里的疑虑来源于前面的说法：一个词项绝不指代某种东西，除非能够真谓述它。但是如果苏格拉底不存在，"人"就不能真谓述苏格拉底；因为"苏格拉底是人"是假的。在这种条件下，这个词项不指代苏格拉底，因此它不确切地指代。

（2）其次，在下面各命题的情况下都有一个困难："这个白人是人"、"这个唱弥撒曲的是人"、"这创造万物的是上帝"。如果我们假定没有人是白的，没有人在唱弥撒曲，上帝不创造万物，那么我们应该说：相关的这些主项指代什么对象呢？似乎它们不指代任何它们所意谓的东西，因为它们不真谓述这些东西。它们也不指代自身，因为如果指代自身，它们就不会有人称指代。但是这样，它们就不确切地指代任何东西，因而它们没有确切地指代。

（3）第三个困难与"一匹马是答应给你的"（"A horse is promised to you"）和"20 英镑是该你的"（"Twenty pounds are owed you"）中的主项表现出来的指代形式有关。困难的根源在于下面的事实：如果这些词项指代它们之下所包含的东西，这些命题似乎就是假的，因为相关的单称命题个个都是假的。在这种条件下，如果主项确切地指代，这些命题结果各个都是假的。

（4）第四个困难与像"他丧失了视力"和"他生来能够拥有视力"这样的命题有关。

（5）第五个困难是：在"属和种是第二实体"中，谓项有什么样的指代？

（6）第六个困难与像"行为是心灵之外的东西"、"关系是实在的东西"和"创造实际上是与上帝相同的东西"这样的命题有关。

（7）第七个困难与"他过去两度是白的"这个命题有关；因为看上去"白的"在这里不确切地指代。

（8）第八个困难是：在"只有是动物的是人"中，主项和谓项是如何指代的？

在下面那样的命题中也有困难："传道士这样说"、"英国打仗"、"喝了这杯"、"船在海上"、"你的慈心表现为仁慈"、"国王的宽厚治国"。

回答（1）

对第一个困难的回答是：在所有这样的命题中，词项人称地指代。这样就应该理解，当一个词项指代的东西是它所意谓的东西或者现在是、过去是、将来是或能够是它所意谓的东西时，它就是人称指代。我前面的说法就应该以这种方式理解。正因为如此，我在前面说，"意谓"在某种意义上可以以这种方式使用。然而应该注意，一个词项指代的东西不能就任何动词而言是现在不是它所意谓的东西。尽管它指代的东西能够就任何动词而言是它在严格的意义上所意谓的东西，但是它指代的东西只能就过去时动词而言过去是其所意谓的东西。因此，人们必须总是区别带有过去时动词的命题的情况，因为相关的词项指代的东西可以是现在是它所意谓的东西,或者是过去是它所意谓的东西。同样,只有根据将来时动词,一个词项指代的东西才能将是它所意谓的东西。这样,在一个有将来时动词的命题中,人们必须区别:词项是指代现在是其所意谓的东西还是指代将是它所意谓的东西? 而且,一个词项指代的东西不能是现在不是但能够是其所意谓的东西,除非根据一个具有可能性或偶然性的动词,因此每当命题容纳了这样的动词时,我们必须总是区别:主项是指代现在是的东西还是指代能够是或偶然是的东西? 这样,人们必须在下面各个命题的情况下作出区别:"每个人过去是白的"、"每个白的东西将是人"、"每个白的东西能够是人"、"每个人跑是偶然的"。

然而应该理解,这种相关的区别与谓项无关,而只与主项有关。这样,在下面两个命题的情况下就不必作出区别:"苏格拉底过去是白的"、"苏格拉底能够是白的"。原因在于,谓项指称它的形式。不应把这理解为意谓着谓项指代自身或指代相关的概念。重要之处在于,在命题涉及过去的地方,断定的是:谓项(在其正确的形式下)谓述主项指代的东西(或谓述指这个东西的代词)这样一个命题过去曾是真的。如果命题涉及未来,断定的就是相关的命题将是真的。如果命题涉及可能,断定的就是相关的命题是可能的,而且在是必然的、不可能的、本质的、偶然的命题,以及其他模态命题等等的情况下也是同样。例如,对于"这个白的过去是黑的"的真来说,不要求这个白的是黑的过去总是真的。在指"这个白的过去是黑的"中主项指代的东西的地方,要求的是"这是黑的"过去一度是真的。同样,对"这个真的将是不可能的"的真来说,"这个真的是不可能的"不必然总是真的。相反,在指"这个真的将是不可能的"中主项指代的东西的地方，"这是不可能的"必然将是真的。这种说明也适合其他情况。在论述命题和推论的时候，我将更详细地考虑它们。

关于"苏格拉底过去是人"，我说谓项指代苏格拉底。这种观点也适合所有与过去、将来和模态有关的命题的情况。在这样的命题中具有人称指代的词项，指代那些现在是、过去是、将来是或能够是其指代物的东西；而且，如果没有任何符号、否定或其他一些这样的表达式的妨碍，它们就确切地指代。

但是在这种情况下，对这种反对意见的回答就是：正确地说，一个词项只有真谓述某个东西，它才指代它。但是这不是说，一个词项只有借助一个过去时动词真谓述某个东西，它才指代它。在它就过去时动词指代一个东西的地方，它借助过去时动词真谓述这个东西就足够了。如果它就将来时动词指代，就要求它以将来时动词真谓述，如此等等还有其他许多情况。这样，假定尽管没有人现在是白的，苏格拉底以前却是。那么，如果"这个白的东西过去是人"中的"白的东西"被当作以前是的东西，它就指代苏格拉底。因此，它真谓述苏格拉底，但不是以现在时动词。这里的谓述适合于过去时动词；因为"苏格拉底过去是白的"这是真的。

但是困难依然存在。在"苏格拉底过去是白的"中，谓项指代什么呢？如果它指代现在是的东西，这个命题就是假的。这里的回答是谓项指代过去是的东西，无论它们现在是否依然是；因此对于我前面阐述的规则——在任何发生这种情况的命题中，一个词项总是确实指代或者能够指代现在是的东西——有一种例外情况。我的意思是说，那条规则只适合命题的主项。在谓项的情况下,它不是普遍有效的。这样,假定任何人现在都不是白的,但是许多人过去是白的。那么,在"这个人过去是白的"这个命题中,谓项不能指代现在是的东西,而只能指代过去是的东西。这样,在涉及过去的命题中,谓项除了指代过去是的东西,一般不指代任何东西。在涉及未来的命题中,谓项只指代将来是的东西。然而根据上述情况,相同的谓项必然要谓述主项以上述方式指代的东西。

回答(2)

对第二个困难的回答是:如果没有人是白的,并且如果没有人唱弥撒曲,如果上帝不创造万物,那么前面那些命题的主项就不指代任何东西。然而,它们被有意义地使用,因为一个词项能够被有意义地使用或能够以两种方式人称地指代:要么这个词项指代一个或多个其所意谓的东西,要么这个词项被断定为指代或不指代某个东西。这样,如果它不指代任何东西,这个命题就是假的。然而在否定命题中,断定的要么是这个词项不指代某个东西,要么是它指代谓项真否定的某个东西。这样,一个否定命题的真有两个理由。例如,"人不是白的"这个命题的真有两个理由:因为要么没有人,要么没有人能够是白的;要么有人,但他不是白的。但是,如果没有人是白的,那么"这个白人是人"的主项有意义地和人称地指代,不是因为它指代某个东西,而是因为它被断定为指代某个东西。这样,既然断定的是词项指代某个东西,那么它指代某个东西这一事实的结果就是这个命题是假的。如果我在前面有一些论述显得与这里的说明不一致,那么应该把它们理解为适用于肯定命题,因为如果一个词项在一个真的肯定命题中人称地代表某物,那么它以前面描述的方式指代一些它所意谓的东西。

人们可能坚持认为"指代"和"不指代任何东西"这些概念是不相容的,因为下面的推理是有效的:这个词项指代;所以,它指代某个东西。回答是:这个推理不是有效的。然而,下面的推理却是有效的:这个词项指代;所以,它被断定为要么指代某个东西,要么不指代任何东西。

回答(3)

对第三种反对意见的回答是:严格地说,"一匹马是答应给你的"和"20英镑是该你的"这两个命题是假的,这从归纳看是显然的。然而,如果我们把有问题的词项移到相关命题的谓项一边,就有办法表达这些命题,使它们不产生困难。一旦移动了这些有问题的词项,就必须说,跟在相关动词后面的词项依据这些动词的力量,有仅仅模糊的指代。这样就不可能以析取的方式降至特殊的东西,而只能借助一个析取的谓项降至特殊的东西,这个谓项不仅列举出现在的对象,而且列举出将来的对象。这样,"我答应你一匹马;所以,我答应你这匹马或我答应你那匹马或……"(如此等等对所有相关的特殊的东西)这个推理不是有效的。然而,下面的推理是有效的:"我答应你一匹马;所以,我答应你这匹马或那匹马或……"(如此等等对所有相关的特殊的东西,不仅包括现在的马而且包括将来的马)。我们之所以必须列举现在和将来的马,是因为所有这样的动词分析到底,实际上容纳了一个将来时动词。这样,"我答应你一匹马"等同于"你将从我得到一匹马作为礼物",因而在"我答应你一匹马"中,"马"这个词指代未来的马,恰如在"你将有一匹马"中,马指代未来的马一样。

但是在"我答应你一匹马"中,"马"有所谓的仅仅模糊的指代吗？回答是，"马"严格地说不表示仅仅模糊的指代。它根本不指代，因为它仅仅是一个端项的一部分。我在前面阐述的关于确切指代的规则，仅仅是关于在严格意义上指代的表达式，即关于命题的端项阐述的，而不仅仅是关于端项的一部分阐述的。然而，扩展这种用法，就可以说，"马"这个词有仅仅模糊的指代；因为它跟在这类相关的动词后面。普遍地说，普通词若是跟在这类相关的动词后面而且只是端项的一部分，就总是有仅仅模糊的人称指代，没有确切的指代。

这样就应该注意，现在时、过去时或将来时的这类命题有时使动词得到一种力量，以致断定的是把普通词项置于端项一边的某个命题将是或应该是真的。在这种条件下，断定的不是某个把普通词项下包含的特殊词项置于谓项一边的单称命题将是真的。在这类情况下（如果我们扩展"指代"这个术语，使得端项的一部分可以指代），普通词项就不是确切地指代；因为不可能通过一个析取命题降至特殊的东西，而只能借助这样一个命题，它带有一个析取端项，或带有一个含析取部分的端项。这样，给定了"我答应"的力量，"我答应你一匹马"就断定"我给你一匹马"（或类似的东西）将有时是或应该有时是真的。这不是断定一个像"我给你这匹马"（这里指某匹特殊的马）这样的命题将是或应该是真的。这样就得不出，如果我答应你一匹马，那么我答应你这匹马或我答应你那匹马。这种情况也适合于"我该你20英镑"这种情况。

这样，一方面应该承认"我答应你一匹马"，另一方面，严格地说不应该承认"一匹马被答应（给）你"。原因在于在"一匹马被答应（给）你"中，"马"这个词是主项，而不是主项的一部分。这样，它

必然是确切地指代;因为这个词项前面没有(全称)符号,没有否
定,也没有任何这样的表达式。结果人们必然能够降至特殊的东
西。但是在"我答应你一匹马"中,"马"这个词不是一个端项,而是
端项的一部分。整个谓项是"答应你一匹马",因为"我答应你一匹
马"等价于"我是答应你一匹马的",而这里"马"只是端项的一部
分。这个词项不必表示所谓的指代这种东西。这样,它不必确切
地指代结果,人们不必能够降至这类相关的析取命题。

但是,就端项的一部分不可能下降吗?回答是有时可以下降。
这样,下面的推理是有效的:他把一匹马给苏格拉底;所以,他把这
匹马给苏格拉底或者他把那匹马给苏格拉底或者⋯⋯(如此等等
对于所有相关的特殊的东西)。但是。有时为了现在这种情况所
包含的某个特殊原因,不可能下降。这样,尽管应该承认"我答应
你一匹马",但是严格地说,不应该承认"一匹马被答应(给)你"。
然而,由于它一般被当作意味着"某人答应你一匹马",所以可以承
认它。但是我们将在论述命题时再考虑"某人答应你一匹马;所以
一匹马被答应(给)你"这个推理为什么不是有效的。

回答(4)

对第四个困难的回答是:在"他被剥夺了视力"这个命题中,
"视力"这个词实际上不指代。原因在于它只是一个端项的一部
分。然而,从它能够指代的程度上说,它模糊和周延地指代;因为
这个命题等同于"他没有视力",这里"视力"是以模糊和周延的方
式否定表达的。然而,并非在对原初这个命题的分析所包含的某
个命题中它都是模糊和周延地指代的。这样,在"他生来可能有视
力"这个肯定命题中,可以说它以某种方式确切地指代那些过去一

度是可能的东西。然而,它不指代所有这样的东西,而仅指代那些过去能够属于所说的这个人的东西。

回答(5)

对第五个困难的回答是:严格地说,尽管"属和种是实体"是假的,人们还是可以承认"属和种是第二实体"。这里"第二实体"这个词人称和确切地指代。因为"第二实体"这个名被用来意谓指示实在的实体的第二意向。这样,若说"实体"能够有简单指代,尽管如此却指代属和种,则是错误的。但是,如果有时人们发现一位作者说属和种是实体,那么对这种说法应该作如下解释:要么这位作者以产生的行为理解被意谓的行为,以致他说的"属和种是实体"意味着"'实体'谓述属和种",这里被意谓的行为是在像"人是实体"、"动物是实体"等等这样的命题中产生的。要么人们应该通过指出"实体"正在被多义地使用,以此来解释这位作者的说法。因为词项有时意谓一些现实的东西,这些东西与所有实在的偶性和所有第二意向实际上是不同的。在那种用法中,"实体"被恰当地使用。但是有时它意谓一些意向,这些意向表示被称为第一种意义上的实体。如果以这种方式解释,人们就应该承认"属和种是实体"这个命题,人们也应该承认,在这种解释下,"实体"是人称指代;然而,这不是恰当地使用的,而是不恰当地并且是在一种扩展的意义上使用。

回答(6)

对第六个困难的回答是:不同的人以不同的方式使用这样抽象的名,有时他们用它们表示事物,有时用它们表示名。如果它们是在第一种方式上使用的,那么就应该说,根据亚里士多德的观点，它们和与它们相应的具体的名指代相同的东西。这样，"火是原因"等同于"火是原因性"。同样，"这个人是父亲"和"这个人是父性"是等价的。确实，在亚里士多德和其他许多哲学家提供的说明中，凡用抽象的名意谓相同的东西的地方，具体的名和抽象的名是同义表达式。

这也不应该令人感到奇怪。以"创造是实在的东西"这个命题为例。"创造"要么指代某个东西，要么不指代任何东西。如果它不指代任何东西，那么将没有真正的命题或者这个命题将是假的。如果它指代某个东西，那么它指代一个外在对象，或一个心灵中的东西，或某个作为这些东西的聚集物的东西。如果它指代一个外在对象，那么这个对象是什么？它只能是上帝；所以"创造"和"进行创造"同样指代上帝。这种说明适用于所有其他这样的情况。一些人认为这个词项指代一种原因关系，但是它不可能指代心灵中的某种东西，因为否则"创造是实在的东西"就会是假的。同样，创造只会存在于心灵中，而且只是由于心灵形成这种相关的原因关系的行为，上帝才会是有创造性的。根据这种逻辑，人们可以坚持认为，"热—感应"指代这样一种是或原因关系。没有任何充分的理由说明，为什么这样一种关系应该在被创造出的原因中，而不在不被创造出的原因中。因此，根据哲学大师的观点，没有任何东西可以被一种具体词项意谓或意味，即这样一种词项，它不是由相关的抽象的名以相同方式所意谓或意味的。因此对他来说，如果它们都被用来意谓一个东西，它们就是同义的名。

人们也不能说，意谓的方式妨碍了同义。意义方式的多样性并不阻碍同义，除非由于意义方式的多样性，某种东西被一个名意谓或意味,却不被另一个名以相同的方式意味或意谓。在"人"、"人的"和"人们"这些词就发生这种情况。在"人"和"能笑的"这些词,在"理性"、"意志"和"心灵"这些词也发生这种情况。在"创造"、"统治"、"指责"、"生活"这些词,以及其他一些谓述相同东西却不同义的词,同样发生这种情况。如果意义方式的多样性本身会是同义的一种障碍,我就要说,"story"("故事")和"tale"("故事")不是同义的,因为"story"以"y"结尾,"tale"不以"y"结尾。在其他许多情况下也是如此。这样,诸如词性或词类这样的语法特征中的差异不妨碍同义。

　　然而,凡有严格地叫作意义方式变化的地方,都没有同义。但是在目前这个例子中却没有这样的变化。这是显然的。一个具体的名和一个抽象的名如果不是第一类抽象的名和具体的名,就可以有完全相同的意义方式。(见本文开始时相关的章节。)这样,当相关的抽象的名被有意义地用来表示东西,它们在亚里士多德看来是与其具体的形式同义的。然而,神学家们可能发现在一些这样的情况下,但不是在所有这样的情况下,必须提供一种不同的说明。

　　另一方面,有时这类抽象的名被用来意谓它们具体的形式。"剥夺"、"否定"、"矛盾"和其他类似的词就是以这种方式使用的。这样,在"人是关系"中,"关系"这个词有意义地指代并且指代关系的名。同样,"类似性"有时指代关系的名——"类似"这个关系的名。"创造"有时指代"进行创造"这个名,"量"有时指代"实量"。在亚里士多德看来,在抽象的名和具体的名不指代不同的东西的许多场合,情况都是如此。因此,正像我们承认"实在的东西"这个谓项谓述这样抽象的名一样,我们应该承认它们具体的形式谓述它们,而且它们和具体的形式指代相同的东西。因为正像至此常常说到的那样,如果这样抽象的名是第一意向的名,那么据我对亚里士多德的观点的理解,它们将是与它们具体的形式同义的名。正因为这样,才有极少数几个这样抽象的名为亚里士多德所采用,因为他把下面那样的表达式解释为同义的:"man"("人")—"humanit"("人性")、"cow"("母牛")—"cowness"("母牛性")、"quantum"("实量")—"quantity"("量")、"relative"("关系的")—"relation"("关系")、"similar"("类似的")—"similarity"("类似性")、"father"("父亲")—"paternity"("父性")、"two"("二")—"duality"("双重性")、"three"("三")—"trinity"("三元性")。但是有时,使用这些词项的人把抽象的名用作第二意向或第二指定的名;在这些情况下,没有同义。

然而,另一些人声称,所有这样抽象的名都意谓实际不同的东西或原因关系,而且它们指代这样的东西。

回答(7)

对第七个困难的回答是:在"苏格拉底过去两度是白的"中,有一个容纳了否定的表达式,即"两度"这个表达式。这样,给定了这个表达式的力量,"苏格拉底过去两度是白的"就有否定说明;因为这个命题等同于"苏格拉底过去先是白的,后来他不是白的,再后来他是白的"这个命题。因为这个命题含有一个否定表达,这个词项就不仅仅是确切地代表。结果,不可能借助一个析取命题降至表达谓项所指代的东西的代词或专名。

在"苏格拉底开始是白的"和"人不再是有文化的"这样的命题中,而且一般来说在含有否定说明的命题中,情况都是如此。

回答(8)

"只有是动物的是人"这个命题同样容纳了一个排除表达,因此含有否定说明。但是主项和谓项都不确切地指代。

对第八个困难的回答是,如果严格地理解它们,那么相关的词项恰恰像它们在其他命题中那样指代。然而,使用这些表达的人以某种方式应用它们,从而使它们指代与它们通常的指代物不同的东西。

73. 论仅仅模糊的指代

我们已经检验了确切的指代,现在我们要检验仅仅模糊的指代。这里有几条规则是有效的。

首先,每当一个普通词项间接地跟在一个全称肯定符号之后,它就有仅仅模糊的指代。就是说,在一个肯定的全称命题中,谓词有仅仅模糊的指代。这样,在"每个人是动物"和"每个人是白的"中,谓词有仅仅模糊的指代。但是,每当一个全称符号放在主项一边,而命题不是一个全称肯定命题或全称符号不使整个主项周延,谓项就没有仅仅模糊的指代。例如,在"看见每个人是动物"中,"动物"这个词是确切的;因为全称符号不使整个主项周延,它也不得出一个全称命题,因而谓项不是仅仅模糊的。同样,"所有创造物的造物主是一个是者"①中,"是者"这个词有确切的指代,没有

---

① 原文是"*creator omnium creabilium est ens*",英译文为"The creator of all crea-tures is a being"。——译者

仅仅模糊的指代。

另一条规则是：当一个全称符号或一个容纳了全称符号的表达式在一个位于命题主项一边的词项之前却不确定联项之前的整个表达式，这时在联项这边跟着的词项就是仅仅模糊的。我们至少在下面的情况下是可以这么说的：即我们扩展这个词项，使端项的一部分可以代表或指代。在相关的情况下，不可能在这个词项下降至一个析取命题。这在"每时每刻某种创造出来的东西是"中是显然的。这在"亚当以后每时每刻人都是"中也是显然的。这里，"人"这个词有仅仅模糊的指代；因为如果它是确切的指代或模糊和周延的指代，这个命题就会是假的；因为这些相关的单称命题个个都是假的，这从归纳看是显然的。这一点在"直到世界末日动物都将是"和"直到世界末日驴都将是"中也是显然的。在"直到世界末日人都将是"的情况下和在"整天某个人是在室内"（假定我们规定不同的人白天在不同的房间）的情况下，也应该如此。这一点在"人过去永远是"、"人将永远是"①和如此等等的例子中也是成立的。我不考虑这些命题严格地说是不是真的。重要的是说明它们的含义。

在阐述这条规则时，我作出规定：相关的助范畴词不应确定整个端项，因为如果它确定整个端项，这条规则就不成立。在"每条这个人的驴跑"中，这是显然的。这里"每条"这个词确定整个"这个人的驴"，它既不是仅仅确定"驴"，也不是仅仅确定"人"。同样，

---

① 原文是"*semper fuit homo*"，"*semper erit homo*"；英译文为"Always a man existed"，"Always a man will exist"。——译者

在"每个人的驴跑"中,助范畴表达式使整个"人的驴"周延;因此这两个词只是由一个周延表达式周延的。像"白人"和"白动物"这样的词也发生这种情况。但是在"整天某人是在室内"和"在亚当以后每时每刻有的人是"中,情况是不同的;因为"在亚当以后有的人……"这整个表达式不能作任何动词的主语,而整个"人的驴"和整个"这个人的驴"可以是任何动词的主语。

但是,我关心的不是这些命题实际上是不是真的。我要说明的论点是,在同一个端项内,全称肯定符号间接地在一个普通词项之前,在这种情况下,就不可能降至这个普通词项之下包含的东西。这个下降在系词式的或析取式的情况下是不可能的,如果这个普通词项本身是一个有仅仅模糊的指代的命题的整个端项,这个下降同样是不可能的。应该理解,这条规则在下面的情况下是有效的:直接跟着助范畴词的词项和间接跟着助范畴词的词项属于不同的情况;或者它们不是作为形容词和名词联系的。如果它们是作为形容词和名词联系的,就不可能降至在这两个词项任一个之下包含的东西。这样,在"每个白人是白的"中,不可能以系词式的方式降至这两个词项任一个之下包含的词项。否则处于第一种情况,因为那里可以降至直接跟在全称符号后面那个词项下包含的所有东西,而不降至另一词项下包含的东西。然而,仅这两个词项本身各自都没有确切地叫作指代的东西;只有这两个词项构成的整体才指代。例子是"每个人的动物跑"和"*Omnem hominem videns est animal*"("每个被看见的人是动物")这个拉丁文例子。

第三条规则如下:一个排他式肯定命题的词项总有仅仅模糊的指代。这样,在"只有是动物的是人"中,"动物"有仅仅模糊的指代,恰如在与它可互换的全称肯定命题"每个人是动物"中,"动物"有仅仅模糊的指代。

74. 论模糊和周延的指代

在模糊和周延的指代的情况下,有几条规则成立。首先我们要考察支配模糊和周延可变的指代的规则。

第一条规则是:在每一个既不是排他式也不是例外式的全称肯定和全称否定命题中,主项有模糊和周延可变的指代。在"每个人跑"和"没有人跑"中,这是显然的。

第二条规则是:在每一个这样的全称否定命题中,谓项是模糊和周延的。

第三条规则是:当一个确定命题主要构成的否定在谓项之前时,谓项是模糊和周延的。这样,在"人不是动物"中,"动物"这个词是模糊和周延的。然而,"人"是确切的。

第四条规则是:一个直接跟在"有别于"和"不同于"这些动词,或与这些动词相应的分词,或"异于"这个名,或与任何这些词等价的表达式之后的词项,是模糊和周延的。这样,下面是一个有效的推理:"苏格拉底不同于人;所以,苏格拉底不同于这个人"(这里的所指可以是任何人)。同样,在"苏格拉底有别于人"、"苏格拉底是与人有别的"和"苏格拉底是异于人的"中,"人"有模糊和周延的指代。

然而,应该注意,上述规则只在下面的情况下才是有效的:如果取消否定符号或相关的动词或名,所考虑的词项就不会是模糊和周延的。因为如果当这样的表达式有一个被取消时,这个语词应该是模糊和周延的,那么加上这样一个表达式,它就会是确切的。这在"苏格拉底是每个人"中是显然的。这里,谓项"人"是模糊和周延的;因此,如果它前面有一个否定,它就是确切的,比如"苏格拉底不是每个人";因为如果苏格拉底不是那个人(这里指任何人),那么就得出,他不是每个人。这一点在其他表达式的情况下也成立。

因此,下面的规则是真的:凡使不变的成为可变的,也使可变的成为不变的。这就是说,如果一个表达式加到一个不变的词项上就使这个词项成为可变的,那么它加到一个可变的词项上就使它成为不变的。这样,在"苏格拉底是人"中,"人"是不变的;但是如果给它加上一个否定("苏格拉底不是人"),这个词项就是可变的。因此,如果一个词项在没有任何否定时是可变的,那么后来当它加上一个否定时,它就是不变的。以"苏格拉底是每个人"为例;这里,"人"这个词是可变的;因此,在"苏格拉底不是每个人"中,"人"是不变的。对于"苏格拉底有别于每个人"和"苏格拉底是异于每个人的"的情况,也应该这样说。

一条普遍的规则是:如果任何东西使一个词项成为模糊和周延的,那么它要么是一个全称符号,要么是一个否定,要么是一个等同于否定的表达式。然而,并非总发生一个容纳了否定的词项使一个词项成为可变的这样的情况。这在一个命题的包含表达式的情况下是显然的,因为这里模糊和周延地指代的不是主项而是谓项。然而,在一个排他式否定命题中,主项加了排他表达式,这时主项和谓项都有模糊和周延的指代。

关于模糊和周延不变的指代,应该注意,一个例外命题的主项总是有这种形式的指代。这在"除苏格拉底外每个人跑"中是显然的。这里,"人"这个词项模糊和周延地指代,但不是可变的,因为仅凭一个单称词项替代普通词项和全称符号而改变原来的命题,是不可能降至特殊的东西的。下面的推理不是有效的:除了苏格拉底,每个人跑;所以,除了苏格拉底,那个人跑。因为正如后面将说明的那样,这个推论是不合适的。然而应该注意,可以以某种方式降至所有相关的特殊的东西,但不是以相同的方式。这样相关的命题有一个将是否定的,其他所有的是肯定的。这样,下面的推理是有效的:除了苏格拉底,每个人跑;所以苏格拉底不跑,并且所以,这个人跑并且那个人跑并且……(等等对于所有相关的异于苏格拉底的特殊的东西)。对此负责的是这种例外表达式。

75. 带有"开始"和"两度"这样的表达式的问题

但是关于我们前面考虑的"苏格拉底停止是白的了"、"苏格拉底两次在罗马"、"苏格拉底三次是黑的"和"苏格拉底开始是有文化的了"这样的命题有一个问题。这个问题是:这些命题的谓项如何指代?

显然,它们不确切地指代,因为不可能下降到一个析取命题。这样,下面的推论不是有效的:苏格拉底开始是有文化的了;所以苏格拉底开始是这个或他开始是那个……(依次指谓项指代的所有东西);因为前件可以是真的,而后件的各个要素是假的。因而它不确切地指代。

它们也不模糊而周延地指代,因为下面的推理不是有效的:苏格拉底开始是有文化的了;所以苏格拉底开始是这个有文化的个体(这里指的是柏拉图)。这样,我们就没有模糊和周延的指代。

它们也不仅仅模糊地指代,因为不可能借助一个带有析取谓项的命题下降到特殊的东西。这样,下面的推理不是有效的:苏格拉底开始是有文化的了;所以,他开始是这个有文化的个体或那个有文化的个体或……(等等对于所有有文化的个体)。这个推理无效的原因在于:前件可以是真的,而后件可以是假的。

可以说,这种命题中的谓项(以及跟在动词、形容词或名词后面的词项)既没有确切的指代,也没有仅仅模糊的指代,同样没有模糊和周延的指代。它有一种我们不知叫什么的不同形式的指代。

这种形式的指代与仅仅模糊的指代有一点是一致的,即它们都可以从一个指处于一个普通词项下的任何特殊的东西上升到这个普通词项本身。这样就得出:如果每个人是这个(这里指某个动物),那么每个人是一个动物。同样,如果苏格拉底开始是这个(这里指某个有文化的个体),那么他开始是有文化的了。

但是这种形式的指代与仅仅模糊的指代有一点区别,即它不可能下降到一般词项所指代的东西的专名的析取。因为得不出:如果苏格拉底开始是有文化的了,那么他开始是这个或那个或那个或……(这里依次指所有有文化的个体)。

它与确切的指代的区别在于不能借助一个析取命题下降。

这样的词项之所以不具备以上形式的指代,是因为含有这样词项的命题等价于各由两个或多个命题构成的合取命题。这些命题有相同的主项，然而至少其中有一个命题是肯定的，有一个命题是否定的，致使在这些命题中相同的词项有不同形式的指代。所以，在其各部分是不同说明要素的命题中，这些词项没有任何正常形式的指代。例如，"苏格拉底开始是白的了"等价于"苏格拉底以前不是白的并且现在第一次是白的"这个合取命题。在"苏格拉底是白的"中，"白的"这个词确切地指代；而在"苏格拉底过去不是白的"中，由于前面这个否定，它有模糊和周延的指代。

　　有人可能会说，这样分析的一个推论是：在"只有是动物的是人"中，主项不会有仅仅模糊的指代。这里的要点将会在于：由于这个命题等价于一个由一个肯定命题和一个否定命题构成的合取命题，主项在这个合取命题的各个支命题中就会有不同形式的指代。对此应该回答说，在排他的肯定命题中，主项有仅仅模糊的指代，因为尽管这个命题的说明要素的主项有不同形式的指代，这些主项与原来排他命题的主项不是同一的；而且由于肯定的说明要素和否定的说明要素的主项与排他命题的主项是不同的，这个主项只能是这三种指代形式中的一种。然而，在"苏格拉底开始是有文化的了"、"苏格拉底停止是白的了"，以及"苏格拉底两次是黑的"中，同一个词项是说明要素中的主项，也是隐含那些说明要素的命题的主项。

76. 论关系词的指代

　　我们已经检验了绝对的词项的指代，现在我们要检验关系词的指代。这里,我在语法学家而不是逻辑学家使用的意义上使用"关系"这个术语。在这种意义上,一个关系词是一个指一个先行词的表达式。

首先应该注意,正像语法学家使用这个词一样,有一些实体关系词和偶性关系词。"他"、"那个"和"相同的"是实体关系词。那些以某种方式得自偶性或从偶性导出的表达式叫作偶性关系词。例如,"这样的"、"这样一类的"和"如此之多"。在实体关系词中,有同一关系词和差异关系词。在同一关系词中,有些是相互关系词,有些不是。

非相互关系词包括像"他"和"相同的"这样的表达式。关于这些关系词,有一些规则是有效的。首先,它们总是指代它们的先行词指代的东西;因而如果说它们适合某种东西,那么它们适合于与它们的先行词相同的东西。这在"苏格拉底跑并且他争论"中是显然的。对于这个合取式的真,要求第二部分适合于第一部分相同的东西。在"人是种并且它谓述许多东西"的情况下,也是同样。

应该注意,这种关系词绝不应放在与其先行词相同的直言命题中。这样,在"苏格拉底是他"中,"他"这个词是一个指示代词而不是一个关系代词。

还应该注意,当一个关系词的先行词是一个具有人称指代的普遍词项时,人们绝不能通过这个先行词替代这个关系词来产生一个与原初的命题可互换并且等价的命题。这样,"人跑并且他争论"和"人跑并且人争论"不是等价的。但是在其他情况下,可以这样替代,因为"苏格拉底跑并且他争论"和"苏格拉底跑并且苏格拉底争论"是等价的。

还应该注意,一个否定绝不使一个关系词成为模糊和周延的。相反,一个关系词总是恰恰指代它的先行词所适合的或被断定为适合的那个东西。这样,虽然"某人是柏拉图并且苏格拉底不是他"是真的,由此却推不出苏格拉底不是人。这里所要求的只是"苏格拉底不是柏拉图"是真的。这样,严格地说,下面两个命题可以同时是真的:"某人跑并且苏格拉底不是他"和"某人跑并且苏格拉底是他",因为如果苏格拉底和柏拉图都在跑,这两个合取式就都是真的。

关于相互同一关系词,应该注意,它们与其他关系词的区别在于它们可以毫无区别地被放在与它们的先行词不同或相同的直言命题中。这在"他自身"或"他的"的情况下是显然的,因为"苏格拉底争论并且看见他自身"和"苏格拉底看见他自身"都是合式的。下面的句子也是合式的:"苏格拉底看见他的驴"和"苏格拉底跑并且他的驴走"。

应该注意,有时候一个关系词是端项的一部分,有时候它是一个端项。当它是一个端项时,它直接在动词之前或跟在动词之后,它指代它的先行词所指代的东西。例如,"苏格拉底看见他自身"和"每个人看见他自身"。但是,当它是端项的一部分时,它不指代他的先行词所指代的东西。相反,它指代的是它附加的那个东西所表示的某种东西。这在"苏格拉底争论并且他的驴跑"中是显然的。这里,"他的"这个词不指代苏格拉底;它指代苏格拉底的驴,而不是其他某一头驴。

还应该注意,这种关系词与其先行词具有同类的指代并且与其先行词指代相同的东西。然而,当它的先行词模糊和周延地指代或者确切地指代时,它有类似形式的指代,但是以单称的方式表示这一点——指特殊的东西到特殊的东西。因此,不可能以合取或析取或任何不涉及先行词下包含的某种东西的方式下降。例如,在"每个人看见他自身"中,"他自身"这个词借助模糊和周延可变的指代指代每个人;但是它是以单称的方式指代的,因为不改变另一个端项是不可能下降的。这里得不出,如果每个人看见他自身,那么每个人看见苏格拉底。然而,这里就苏格拉底而言可以降至苏格拉底。例如,"每个人看见他自身;所以,苏格拉底看见苏格拉底"。然而,这种情况与像"人是动物"这样的命题不同。同样,在"人看见他自身"中,"他自身"这个词确切地指代,却是单称的,因为只能以下述方式下降:"人看见他自身;所以,苏格拉底看见苏格拉底或柏拉图看见柏拉图或……"(如此等等对所有相关的特殊的东西)。也可以上升,但不是以下述方式:人看见柏拉图;所以,人看见他自身。上升应该是这样的:苏格拉底看见苏格拉底;所以,人看见他自身。

　　显然,当这种关系词间接地跟在全称符号后面时,它有模糊和周延的指代,然而只是单称的。同样,在一个直言命题中,由于在一个关系词的先行词上加了全称符号,这个关系词(无论是不是相互的)就有模糊和周延的指代。同样是以这种方式,即使在相关的直言命题中没有全称符号,而且假定在先行的直言命题中,全称符号间接地在其先行词之前,这种词项就有仅仅模糊的指代。这在"每个人是动物并且每条驴看见他"中是显然的。

　　关于相异的关系词应该注意,一个表达式叫作相异的关系词,因为它不是真谓述与其先行词相同的东西。这在下面的指两个矛盾命题的例子中是显然的："他们中的一个是真的,另一个是假的。"这里,"另一个"真谓述某种东西,而它在"它们中的一个是真的"中的先行词不真谓述这种东西。

在亚里士多德看来,像"如此的"、"这样的"和"多少(多么)的"这样的关系词叫作偶性关系词,不是因为它们指代偶性,而是因为它们指代某种东西,同时意味某种可以以不同于表示是什么的方式谓述的东西。应该注意,这种关系词既不指代也不适合它的先行词所适合的东西。它指代某种与它的先行词所指代的东西不同但是类似或等价的东西。这在"苏格拉底是白的并且柏拉图是这样的"中是显然的。这里,"这样的"这个词不指代苏格拉底,而指代某种类似于苏格拉底的东西。在"苏格拉底和柏拉图跑并且他们同样争论"中也是如此。"同样"这个词不必然指代苏格拉底和柏拉图,也不必然指代"跑"所指代的东西,它可以指代其他东西。在"苏格拉底是六英尺高并且柏拉图是如此"的情况下也是这样。这样就应该注意,这种关系词可以指代相同的东西,但是这不是必然的。还应该注意,这种关系词的先行词常常是或者总是一个处于量或质的属中或者处于其他某种偶性范畴之中的名。

77. 论不恰当的指代

当一个词项指代它恰当意谓的东西时,就产生恰当的指代。同样,当不恰当使用一个词项时,就产生不恰当的指代。

不恰当的指代有许多形式。有换称,在换称中,一个词项指代它最经常专门从属的东西。例如,"这位使徒这样说"、"哲学大师否定这一点",等等。有提喻,在提喻中,一个部分指代整体。另一种不恰当指代的形式是转喻,在转喻时,包含某物的东西指代被包含的东西,或者偶性的抽象形式指代主项,等等。

这样,就必须确定什么时候一个词项和一个命题被当作字面理解,什么时候说出或写下它们的人在以不同的方式使用它们。原因在于,在哲学家、圣徒或作家们的著作中的不同地方,几乎很少有词项不是以某种方式有歧义地使用的。那些总想单义地并且仅仅在一种意义上理解一个词项的人,常常错误地理解作家们的意图并在探究真的过程中误入歧途,因为几乎所有词项的用法都是有歧义的。

根据以上所说,人们可以说明,在像"一个创造物的可理解的本质来自永恒"和"是白的属于苏格拉底"这样的命题中,相关的词项是如何指代的。它们指代一个事物,或一个词,或这些东西的聚集,或心灵的一种意向。但是当从这些词项恰当的意义去理解它们时,我们可以分别确定这些命题是真的还是假的。这样,如果在"一个创造物的可理解的本质来自永恒"中,主词指代一个东西,那么这个东西要么是一个创造出来的东西,要么是一个非创造出来的东西。如果它指代一个创造出来的东西,这个命题显然是假的,但是如果它指代一个非创造出来的东西,这个命题显然是真的。如果它指代某种是二者聚集的东西,那么它显然是假的,但是如果它指代心灵的一种意向、一个词或其他某种东西,就应该否定这个命题。但是,如果像这样的命题不是在字面上使用的,人们就必须集中考虑它们替代的那些命题;而且,根据它们是真的或假的,原来的命题也应得到相应的判断。这样,既然人们用"一个创造物的可理解的本质来自永恒"表示"上帝永远理解创造物";既然这是真的,人们就应该也承认表达出这第二个命题的原来的那个命题。

　　关于词项和词项的指代,有这些论述就足够了。至此,《逻辑大全》的第一部分完。

下篇　命题

1. 论命题的一般分类

关于词项已经有所论述，现在我们必须讨论命题。首先我们应该作出一些分类；其次我们应该考虑什么是命题为真的必要条件和充分条件；再次，我们必须仔细检验与一些命题换位有关的事宜。

对于第一点，应该指出，一种方法是把命题分为直言命题和假言命题。一个直言命题有主项、谓项和连项，并且本身只含有一个这样的命题。一个假言命题是一个由多个直言命题构成的命题。根据通常的观点，假言命题分为五种：合取的、析取的、条件的、因果的和时间的。

一个合取命题是一个以合取词"并且"联结的两个或两个以上命题构成的命题，其构成命题或者是直言的，或者是假言的，或者一个是直言的，另一个是假言的。第一类的例子是"苏格拉底在跑并且柏拉图在辩论"。第二类的例子是"如果苏格拉底是，那么一个动物是，并且，苏格拉底在跑并且柏拉图在辩论"。第三类的例子是"如果一个人在跑，那么一个动物在跑，并且苏格拉底在辩论"。但是由于后两类很少使用，因此我只想讨论第一类合取命题，即那些由两个直言命题构成的命题。

一个析取命题是以联结词"或者"联结的两个或两个以上命题构成的命题。

一个条件命题是以联结词"如果"联结的两个或两个以上命题构成的命题，比如"如果苏格拉底在跑，那么一个动物在跑"或者"一个人是，如果苏格拉底是"①。因为这个联结词不论放在第一个命题的前面，还是放在两个命题之间都没有关系。

一个因果命题是一个以联结词"由于"联结的两个或两个以上命题构成的命题，比如"由于一个人在跑，一个动物在运动"。

一个时间命题是以某个时间副词联结的两个命题构成的命题，比如"当苏格拉底在跑的时候，柏拉图在辩论"、"苏格拉底在跑步，同时约翰是一个人"，以及其他这样的命题。

另一种方法是把命题划分为非模态形式（de inesse）和模态形式（de modo）的命题。一个模态命题是一个有模态词出现的命题。一个非模态命题是一个没有模态词的命题。

所有杰出的思想家似乎都承认只有四种模态形式，即"必然"、"不可能"、"或然"和"可能"。这是因为在《前分析篇》中，当哲学大师探讨模态命题的换位或由模态命题构成的三段论时，既没有提到更多的模态形式，也没有详细说明更多的模态形式。然而，由于他没有否认有其他模态形式，因此可以说，更一般地说，构成模态命题的还有更多的模态形式。

---

① 原文是"*homo est*，*si Sortes est*"，英译文为"A man exists，if Socrates exists"。——译者

这里应该注意,一个命题叫作模态的是因为在命题上加了一个模态形式。但是并非任何模态形式都足以使一个命题成为模态的。相反,一个模态形式谓述整个命题却是必然的。因此,严格地说,一个命题的模态形式实际上是可以真谓述命题本身的。而且正是由于这样一个模态形式或这样一种谓述表达形式(如果它有一种表达形式的话)或它的状语形式,一个命题被称为是模态的。但是这样的模态形式不止上述四个。因为,一个命题是必然的,另一个是不可能的,另一个是可能的,另一个命题是或然的。同样,一个命题是真的,另一个是假的,另一个是已知的,另一个不是已知的,另一个是说出的,另一个是写下的,另一个是思考的,另一个是被相信的,另一个是被认为的,另一个是被怀疑的,等等。因此,正像把一个含有"可能"或"必然"或"或然"或"不可能"或它们的任何表达形式的命题称为是模态的,同样也可以有理由把含有上述任何模态形式的命题称为模态的。这样,"每个人是动物是必然的"和"每个人必然是动物"是模态命题;同样,"每个人是动物是已知的"、"已知每个人是动物"和"每个人是动物是真的"这样的命题也是模态命题。对于其他情况也是如此。

如果有人会问为什么哲学大师不探讨这些问题,那么回答应该是,哲学大师由于致力于简要,因此不想广泛探讨这些问题,因为他关于其他命题的论述可以应用于这些命题。下文将会表明,关于其他模态命题的许多论述以什么方式可以应用到这些命题。

第三种方法是把直言命题划分为那些与假言命题等价的命题(即使它们是直言的)和那些与假言命题不相等的命题。例外命题、排他命题、重叠命题和其他一些命题就是这样的命题。实际上，每当第一种模态形式的一个具体词项是主项或谓项时，所说的命题就等价于一个假言命题。后面将会说明这一点。第二类命题的一些例子是"一个天使是一个实体"、"上帝是"①、"上帝是圣父"，等等。

另一种划分如下：一些命题是全称的，一些命题是特称的，一些命题是不定的，一些命题是单称的。一个全称命题是这样的命题，它的主项是一个由全称符号确定的普通词项——不论这个命题是肯定的还是否定的。比如，"每一个人在跑"、"没有人在跑"、"他的病人都在跑"，等等。一个特称命题是这样的命题，它的主项是一个由特称记号确定的普通词项，例如"某个人在跑"、"一个特定的人在跑"，等等。一个不定命题是这样的命题，它的主项是一个既不带全称记号也不带特称记号的普通词项。例如，"人是动物"、"动物在跑"，等等。一个单称命题是这样一个命题，它的主项是某物的专名，或是一个指示代词，或是一个带普通词项的指示代词。第一类的例子是"苏格拉底在跑"，第二类的例子是"他在跑"，第三类的例子是"这个人是动物"。

尽管如此，对于许多命题中的量可能仍然无法确定。例如以下几个命题：

（1）"他们在跑。"

（2）"这两个里面的一个在跑。"

（3）同样，一个合取命题中的一部分也是这样，在这部分中，主

项是某种关系代词,比如"苏格拉底在跑并且他在辩论"。

(4)类似地,像以下几个命题也是这样:"并非是这样的情况:每个人在跑"、"并非是这样的情况:没有人是动物",等等。

(5)同样,像以下的命题也是这样:"人是种"、"动物是属"、"人处于主格",等等。

(6)类似地,像以下的命题也是这样:"上帝创造"、"上帝产生"、"上帝是圣父、圣子和圣灵"。

对于上述第一种命题,应该说,"他们在跑"是一个单称命题,因为这样一个指示代词指代专门的事物。

有人可能会说,在一个单称命题上加一个全称符号绝不是恰当的。因为,正像"每一个苏格拉底在跑"不是合式的一样,"每一个那个人是动物"和"每一个他在跑"都不是合式的。但是,说"所有这些在跑"却是恰当的。因此,"他们在跑"这个命题不是单称的。

应该回答说,根据普通的说话方式,可以恰当地把这样一个符号加在复数形式的词项上,即使这个词项是一个指示代词——尽管严格地说,也许不该加这样一个符号,因为"他们在跑"和"所有这些在跑"的意思是完全相等的。如果后者是恰当的,那么二者表达的东西完全一样。然而,正像有时候出于某种特殊的原因在相同的主项或谓项中重复相同的表达式一样,为了加重表达或强调的缘故,或者为了其他某种这样的原因,也给复数代词加一个全称符号,尽管从字面上和严格地说是不应该这样加的。

对于第二种命题,应该说,"这两个里面的一个在跑"是一个不定命题,正像"他们二者都在跑"是全称命题一样。因为一个只覆

盖两个事物这样的全称符号可以加到一个复数代词上,并使命题
成为全称的。这样一来,前面说的,即一个其主项是指示代词的命
题是单称的,就应该被理解为适用于代词是全称的情况。然而,当
代词处于间接格的情况时,命题不必是单称的,而可以是全称的或
不定的。而且同样,当说一个其主项是带有全称符号的普通词项
的命题是全称命题时,应该这样理解:当这样一个符号加到一个处
于所有格的代词上时,一个命题也是全称的。因此像"他们二者都
在跑"、"他们分别都是人"等等这样的命题都是全称的。同样,下
面这样的命题也是全称的:"他们中的一些在跑"、"他们中的一些
是动物"。因为特称符号加到处于所有格的代词上,而这个符号本
身处于主格。

对于第三种命题,应该说,当一个关系代词以一个分离的名字
作它的先行词时,就使命题成为单称的。当它以一个普通的名作
它的先行词时,就使命题成为不定的。这样,在"苏格拉底在跑并
且他在辩论"中,如果这个命题是合式的,那么这个合取命题的第
二部分是单称的。但是"一个人在跑并且他在辩论"这个合取命题
的第二部分是不定的,因为这里的关系代词指代它的先行词所指
代的同样的事物。因此,这个命题是单称的还是不定的,取决于关
系代词的先行词究竟是分离的名,还是专名,还是普通的名。

对于第四种命题,应该说,像"并非是这样的情况:每一个人在
跑"、"并非是这样的情况:没有人是动物"这样的命题是单称的,因
为否定在全称符号前面。因此,当说一个特称命题是这样一个命
题,它的主项是一个普通词项等等的时候,应该补充以下说明:
"……除非在特称符号前面有一个否定;并且当一个命题的主项是

一个带全称符号的普通词项,而且这个全称符号前面有一个否定时,这个命题就是特称的。"因此,像"并非是这样的情况:每一个人在跑"和"并非是这样的情况:没有人是动物"这样的命题是特称的。而像"并非是这样的情况:某人在跑"和"并非是这样的情况:某个特定的人不在跑"等等这样的命题是全称的。

对于第五种不确定的情况:关于像"人是种"、"动物是属"和"人处于主格"这样的命题,而且一般来说,关于任何其词项是简单或实质指代的命题,实际上都可以任意地说,它们是单称的或不定的。因为这与其说取决于任何实质问题,不如说取决于人们决定如何使用"单称命题"和"不定命题"这些术语。

因此,如果一个人想说,一个命题若主项是一个普通词项,不带符号,没有先行否定,则是不定的,那么他就应该说,所有与此相似的命题都是不定的。另一方面,如果一个人以一种方式使用这些术语,那么他就应该说些其他东西。因为他应该说:主项是这种普通词项,这还不够,还必须补充说,这样一个普通词项是人称指代的。在这种情况下,所有其词项是简单或实质指代的命题都是单称的。

对于最后这种不确定的情况几乎也是如此。因为如果一个人想把每一个其主项是谓述两个或多个确实不同的指代物(supposita)的命题叫作不定的,那么他就应该说,像"上帝创造"、"上帝产生"等等这样的命题是不定的。这是因为"上帝"是一个可以谓述一个以上指代物的词项。另一方面,如果一个人想说,一个命题是不定的,除非这个普通词项可以谓述几个指代物,它们并非简单地是同一事物,那么他就应该说,"上帝创造"和其他这样的命题是单称的,不是不定的。

因此应该说,(a)一个全称命题是这样的命题,它的主项是一个由全称符号确定的普通词项,并且前面不带否定,这一点是需要的,因为有像"并非是这样的情况:每个人在跑"和"并非是这样的情况:一个人是动物"这样的命题;或者(b)一个全称命题是这样的命题,它的主项是一个不带全称符号但有一个先行否定的普通词项,这一点是需要的,因为有像"并非是这样的情况:有人在跑"和"并非是这样的情况:一个人是动物"这样的命题,而这些命题是全称的;或者(c)一个全称命题是这样一个命题,它的主项是一个处于所有格复数的指示代词,带全称符号,但是前面没有否定,这一点是需要的,因为有像"他们二者都在跑"和"他们各自都是人"这样的命题;或者(d)一个全称命题是这样一个命题,它的主项是一个关系代词,其先行词有模糊而周延的指代,这一点是需要的,因为有像"每一个人在跑并且他在辩论"这样的命题,而这个合取式的第二部分与第一部分以同样方式是全称的。根据一种观点,应该补充说,这样一个普通词项是人称指代。由此出发,根据那种看法,以下命题不是全称的:"每一个人是一个带全称符号的普通词项"、"每一个人是由一个普通词项和一个全称符号构成的"。但是持这种观点的人必须承认,严格地说,同样多的命题是全称的和单称的,因为在同样多的命题中,相同的词项可以简单地(或实质地)和人称地指代。如果这个词项简单地或实质地指代,那么这个命题将是单称的。如果它人称地指代,那么这个命题将是全称的。例如,假定我有两个回答者,我假定对其中一位明确地说,当我说出"每一个人是一个由全称符号限定的普通词项"这个命题时,我要"每一个人"这个表达式实质地指代。在这种情况下,他就会承认这个命题是单称的。假定我对另一位明确地说,我要主项人称地指代。在这种情况下,他就会承认这个命题是全称的。因此在上述情况下说出一个单称命题,然而一个人作出正确的反应,将说它是单称的,而另一个人将说它是全称的。结果,一个单称命题将成为单称的和全称的。但是这并不比下面的说法不适当:在数量上,同样多的命题是已知的又是未知的,因为一个人知道它,而另一个人不知道它。同样,持我们所讨论的这种观点的人应该承认,严格地说,同样多的命题是真的和假的,必然的和不可能的,而且同样多的三段论是证明的,它是诡辩的并且是形式上不正确的。

但是,对于这些情况应该作出的论述,将在下文得到证明。

从以上论述可以很容易说明,哪些命题是全称的,哪些命题是不定的,哪些命题是单称的。

对命题可以作出第六种划分。因为一些命题是现在时,例如"一个人是动物"、"一个人在跑",等等;一些命题是过去时,例如"苏格拉底过去是人"、"苏格拉底过去是白的"等等;一些命题是将来时,例如"一个人将是白的"等等。一些命题形式是现在时,但是意义等同于过去时或将来时的命题。例如"这是未来"、"这是过去",以及其他此类命题。

还有另一种划分。一些命题是这样的,它的两个端项处于主格;一些命题是这样的,它的一个端项处于间接格。间接格有时出现在主项,比如"*Hominem videt asinus*"(被人看见一头驴),有时出现在谓项,比如"一头驴属于一个人"。

2. 单称非模态命题的
真所要求的条件

上述互相不附属的分类是针对命题的。现在我们必须考虑命题的真所要求的条件。我们将首先讨论这样的命题，它的主项和谓项都处于主格，并且它与假言命题是不等价的。

这里应该注意，对于一个与几个命题不等价的单称命题的真来说，并不要求主项和谓项是实际同一的，或者谓项实际上在主项之中，或者它实际上是主项固有的，或者谓项与心灵之外的主项本身结合在一起。这样，对于"这是一个天使"的真来说，并不要求"天使"这个普通词项与作为主项提出的东西实际同一，也不要求它实际上在主项之中或者在任何这类事物之中。相反，充分和必要的是主项和谓项指代相同的东西。因此，如果在"这是一个天使"中主项和谓项指代相同的东西，那么这个命题将是真的。这样，断定的并不是这一事物有天使性或者天使性是在它之中——或任何这类事物。相反，断定的是这一事物真是一个天使——确实，断定的不是这一事物是谓项，而是这一事物是谓项指代的那个东西。

类似地，借助像"苏格拉底是人"和"苏格拉底是动物"这样的命题并不是断定苏格拉底有人性或有动物性，也不是断定人性或动物性在苏格拉底之中，或者人或动物在苏格拉底之中，或者动物是苏格拉底的本质性质概念的一部分；而是断定苏格拉底真是一个人，并且真是一个动物。断定的确实不是苏格拉底是"人"这个谓项或"动物"这个谓项,而是他是"人"这个谓项或"动物"这个谓项所代表或指代的东西。因为这两个谓项都代表苏格拉底。

由此表明,从字面上说,所有类似下面的命题都是假的:"人具有苏格拉底的本质性质"、"人具有苏格拉底的本质"、"人性是在苏格拉底之中"、"苏格拉底有人性"、"苏格拉底因有人性而是人",以及其他许多这样似乎被大家认为是真的命题。它们的假是显然的。我以其中一个为例,比如"人性是在苏格拉底之中",然后我问:"人性"代表什么? 要么代表一个事物,要么代表一种意向,就是说,借助这个命题要么断定一个实在的非心灵的事物在苏格拉底之中,要么断定心灵的一种意向在苏格拉底之中。如果它指代一个事物,那么我问:指代哪个事物? 要么指代苏格拉底,要么指代苏格拉底的一部分,要么指代这样一个事物,它既不是苏格拉底,也不是苏格拉底的一部分。如果指代苏格拉底,那么这个命题是假的,因为任何东西若是苏格拉底都不会在苏格拉底之中——因为苏格拉底不在苏格拉底之中,尽管苏格拉底是苏格拉底。同样,如果"人性"指代一个事物,而这个事物是苏格拉底,那么人性也不在苏格拉底之中,而是苏格拉底。另一方面,如果人性代表一个事物,这个事物是苏格拉底的一部分,那么这个命题是假的,因为任何事物若是苏格拉底的一部分则要么是质料,要么是形式,要么是质料和形式的构成物(而且仅仅是一个人的形式而不是另一个人的形式),要么它是苏格拉底的一个组成部分。但是人性不是这样的部分,这是归纳显然的。因为人性不是智慧心灵。因为如果它是,那么现实的人性就会保留在坟墓里的宗教之中,人性就会与坟墓里的圣经真正地结合在一起,而这是假的。同样,人性不是质料。人性也不是苏格拉底的肉体或者他的脚或他的头,也不是他的身体的其他部分。因为苏格拉底的任何部分都不是人性,相反这样的部分只是人性的一部分。结果,"人性"不能指代苏格拉底的一部分。如果它指代一事物,而这个事物既不是苏格拉底,也不是苏格拉底的一部分,那么由于这样一个事物只能是一种偶性或其他某种不在苏格拉底之中的东西,"人性"就会指代苏格拉底的一种偶性,或者指代其他某种既不是苏格拉底也不是苏格拉底的一部分的东西——显然这是假的。此外,如果"人性"指代心灵的一种意向,那么这个命题显然是假的。因为心灵的意向不在苏格拉底之中。因此十分清楚,无论怎样理解,"人性是在苏格拉底中"都是假的。

对于上述其他所有命题都可以进行类似的论证。因为如果人或人性是苏格拉底的本质,那么我就要问:"人"或"人性"指代什么? 要么指代苏格拉底,在这样的情况下,就会断定苏格拉底具有苏格拉底的本质——这不是真的。或者,如果它指代一个与苏格拉底不同的事物,那么它要么指代苏格拉底的一部分——但这是不可能的,因为苏格拉底的任何部分都不是人或人性;要么指代其他某种东西,这种东西既不是苏格拉底,也不是苏格拉底的一部分——但是显然,任何这样的事物都不是人或人性,除非它是柏拉图或约翰或其他某个人。而且事实表明,任何人若不是苏格拉底,就不具有苏格拉底的本质。另一方面,如果它指代心灵的一种意向或一个说出的词,那么显然,在这种情况下,它不具有苏格拉底的本质。因此十分明显,所有这样的命题从字面上说都是假的。

有人可能会说,人性在苏格拉底之中并且具有苏格拉底的本质,尽管如此,人性却不是苏格拉底,也不是质料,不是形式,也不是组成部分,而是一种带有苏格拉底个体差异的合成物中所包含的普遍性质。因此它是苏格拉底的一部分,但是它既不是质料,也不是形式。

我在几个地方详细地反驳过这种观点,比如在我第一本关于《论辩集》一书的评论中,在对波菲略的书的评论中,在对《范畴篇》的评论中。现在我要对这种观点进行一些批驳。

首先,如果人性是某种东西,这种东西与单个事物不同并且具有单个事物的本质,那么这同一种东西由于保持不变,就会在许多单个事物之中。因此这同一种东西,由于自然保持不变,就会毫不奇怪地在许多不同的地方,但是这显然是假的。

同样,在这种情况下,这同一种东西,由于保持不变,在犹大身上就会遭到诅咒,在基督身上就会被保留。因此在基督身上就会有某种卑鄙诅咒的东西,而这是荒谬的。

同样,在这种情况下,上帝就会不能消灭一个个体,除非他消灭了或毁灭了同一属下的所有个体。因为当某物被消灭时,它的任何东西都不会保留下来。结果,这样一种普遍的性质也保留不下来。所以没有任何使它得以保留的个体,这样,各个个体就会被消灭或毁灭。

此外,我接受你在苏格拉底、在其他每个人提出的那种人性和你在每条驴提出的驴性。让我们把那种人性称为 A,因此 A 仅仅代表那种人性;让我们把那种驴性称为 B,因此 B 仅仅代表那种驴性。于是我问：A 和 B 仅是两个事物呢，还是两个以上的事物呢，还是仅仅是一个事物？不能说它们仅仅是一个事物，因为如果是这样，则必然是要么它们是一个事物，要么 A 和 B 都不是一个事物，要么 A 不是一个事物，要么 B 不是一个事物。显然，即使根据那些持这种观点的人，也不能作出第一种回答。人们也无法作出第二种回答，因为当这些人声称人性是某种实在的东西，同样，驴性也是某种实在的东西时，他们否认了它。人们也无法作出第三种回答，因为没有理由声称 A 不是一个事物，同样没有理由声称 B 不是一个事物，反过来也是一样。因此，说 A 和 B 是一个以上的事物是绝对必要的。此外，不能说它们多于两个事物。因为如果它们多于两个事物，如果它们不多于两个普遍事物，那么它们就是多个单独的事物。而且由此一来它们与单个的事物不是绝对相区别的。因此，还有唯一的选择就是：它们是两个事物，并且就是两个事物。所以它们各自数量为一，因为各个就是一个事物，而绝不是多个事物。这就是实际上的数量为一，即是一个事物，而不是多个事物。因为这应该是对数量为一的描述。因为如果能够否认这一点，那么我可能会同样轻易地声称苏格拉底在数量上不是一个事物，即使他是一个事物而不是多个事物。

因此，不仅事实如此，而且哲学大师的意见也是如此："是种下的东西"或"是属下的东西或同属的东西"。这个谓词除了谓述一个个体或一些个体外，绝不谓述别的东西，而它谓述的这些个体各个均是数量为一。例如，"苏格拉底和柏拉图是种下的东西"、"苏格拉底和这条驴是属下的东西"。只有个体的事物才同是种下的东西或属下的东西。因此在每个人提出的人性是一个事物并且仅仅是一个事物,所以,它是数量为一的,由此得出,数量为一的,一个事物会在每个人之中。

此外,我认为,在其他地方,我已经对那些似乎与我提出的观点相冲突的论证作出了充分的回答。

这也无助于声称,苏格拉底的人性与苏格拉底只是形式区别的,而不是实际区别的。因为不应该在创造物中提出这样的区别,尽管在某种意义上可以在神性中提出它。之所以如此是因为在被造物中不可能发现任何这样的东西,它从数量上看是一个,而实际上是一个以上的事物并且是各个事物,如同上帝的情况那样。因为在上帝身上,神的本质是三个人并且分别是这三个人。而一个人却不是另一个人。因为在真正的意义上说,神的本质和一个人是形式区别的,不过是说神的本质是三个人并且一个人不是三个人。与此相似,我把"神的本质和父性是形式区别的"这个命题理解为不过是意谓这样一个命题:"神的本质是父子关系并且父性不是父子关系,然而神的本质是父性。"同样,说父性和主动过程是形式区别的,不过是说父性不是父子关系,并且,主动过程是父子关系,然而父性是主动过程。

因此一般来说,当两个事物被说成是形式区别的,这不过是说真肯定了一事物的某种东西并且真否定了另一事物的某种东西,然而真肯定了这两个事物中的一个事物——对于不同事物没有任何变化或推诿或证实,就像在特称或不定命题出现的情况那样。但是绝不会出现这样的事情,除非当一个简单的事物多于一个事物时,就像一种单一的神圣本质是三个人一样,就像一种单一的主动过程是父性和父子关系一样。既然在被造物中在会出现一事物是多于一个事物并且是各个被造物这样的情况,那么就不应该在被造物中安置一种形式区别。因为十分清楚,不应该说苏格拉底的人性与苏格拉底是形式——而不是实际——区别的。对于像"动物性与人是区别的"这样的命题也是如此。此外,在对《论辩集》第一卷的第二种区别的评论中,我证明了一定不能在被造物中提出这样一种形式区别。

3. 不定命题和特称命题的
真所要求的条件

我们已经看到,对于单称命题的真而言,充分条件是什么。现在我们必须考虑不定命题和特称命题的真所要求的条件。

首先应该注意,如果一个命题只有在其主项人称指代时才被称为不定的或单称的,那么一个不定命题和一个特称命题总是可以互相交换的。例如以下命题是可以互相交换的:"一个人在跑"和"有人在跑"、"一个动物是人"和"有动物是人","一个动物不是人"和"有动物不是人"。而且对于这样的命题的真来说,如果命题是肯定的并且谓项没有加全称符号,那么主项和谓项指代某个相同的事物就足够了。我提到这里的条件是因为有诸如"有的动物是每个人"和"有的天使是每个天使"这样的命题。另一方面,如果这样的命题是否定的,那么就要求主项和谓项不指代所有相同的事物。实际上这里要求要么主项不指代任何东西,要么它指代谓项不指代的某种东西。之所以这样是因为它的任何单个的事物的真对于这样一个命题的真都是充分的。例如,"这个动物是人"或

"那个动物是人"是"有动物是人"的真的充分条件。类似地，"这个动物不是人"（如果指任何动物）是"一个动物不是人"的真的充分条件。之所以这样是因为一个不周延的从下位到上位的推论总是有效的。如果上位谓述下位，那么应该把这样的推论理解为适用的——因为不这样就无法作出从下位到上位的正确推论。如果没有人，如果除了一头驴以外没有动物，那么"一个人不是驴；所以某个动物不是驴"这个推论就不是有效的。类似地，除非"一个白人是一个人"这个命题是真的，否则就得不出"一个白人不是一个动物；所以一个人不是动物"。然而，与这样的推论对应的肯定推论是有效的，无论上位的是不是谓述下位的。因为无论一个人是不是动物，总得出："一个人在跑；所以一个动物在跑。"类似地，无论一个人是不是白的，"一个白人是动物；所以一个人是动物"总是有效的。

这样就说明，如果主项指代谓项所不指代的东西，那么一个不定命题或特称命题以什么方式是真的。然而，并非总是要求这样。有时候，一个不定命题或特称否定命题的主项不指代任何东西就足够了。例如，如果没有人是白的，那么"一个白人不是人"是真的，即使主项不指代任何东西。因为它既不指代一个实体，也不指代一个偶性。

从这些考虑可以看出，如果"上帝产生上帝"这个命题是真的，那么根据上述观点，应该绝对承认圣父（他是上帝）产生上帝。同样，人们可以正确地承认"上帝不产生上帝"，因为它有真的单称命题"圣子不产生上帝"，而且同样，"圣灵不产生上帝"。这样，人们进行从下位到上位的论证，"圣子不产生上帝，所以上帝不产生上帝";一如人们论证"这个天使不理解;所以一个天使不理解"。然而,不应该认为在上帝中有些东西是上位的,有些东西是下位的。因为所谓上位和下位只出现在词项中,无论这些词项是说出的词或是概念,还是心灵的意向。

然而,由于针对一些异教徒,也就是说,为了使他们不至于看上去是在否定"上帝产生上帝",一些圣徒可能确实有时否定像"上帝不产生上帝"和"上帝不先于上帝"这样的命题。尽管如此,根据这种观点,严格地说,并不必然要否定这个命题。然而,根据其他观点,还有一些东西是应该说一说的。

其次,应该注意,如果任何一个人声称,每个其主项是一个不带任何符号的普通词项的命题是不定的(无论它是人称指代或简单指代或实质指代),那么就得出,他应该说,一个特称命题和一个不定命题并非总是可互相交换的。当不定命题的主项简单指代而特称命题的主项人称指代的时候,就产生这样的情况。例如:"人是种"和"有的人是种"这两个命题就不是可互相交换的。因为在"人是种"中,"人"可以简单指代,但是在"有的人是种"中,"人"这个词项只能人称指代,因为它前面加了一个特称符号,而这个符号与适合特称符号的东西不相匹配。因此对"人是种"必须进行区别,因为"人"可以简单指代,也可以人称指代。然而对"有的人是种"不应该进行区别,因为在这个命题中,"人"这个词项只能人称指代。这是因为它加了一个特称符号。然而在"有的人是由一个普通词项和一个特称符号构成的"这个命题中,"人"这个词项可以人称指代,也可以实质指代。这样,对这个命题和类似的命题必须进行区别——但不是对其他命题进行区别。

但是如果这样一个命题确实是不定的,那么什么是它的真的充分条件呢? 应该说,这样一个命题的真的充分条件是:如果命题是肯定的,那么主项和谓项指代相同的东西;或者,如果命题是否定的,那么主项和谓项不指代相同的东西。这样,单称命题的真的充分条件在这里也是充分条件,因为我们关于这样一个命题的理解与关于一个单称命题的理解是一样的。这样,人们一般都认为,这样一个命题是单称的——这种观点是有充分道理的。

现在有人可能会反对说,如果在这样一个命题中主项和谓项指代相同的东西,那么这相同的东西就可以谓述它自身。对此应该回答说:得不出这个结论。因为尽管主项和谓项指代相同的东西,但是指代者并不相同。因此,甚至在"苏格拉底是这个人"这个命题中,相同的东西也不谓述它自身,尽管主项和谓项恰恰指代相同的东西。因为一个专名和一个带普通词的指示代词不是相同的东西,一个仅仅是主项,另一个仅仅是谓项。因此相同的东西并不谓述自身,尽管这些词项恰恰指代相同的东西。

同样,在"每一个人都是能笑的"这个命题中,主项和谓项恰恰指代相同的东西,而相同的东西却不谓述自身。原因是作主项的词和作谓项的词不同,因为指代者和被指代的东西不同。因此,即使主项和谓项指代的东西相同,指代者仍然是不同的。

最后应该注意,尽管我一直以与假言命题等价的命题为例(而且以上论述适合于它们),但是以上论述也适合于与假言命题不等价的不定命题和特称命题,例如,"上帝创造"、"上帝产生"、"一个天使是一个精灵"、"有的天使是实体",以及其他此类命题。

4. 论全称命题

第三,我们必须讨论全称命题①。

首先应该注意,相应于不同的全称符号,全称命题也有若干种类。现在一些人对全称符号提出了多重区别。因为据说一些全称符号毫无区别地涵盖实体和偶性,例如"每个"、"任何"、"各个"、"没有"、"二者"、"二者皆不",等等。另一些全称符号只涵盖偶性,例如"任何种"、"无论多经常",也许还有其他一些。

但是人们可以正确地或不正确地理解这种区别。因为如果认为"每个"或某个这样的符号涵盖实体和偶性,以同样的方式,"任何种"仅仅涵盖偶性,那么这就是错误的,后面将说明这一点。然而,如果认为"任何种"以一定的方式是周延的,也就是说,它在种中以析取的方式或在种中以合取的方式或以某种这样的方式是周延的,那么可以承认这一点。

人们提出的另一种全称符号的划分是:一些全称符号涵盖主项部分,一些全称符号涵盖构成部分。第一类是"每个"、"没有"、"二者"、"二者皆不"以及类似的符号。第二类是"整个"这样的符号。后面将讨论应该如何理解这种区别。

---

① "全称"是我国学术界在探讨命题时的习惯用语,并且已经形成一个固定的术语。在本书中,这个词与前文所说的"普遍"一词在原文中是同一个词,即"universal"。在原文中,理解应该是一样的。考虑到国内的用法习惯,译文仅在专门谈论命题的地方和专门论述全称量词的地方采用了"全称"这一译法。但是读者应该注意这里有翻译所带来的差异。——译者

人们提出的另一种全称符号的划分是：一些全称符号可以涵盖任何数量的事物，例如"每个"、"没有"和其他这类符号；一些全称符号只能涵盖两个事物，例如"二者"和"二者皆不"。

在这样的条件下，我们应该首先讨论那些毫无区别地涵盖实体和偶性、涵盖主项部分和涵盖任何数量事物的全称符号，比如"每个"、"没有"、"任何"、"任何事物"、"各个"等等，而且我们应该讨论含有这些符号的命题。

首先应该注意，任何这样的符号本身都不表示任何东西，不被强行用来确切地表示任何东西。实际上，用这样的符号是为了使它们所附加的词项代表这些词项所意谓的所有东西，而不是仅仅代表它们所意谓的一些东西。这就是为什么它们被称为助范畴词的原因。对于其他许多词项也是这样，而且一般来说，对于所有仅凭自身不能成为任何命题端项的词项来说，也是这样，如果它们如前所述得到有意义的理解。

其次应该注意，"每一个"这个符号与"任何"和"各个"这两个符号不同，因为"每一个"这个符号只能加在一个与它在格上相一致的词项上，从而使加上它的这个词项和这个符号处于相同的格。例如，下面的命题是恰当构成的："每一个人是动物"、"苏格拉底看见每一个人"、"一头驴属于每一个人"。然而，"各个"和"任何"这些符号可以加到处于相同的格的词项上并且加到一个处于不同的格的词项上，即私有格复数。例如，"各个人在跑"是恰当构成的，"他们任何一个和各个在跑"和"人中任何一个都在跑"也是恰当构成的。然而，"他们中每一个在跑"就不是恰当构成的。

而且如果任何人想知道这种差异的原因，那么应该说，在这种情况下,正像在语法和逻辑的其他许多情况下一样,除了那些制定这些词项和那些使用这些词项的人的决定外,没有其他原因。

第三,我们必须提出一些对"每个"、"任何"、"各个"和其他类似符号(如果有任何其他这样的符号)来说是共同的规则。这些规则对许多与假言命题等价的命题也是共同的,例如,"每个人是动物"、"每个白东西在跑"等等,它们对于其他一些与这样的假言命题不等价的命题也是共同的,比如,"每个上帝是"、"每个天使是"和其他这类命题①。

首先应该注意,对于这样的全称命题的真来说,并不要求主项和谓项实际上是相同的东西,而是要求谓项指代主项指代的所有那些东西,从而真地谓述它们。而且如果情况是这样,那么全称命题就是真的,除非有某种专门的原因介入。一般的说法是,对这样的一个全称命题的真而言,充分条件是其个体各个是真的。

由此说明,一些思想家作出的某些论断是错误的。一种论断论为,"每个"这个符号要求三个有指称的东西。原因如下。假定只有一个天使理解,而没有人理解。在这种情况下,"每个理解的被造物都是天使"是真的,然而,这里并没有三个东西是"理解的被造物"这个名真谓述的。而且我可以证明所说的这个命题是真的:它的单称命题各个是真的。类似地,谓项真指代主项所指代的各个事物并且谓述主项所真谓述的各个事物。因此,这个命题就是真的。

与此相似,如果只有两个人并且他们是白的,那么"每个人是

---

① 原文为:"*Omnis Deus est*"、"*Omnis angelus est*"。——译者

白的"就是真的,因为它没有假的单称命题——然而它没有三个指称的东西。

　　由此说明,一些思想家声称(a)"每只不死鸟是"①是假的,因为"每个"要求有三个指称的东西,(b)"有的不死鸟不是"是真的,因为"不死鸟"指代一个是者,同样指代一个不是者,他们这样说并没有正确地解决"每只不死鸟是"这个诡辩。因为我问:在什么意义上"每个"要求有三个指称的东西? 他们的意思可能是说,"每个"要求三个实在的东西,在这种情况下,如果只有一个有色的东西,那么"每个有色的东西是"就会是假的。但是这一点无法得到承认,因为它的矛盾,即"有的有色的东西不是"是假的,因为它没有真正的单称命题。人们也不能说"有色的东西"指代一个是者,同样也指代一个不是者。因为显然它不指代一个不是者,正如它不谓述一个不是者一样。因此,正像"一个是者是有色的"是假的一样,"有色的东西"指代一个不是者也是假的。因为前面解释过,一个词项绝不指代某个东西,除非它真谓述那个东西。此外,如果一个附加上"每个"的词项指代三个东西,在这种意义上,"每个"要求有三个指称的东西,那么"每个不死鸟是"就不会恰恰仅仅因为一个不死鸟是而是假的。因为根据那些思想家,"不死鸟"指代一个是者,同样指代一个不是者,而且不指代两个不是者,也不指代一个不是者。因此,它指代至少三个东西,所以在这种情况下,"每个"有三个指称的东西。

　　此外,如果"不死鸟"指代一个是者,同样指代一个不是者,那

---

　　①　原文为:"*Omnis phoenix est*"。——译者

么由于同样的原因,"动物"也会这样。因此,"每个动物是"就会是假的——这是那位思想家在另一个地方否定的。

因此应该说,"每个不死鸟是"这个命题或任何其他命题并非由于以上原因而是假的,它们的矛盾命题同样不会由于以上原因而是真的。因此,如果除了苏格拉底以外没有人在笑,那么"有的在笑的东西不是一个人"就不是真的——确实,它将是假的。结果,它的矛盾命题"每个在笑的东西是人"就将是真的。同样,如果除了苏格拉底以外没有人是白的,那么"有的白人不是人"就将是假的,而且由此一来,"每个白人是人"就将是真的——即使没有三个白人。

这也无助于提出以下反对意见:在如上提出的情况下,"每个白人是人"和"有的白人不是人"不是矛盾命题。因为事物中的变化并不改变命题的形式,由此也同样得不出,一些命题此时是矛盾的,彼时不是矛盾的。

从这些矛盾命题还得出,当这些思想家作出以下陈述时,即:如果只有一个白的东西并且只有一个黑的东西并且只有一个灰的东西,那么"每个白的东西是"、"每个黑的东西是"、"每个灰的东西是"这些命题就各个是假的,他们作了一个错误的论断。而且他们也否定了下面的三段论:"每个有色的东西是;每个白的东西是有色的;所以每个白东西是。"

与此相似,根据没有驴这个假设,他们否定下面这个三段论:"每个动物是人;每条驴是动物;所以每条驴是人。"他们声称,"是"这个动词在这些三段论中是多义的,因为在大前提中,它被当作是者操作(这乃是是的东西的"是"),而在小前提中,它被当作条件或结果的"是"。当一个人说"如果这是白的，那么这就是有色的"时，"是"这个动词就是在这种意义上出现的。

这个论断是完全无理的，因为它等于毁了每个三段论形式。因为每当使我高兴的时候，我都要说，"是"在这些命题中是多义的，而且我要随意地把一种谬误归于每个三段论。

与此相似，正像一个三段论适合所有词项一样，无论事物如何变化，它都是成立的。但是根据亚里士多德，"每个有色的东西是；每个白东西是有色的；所以每个白东西是"是一个正确的三段论。同样，"每个动物是人；每条驴是动物；所以每条驴是人"这个三段论实际上也是正确的。因为这些三段论是由支配"每个"的规则（dici de omni）控制的。

毫无疑问，无论是谁，如果他否认这样的三段论，他就不能感觉到任何的真。因此，即使每个白东西和每条驴都被毁灭了，这些推论仍然是正确的三段论。而且它们在那种情况下仍然会符合支配"每个"的规则（dici de omni），就像它们现在符合这些规则一样。

因此，"是"究竟是是的运作，还是是的形态，它们的区别是无意义的。这是由那些不懂得如何区别直言命题和条件命题的人提出来的。① 因此，"一头驴是一个动物"和"如果一头驴是，那么一个动物是"这些命题是截然不同的。因为一个是直言的，另一个是

---

① 这段话的原文是："*Et ideo distinctiones tales，quod 'esse' vel est operation entis vel esse habitudinis，et consimiles，frivolae sunt，et ponuntur ab illis qui nesciunt distinguere inter propositionem categoricam et condicionalem*"。这里的翻译与英译文最主要的差异在于"是的形态"（*esse habitudinis*）这一用语，按照英译文则是"是的条件"。——译者

条件的和假言的，而且它们是不可交换的。实际上，一个可以是真的，而另一个是假的。同样，"一个没有创造性的上帝是上帝"是假的，而"如果一个没有创造性的上帝是，那么上帝是"和"如果这个是没有创造性的上帝，那么这个是上帝"这些条件命题是真的。

与此相似，人们无法看出，为什么"是"在一个直言命题中而不是在另一个直言命题中表示条件或结果。因此在一个同等形式的命题中，它将要么总是表示、要么从不表示条件或结果。因此要么每个这样的命题将与一个条件命题是可以互换的，要么任何这样的命题都与一个条件命题将不能是可互换的。但是，根据那位思想家，并非任何这样的命题都不是如此；因此，所有这样的命题都是这样的。结果，在上述情况下，"每个动物是人"是假的，因为根据那位思想家，"如果一个动物是，那么一个人是"这个条件命题是假的。而且，他在同一个论著中说了显然矛盾的东西，并且他似乎不知道应该说的正确的东西。

从上述也可以看出，严格地说，下面这样的命题都是假的："每个动物是健康的"，假定一头狮子是健康的，一头牛是健康的，一个人是健康的，等等；"每个动物是在诺亚方舟中"，以及其他许多命题。因为它们有许多假的单称命题，而且谓项与主项所指代的所有那些事物并非是一致的。尽管如此，当这样的命题或类似的命题被作者提出时，应该加以注释——即使严格地说它们是假的。同样，权威的话在它们表达的意义上，即在它们字面或专门的意义上，常常是假的，然而它们在被说出或写下的意义上却是真的。这是因为作家们的表达常常是多义的、不专门的和比喻的。这样，在解释哲学权威的时候，人们主要应该深刻领悟它们的根本意义、思想过程和意向,而不是表面上,即在字面上理解这些词。对于所说的这些权威来说,一些人提出的如下区别是有帮助的:当"每个"这个符号加在一个普通词项上,而这个普通词项含有其下的许多种时,要么可以涵盖属下的单个事物,要么可以涵盖单个事物的属,即要么涵盖直接的或遥远的部分,要么涵盖符合种或符合属的部分,要么涵盖种或个体。但是一定不要把这理解为是这样一个符号的字面意义。因为一个符号使一个词项除了涵盖它所指代的那些东西外绝不涵盖任何东西。但是刚才说过,这样一个词项仅仅指代个体,而不指代种。因此,它只涵盖个体而不涵盖种。因此,上述区别应该如下理解。借助这样一个命题,要么断定谓词适合所有个体——而且这是字面意思;要么断定谓词适合特殊理解的种,即断定谓词谓述特殊理解的各个种,而不谓述普遍理解的各个种——而且这样一来,就不是断定谓词适合所有个体。但是这并不是这些词本身表达的意思,而是作者企图表达的意思。这样,严格地说,借助"每个动物是健康的"这个命题,断定的是:每个人是健康的,每条牛是健康的,以及其他等等东西是健康的。因为若不是这样,"每个动物是健康的;每个人是动物;所以每个人是健康的"这个受支配"每个"的规则(dici de omni)制约的第一格第一式的三段论就不会是有效的。尽管如此,根据一些说话者的意向,用这个命题恰恰可以断定以下命题是真的:"一个人是健康的"、"一只狮子是健康的"、"一头牛是健康的"。以这种方式"健康的"谓述各个种,但不是种本身,而是个体,因为任何种都不是健康的,相反,只有个体是健康的。但是这种意义不是命题的字面意义。这样,如果我们以这种意义理解命题,那么下面这个论证就不是有效的:"每个动物是健康的;每个人是动物;所以每个人是健康的。"而且,一个三段论在字面上理解是完善的,而根据某个说者的意向来理解却不对,这并不是不合适的——正像我们前面说过的那样,就命题的真而言,这也不是不合适的。

第二,应该注意,对任何一个其谓项作普遍理解的全称命题而言,如果主项或谓项谓述一个以上的事物,这个命题就是假的。然而,如果谓项恰恰谓述一个事物,如果主项也是这样,那么这个命题就可能是真的。因此,如果只有一个动物,比如说一个人,那么"每个人是每个动物"就会是真的,"每个动物是每个人"也会是真的。但是如果有不止一个人,或者有一个以上的任何数量的动物,那么这些命题就会是假的。因此,"每只不死鸟是每个动物"是假的,即使"每只不死鸟是每只不死鸟"是真的。然而有时候,对于一个不定命题或特称命题而言,其中普遍理解的谓项在谓述,这个命题却可以是真的,即使主项有许多其下包含的事物。例如,如果只有一个人,那么即使有许多动物,"有的动物是每个人"也会是真的。

第三,应该注意,当"所有"这个符号作复数理解时,它可以有集合的或周延的意义。如果它作周延的理解,那么断定的是谓项真属于主项所真谓述的所有那些东西。例如,借助"所有上帝的使徒是十二"断定的是:"十二"这个谓项真地表述"使徒"这个主项所真谓述的各个事物。这样,由于彼得和保罗是使徒,就得出彼得和保罗是十二。但是如果"所有"作集合理解时,那么断定的不是谓项与主项所真谓述的各个事物相一致,而是谓项属于主项所真谓述的(一举理解的)所有事物。因此,断定的是:这些使徒是十二,因为指所有使徒。

5. 论符号只涵盖两个事物的全称命题

关于不是涵盖任何数量的事物而是只涵盖两个事物的符号，例如"二者"和"二者皆不"，应该注意，对于这样一个命题的真来说，如果命题是肯定的，那么要求谓项真属于所指称的各个事物；或者，如果命题是否定的，那么要求谓项否定所指称的各个事物。例如，对于"他们二者都在跑"的真来说，这一个在跑并且那一个在跑，这就足够了。而对于"他们二者皆不在跑"的真来说，要求这一个不在跑并且那一个不在跑。

而且应该注意，一个带有"二者"的全称命题与一个带有"每个"的全称命题有某种区别：当谓项作普遍理解时，一个含有"二者"的命题绝不能是真的，不论谓项是以"每个"这个符号还是以"二者"这个符号来理解。因此，"他们二者是每个人"和"他们二者是他们二者"这些命题绝不能是真的，无论指什么东西。然而，下面的命题可以是真的："每个人是每个人"，同样，"每个白的东西是每个白的东西"、"每个动物是每个动物"。因为如果只有一个人或只有一个动物或只有一个白东西，那么所说的这个命题就会是真的。

这种区别的原因是"每个"这个符号能够合适地加在一个又一个指代物的词项上，而"二者"总是要求两个指代物，即两个指代的东西。而在这种情况下，如果在"他们二者是每个人"中谓项只有一个指代物，那么这个命题显然会是假的。因为在主项中要求指代两个事物——而不是两个人,因此指代的是一个人和一个非人,或者两个非人。无论选择哪个,这个命题显然是假的。而且对于其他所有情况都是如此。

6. 论符号涵盖了整体部分
(即带有"整个"这个符号)的全称命题

关于涵盖整体部分的符号(据说"整个"这个符号就属于这类),应该注意,"整个"这个符号有时可以以范畴词的方式理解,有时可以以助范畴词的方式理解。如果以范畴词的方式理解,它意谓的东西就与"完整的"或"由其所有部分构成的"意谓的东西相同。而且在这样理解时,就所说的东西的真而言,加上不加上它,效果是一样的。因此,一个词项若是带有"整个",而这又是以范畴词的方式理解的,那么关于这个词项无论说什么,不带"整个"也可以说。因为如果整个苏格拉底在跑,那么苏格拉底在跑;而且如果一个整个人是动物,那么一个人是动物。

尽管如此,却可以说,这个词项只能合适地加在一个以某种方式引入某种构成的东西的词项上。这样,"整个上帝被看见"就不是合适构成的。因为这似乎隐含着上帝是由部分构成的。在这种情况下,从一个不带"整个"的词项到带"整个"的词项的推论就不是有效的。这样,"上帝被看见;所以整个上帝被看见"就不是有效的,因为在这种情况下,结论中隐含着上帝是由一些不同的东西构成的。

另一方面,如果"整个"是以助范畴词的方式理解的,它就是一个涵盖构成部分——实际上,确切地说,涵盖它所附加的那个词项所引入的东西的部分——的符号。例如,"*Totus Sortes est minor Sorte*"("整个苏格拉底小于苏格拉底")与"苏格拉底的各个部分小于苏格拉底"是等价的;而且"*Totus Sortes currit*"("整个苏格拉底在跑")与"苏格拉底的各个部分在跑"是等价的。在这种情况下,这样的命题都不能是真的,除非谓项与由附加了这个符号的词项所引入的那个整体的部分相一致。在这种情况下,严格地说,这是一个符号,而且可以说是涵盖了构成部分,而其他符号涵盖主体部分。对此应该如下理解:这些其他符号涵盖了包含在一个词项下的东西,这些东西不是严格意义上的部分,而是广义的和延伸的意义上的部分。但是,"整个"这个符号涵盖所谓合适的部分,无论它们是有相同定义的部分还是有不同定义的部分。而且,"整个"以这种方式涵盖它所附加的那个词项所引入的部分。例如,在"*Totus Sortes est pars Sortis*"("整个苏格拉底是部分的苏格拉底")中,苏格拉底的各个部分被涵盖,也就是说,涵盖了他的质料和形式,他的手和脚,以及其他东西等等。

然而应该注意,有时候,"整个"——我不在乎是由于这个词项的严格的意义,还是由于使用它的方式,还是由于使用它的人的决定——只涵盖构成部分而不涵盖本质部分。(形式和质料被称为这后一种的部分。)然而有时候,它涵盖所有部分,无论是构成部分,还是本质部分,还是其他任何种类的部分。

关于被说成是涵盖偶性的符号,应该注意,诸如"任何种类的"词项和其他这类词项不是合适的词项。实际上,它们等于由一个符号和其他词项构成的短语。例如,"任何种类的"与"具有各种性质中某一种性质"是一样的。这样,有的符号加给它就是合适的。因为,"任何种类的任何一个在跑",这样说是合适的,同样,"具有各种性质中某一种性质的任何一个在跑",这样说也是合适的。在这样的情况下,这样一个命题的真的必要和充分条件是显然的。

这样的符号在神学中使用得不多,因此我只是顺便提到它们。

7. 论过去时和将来时命题

第四,我们必须检验过去时和将来时命题。

首先应该注意,必须区别带有如下主项的过去时或将来时命题:主项是一个普通词项,或是一个带普通词项的指示代词,或是一个引入某种构成物的分离的词项。因为如果命题是过去时,那么主项能够指代现在是这样这样的东西,或指代过去是这样这样的东西;或者,如果命题是将来时,那么主项能够指代现在是这样这样的东西,或指代将来是这样这样的东西。不论在哪种情况下,如果命题是肯定的,就要求处于合适形式的谓项,即这同一个谓项,(借助一个时态适宜的动词)真谓述主项所指代的东西。这样就要求,在一个命题中,如果谓项谓述一个恰恰指谓主项指代的东西的代词,那么这个命题就在过去某个时候是真的(如果这个命题是过去时)或将在某个时候是真的(如果这个命题是将来时)。例如,如果"一个白东西过去是苏格拉底"这个命题是真的,并且如果"白东西"指代是白的的东西,那么就不要求"一个白东西是苏格拉底"过去某个时候是真的。相反,如果这实际上指"一个白东西过去是苏格拉底"中主项所指代的东西,那么就要求"这是苏格拉底"

过去是真的。因此,如果苏格拉底现在第一次是白的,那么只要主项被看作现在是白的的东西,"一个白东西过去是苏格拉底"就是真的——然而"一个白东西是苏格拉底"过去却从来不是真的。相反,"这是苏格拉底"由于指苏格拉底,因而过去是真的。而且,由于"一个白东西过去是苏格拉底"中的"白东西"指代苏格拉底,因此这后一个命题是真的。同样,"一个创造者过去永远是上帝"现在是真的,然而"一个创造者是上帝"却并非过去永远是真的。相反,如果如下表述,即"这是上帝",这里指在"一个创造者过去永远是真的"中"创造者"所指代的东西,那么这就是过去永远是真的或者会一直是真的。

同样,"一个男孩子将是一个老头"是真的,然而"一个男孩子是一个老头"却将永远不是真的。相反,"这是一个老头"将是真的,如果指一个现在是一个男孩子的人。对于其他这样的命题也是如此。

因此,现在时命题与过去时和将来时命题有一种区别:在一个现在时命题中,谓项处于与主项同样的方式,除非它附加的某种东西阻止它这样;但是在过去时和将来时的命题中却有变化,因为谓项并不是简单地代表它在一个过去时和将来时的命题中真谓述的那些东西。因为,为了使这样一个命题是真的,谓项——无论是借助一个过去时动词还是借助一个将来时动词——真谓述的东西是主项所指代的东西,这是不够的。实际上这里要求的是,这个谓项真谓述的东西是主项借助这样一个命题断定的方式所指代的。例如,假定苏格拉底现在是白的,并且他这一整天不是一直是白的,但这以前不是白的。在这种情况下,"苏格拉底昨天是白的"是假的,然而"白的"真谓述苏格拉底,而且它过去也真谓述苏格拉底。但是,由于它昨天不谓述苏格拉底,所以"苏格拉底昨天是白的"这个命题现在就是假的。

同样,如果苏格拉底现在第一次是白的,那么"苏格拉底过去是白的"就是假的,然而苏格拉底过去是"白的"现在所真谓述的东西。但是,由于"苏格拉底现在是白的"过去不是真的,因而得出"苏格拉底过去是白的"现在是假的。这是因为谓项以前面解释的方式命名了它的形式。但是关于主项却不是这样,因为对于一个过去时命题的真而言,不要求这样一个命题是真的,其中谓项——或谓项指代的东西——借助一个现在时动词谓述那个主项。例如,如果苏格拉底现在第一次是白的,那么"一个白东西过去是苏格拉底"就是真的,然而任何这样的现在时命题,即其中"苏格拉底"这个谓项——或它指代的东西——谓述"白东西"这个主项,过去从来不是真的。因为"一个白东西是苏格拉底"或"一个白东西是这个"这些命题过去从不是真的,如果它们指"一个白东西过去是苏格拉底"中谓项所指代的东西。尽管如此,有的命题过去却是真的,在这种命题中,"苏格拉底"谓述一个指示代词,而这个指示代词恰恰指谓"一个白东西过去是苏格拉底"中主项所指代的东西。因为在"一个白东西过去是苏格拉底"中,"白东西"这个词项指代苏格拉底,而他现在是白的。而且,"这是苏格拉底"由于指苏格拉底,因此过去是真的。

上述说明,应该承认"一个创造者过去总是上帝"。因为,如果"上帝"谓述一个指示代词,而这个指示代词指"一个创造者过去总是上帝"中"创造者"所指代的东西,那么这个命题过去就总是真的，或者如果它得以形成就会一直是真的。因为"这是上帝"过去总是真的。然而，"一个创造者是上帝"过去却不总是真的，因为在创世之前它是假的。而且仅仅由于上述原因，"上帝过去总是一个创造者"就是假的。对于其他许多十分类似的命题也是如此。对过去时命题的处理方式作适当修正，也应该能够处理将来时命题。

8. 如何发现一个其端项之一
处于间接格的命题
何时为真何时为假

以上论述并不足以发现，一个其端项之一是间接词项的命题什么时候是真的，什么时候是假的。实际上，在这个问题上必须有专门的规则。这里有一些有用的语法规则，我将很快地提到它们。

因此应该注意，如果一个肯定命题中的两个词项都处于主格，那么这个命题的真就要求主项和谓项指代相同的东西，同样，有时候如果一个命题中的一个词项是间接格的，那么这个命题的真就要求主项和谓项不指代相同的东西，或者要求它们不指代所有相同的东西。然而，有时候它们可以指代相同的东西，这要取决于语词之间的差异和间接格规则之间的差异。因此，当间接格具有所属格的力量时，这个命题的真要求主项和谓项指代不同的东西，尽管这并非总是充分的。因此，"苏格拉底属于苏格拉底"是假的，而"有的驴属于苏格拉底"可以是真的。而且，正像在这种情况下一样，在其他许多情况下也是如此。但是有时候这个命题可以是真的，尽管主项和谓项指代相同的东西，或者尽管主格和间接格指代相同的东西。例如，"苏格拉底看到苏格拉底"是真的。在其他许多情况也能发生这样的情况。而且在这些情况下，很难给出一条一般而肯定的规则。

9. 模态命题的真所要求的条件

在探讨了非模态命题之后，我们必须探讨模态命题。首先应该注意，有时候一个命题被称为模态的是因为命题的格式带有这样一个模式。这在以下情况下是显然的："每个人是动物是必然的"、"每个人在跑是或然的"、"每个人是动物是第一种本质模式"、"每个必然的东西是真的是人人皆知的"、"苏格拉底在跑是人们不知道的"，以及其他命题等等。然而有些命题被称为模态的，其中出现的模式并无这样的命题格式。

对第一类模态命题必须总是着眼于复合和划分来进行区别。在复合的意义上总是断定这样一个模式真谓述与有关格式相应的命题。例如，借助"每个人是动物是必然的"则断定"必然"这个模式真谓述"每个人是动物"这个命题，这个命题的格式是"that 每个人是动物"①。因为当命题的词项处于直接宾格而动词处于不定式时，某种东西就被称为命题的格式。然而，这样一个命题的划分的意义与一个带有一个模式但没有这样一个格式的命题总是同义的。例如，"每个人是动物是必然的"在划分的意义上与"每个人必

---

① "that"是一个先行词，引导一个句子。它本身只有语法作用，没有实际的涵义。这句话是根据英译文翻译的。拉丁文中没有这样的句子形式，这样的表达方式是凭其自身的语法形式体现出来的："omnem homo esse animal est necessarium"。——译者

然（或必然地）是动物"是同义的。同样，"苏格拉底是动物是人人皆知的"在划分的意义上与"人人皆知苏格拉底是动物"是同义的，还有其他这样的命题也是如此。

因此，我们应该首先说一说这样的复合意义上的命题，然后再说其他命题。

首先应该注意，正如已经说过的那样，借助这样一个命题断定的总是这样一个模式真谓述与格式相应的整个命题。由此得出一些结果。一种结果是：对于这样一种全称必然（de necessario）命题，即使其单称命题各个是或然的或假的，它也可以是必然的。例如，在复合的意义上，"每个真或然命题是真的是必然的"是真的和必然的，然而其单称命题各个是假的。因为"这个真或然命题是真的是必然的"，如果指其任何一个，就是假的，因为这个真或然命题可以是假的。但是如果是这样，那么所说的单称命题就是假的，从而现在不是必然的。但是，借助这样一个单称命题断定了这是必然的。

与此相似，"每个假或然命题是假的是真的"是真的和必然的，然而其单称命题各个是或然的，这从归纳看是显然的。同样，有时候这样一个全称命题是不可能的，然而各个单称命题是可能的和或然的。这一点在"这二者都是真的是真的"的情况下是显然的，如果这是指两个矛盾的或然命题。与此相似，这在"所有这些都是假的是真的"这种情况下是显然的，如果这里指所有未来或然命题——然而其单称命题各个是或然的。

但是，在回答这些例子的时候应该说，任何这样的命题都不是全称的，相反，各个这样的命题都是单称的。因为在各个这样的命题中,主项是一个单称命题或是某个指代一个命题的东西。

对此应该说,这样一个命题严格地和恰当地说究竟是全称的或特称的,还是单称的,我们目前不应该有过多的担心。因为至少亚里士多德称这样的命题为全称的和特称的,后面我们将看到这一点;而且我在当前的讨论中一直是以这种方式谈论的。但是我不太在乎亚里士多德在那个例子中是广义地和不恰当地谈论还是严格地和恰当地谈论。因此我主张,当一个命题的格式是与一个命题整体有关的主项时,当一个带有全称符号的普通词项是与附属构造的主项有关时,这个命题就是全称的。例如,在"每个人是动物是必然的"中,"每个人是动物"这个短语是与主动词"是"有关的主项,而带有这个符号的"人"这个普通词项却是与附属构造有关的主项。而且对于我主张的观点来说,这一点就足够了。因此,如果任何人认为这样的命题恰当地说是全称的,那么他就很容易主张,一个普通词项是与附属构造有关的主项,这就足够了。

从这些论述中可以看出,为了知道这样命题的真所要求的东西,只要知道下面这样的情况所要求的东西就足够了:有的命题是必然的,或者一个命题是或然的,或真的,或不可能的,或人人皆知的,或人们不知的,或相信的,以及其他情况等等——详细检验所有情况则会过于冗长。

然而,关于必然命题应该注意,一个命题叫作必然的,不是因为它总是真的,而是因为如果它是,它就是真的并且不能是假的。因此,"上帝是"这个心灵的命题是必然的,不是因为它总是真的——因为如果它不是,它就不是真的——而是因为如果它是,那么它就是真的并且不能是假的。与此相似,"上帝是"这个说出的命题是必然的,然而它却并非总是真的,因为当它不是时,它就既不真,也不假。但是如果它被表达出来,它就是真的并且不能是假的,除非词项的意义发生变化。

关于不可能命题应该有一些相似的论述,即它是一个命题,如果它是,它就是假的,然而它不是假的,除非它是一个命题。作适当修正,对于或然命题也是如此。但是为了使一个命题被知道或被相信等等,还有更多的要求。然而,这些要求属于《后分析篇》和其他一些著作。

10. 论没有格式的模态命题

一些不带命题格式的模态命题与带划分意义上的格式的命题完全是同义的。关于这样的命题应该注意,这样的命题与讨论的第一种命题是不能互相交换的。实际上,即使一个是假的,另一个也可以是真的,并且反之亦然。例如,在亚里士多德看来,"每个人是动物是必然的"在复合的意义上是真的,而"每个人必然是动物"是假的。同样,在亚里士多德看来,"每个真命题是真的是必然的"是真的,然而"每个真命题必然是真的"是假的。而且其他许多命题也是如此。

为此应该注意,对于这样的命题的真而言,要求处于合适形式的谓项属于主项所指代的东西,或属于一个代词,这个代词指主项所指代的东西。这样就要求,这样一个命题中表达的模式真谓述一个非模态命题,在这个非模态命题中,同一个谓项谓述一个指主项所指代的东西的指示代词——正如在探讨过去时和将来时命题时解释的那样。例如,对于"每个真命题是必然真的"的真而言,要求各个如下命题是必然的,即其"真的"这个谓项谓述"真命题"这个主项所指代的任何东西。这就是说,要求如下各个命题是必然的:"这是真的"、"那是真的",这里指主项指代的某种东西。既然并非各个这样的命题都是必然的,因此"每个真命题是必然真的"当然是假的。

与此相似,借助"一个创造者可能不是上帝"断定的不是:"一个创造者不是上帝"是可能的,因为如果那样,这个可能命题就会是真的。相反,用它是断定:"这不是上帝"是可能的,这里指"一个创造者可能不是上帝"中的"创造者"所指代的东西。而这根本是不可能的,因为在"一个创造者可能不是上帝"中,"创造者"指代上帝。当然,"这不是上帝"(这里指上帝)是不可能的。与此相似,借助"一个创造者必然是上帝"断定的是:"这是上帝"是必然的,如果指在所说的这个必然命题中"创造者"所指代的东西。而且这是真的。因此,这个必然命题是真的。但是这不是必然的。相反,它是或然真的,因为根据上帝不再造物的假定,它就会是假的,正如与它对应的非模态命题,即"一个创造者是上帝"会是假的一样。

而且,一个真必然命题是或然的,这并没有什么不合适,这一点在上面的例子中是显然的。而且正如一个真必然命题可以是或然的一样,一个依自身而真的命题可以是偶然和或然真的。例如,"一个创造者依自身是上帝"是真的,然而它是偶然和或然真的。对于其他许多命题也是如此。然而,尽管这些命题是真的,像"上帝必然是一个创造者"这样的命题却是假的,而像下面这样的命题却是真的:"上帝或然地是一个创造者"、"上帝能够不是一个创造者"、"上帝可能是一个不创造者",等等。之所以这样是因为,如果谓项"创造者"谓述一个指示代词,而这个指示代词指"上帝"这个词项所指代的东西,那么任何这样的命题都不是必然的,而是或然的。因为每个与"这是一个创造者"和"这是一个不创造者"相似的命题,如果指"上帝",就是或然的。

与此相似,应该说以下命题都是假的:"上帝可能表现为人类指代物"、"上帝可能与人类指代物结合起来"、"上帝可能自身表现出一种值得称赞的行为"、"上帝可能制造一个没有白色的白东西",以及其他此类命题。因为在这些命题中,上述事物之一谓述一个指示代词,而这个指示代词指主项所指代的东西,同时这些命题均是不可能的。因为由于有以下结果,即"一个指代物被假定;所以,一个指代物依赖于另一个指代物";此外,"所以,一个指代物不是一个指代物",所以"一个指代物被假定"是不可能的。但是,这里隐含着这是一个指代物。所以,"一个指代物被假定"是不可能的。同样,由于有以下结果,即"上帝自身表现出一种值得称赞的行为;所以,一种值得称赞的行为只由上帝表现;结果,它不是由做出它的人的意志表现的,结果,它不是一个值得称赞的行为",因而"上帝自身表现出一种值得称赞的行为"是不可能的。

然而,尽管如此,下面的命题却是真的,除非有某种逻辑或语法原因使它们不能这样:"一个指代物可能是由这个词假定的"、"一个指代物可能是与这个词结合在一起的"、"一种值得称赞的行为可能只是由上帝表现的"。因为借助这些命题只是断定,在一个命题中,如果谓项谓述一个指示代词,而这个指示代词指主项指代的东西,那么这个命题就是可能的——而且这是真的。这是因为,在"一个指代物可能被假定"这个命题中,"指代物"这个主项指代这种人性,因为这种人性由于不依赖于或不要求另一种人性的支持,因此现在真是一个指代物。这样,"指代物"真指代这种性质,正如如果苏格拉底是白的,那么"一个白东西在跑"中的"白东西"就真指代苏格拉底一样。但是,如果那种人性现在被指谓,那么"这是由一个神圣指代物表现的"就是一个可能的命题。因此,正像"一个白东西可能是黑的"是真的一样,"一个指代物可能被假定"也是真的。因为"这是黑的",如果指某种"白东西"所指代的东西,就是可能的,然而"一个白东西是黑的"却是不可能的。

同样,在相同的意义上,所有下面这样的命题都是真的:"一个人是可能被假定的","一个由一个有创造力的动因所引起的东西可能是仅由上帝引起的","一个被苏格拉底和柏拉图看见的东西可能是只被苏格拉底看见的",等等。然而下面的命题是不可能的:"一个人是被假定的","一个由一个有创造力的动因所引起的东西是仅由上帝引起的","一个被苏格拉底和柏拉图看见的东西是只被苏格拉底看见",等等。

其次应该注意,具有这样模式的命题与其单称命题相联系,而且方式与非模态命题与其单称命题相联系的方式完全一样。所以,这样一个全称命题不可能是真的或必然的或或然的,除非其单称命题各个是真的或必然的或或然的。

与此相似,尽管非模态命题的单称命题各个是可能的,但是一个非模态命题却可以是不可能的——这在下面的情况下是显然的:"它们二者都是真的",这里指两个矛盾的或然命题——同样,有时候,尽管很少见,一个模态形式的全称命题可以是不可能的,而其各个单称命题是可能的。这在下面的情况下是显然的："这二者是必然真的"，这里指"苏格拉底过去是在 A 中"和"苏格拉底过去不是在 A 中"这两个命题。这里说的这个全称命题是不可能的，然而，各个单称命题却是可能的。因为"'苏格拉底过去是在 A 中'是必然真的"是可能的。而且另一个命题也是可能的。

以上论述也应该被理解为适用于其他模态命题，例如，"每个人被你知道是动物"。因为为了使这个命题是真的，要求类似于下面的命题各个是真的："'这是一个动物，并且那是一个动物'被你知道"，如此等等。所以，严格地说，"每个人被你知道是动物"是假的，因为"每个人并非被你知道是动物"。对于其他许多命题也是如此。

11. 论形式是直言的
而等价于假言的命题

讨论了直言命题（实际上是简单的直言命题）以后，我们必须探讨与假言命题等价的命题。

应该注意，有的直言命题隐含着几个直言命题，后者实际上是对前者的解释，也就是说，表达这个命题以其形式所传达的东西。每个这样的直言命题都可以叫作与一个假言命题等价的命题。如上所说，排他命题、例外命题和重叠命题都是这类命题。一些含内涵词或关系词的命题也属于这类，例如，"有的白东西在跑"，"每个白东西是个物体"，"每个动因产生某种东西"，"每个量都是在一个位置中"，"每种相似性都是一种性质"，等等。因此，我们必须讨论这些命题。

关于这个问题，应该注意，如上所说，一个词项如果有一个名词定义，即一个表达这个名词是什么意思的定义，以致除非有这个短语，否则无法知道这个名是什么意思，那么这个词项就可以合适地被称为内涵的或关系的。而且在这样一种情况下，它总是基本地意谓某种东西，并且间接地意谓某种东西，例如，在"白的"和"热的"的情况下显然是这样。因为"白的"的名词定义是"有白性"或"以白性传达的"或某种这样的东西。这样，"白的"指代某种东西，这种东西是它意谓的东西或与某物共同意谓的东西，而且它意谓或与某物共同意谓某种东西，而这种东西不是它指代的或不必然是它指代的，即使它由于一个全称符号而是周延的——至少不是因为周延。在这样的情况下，一般来说，当某个词项意味或与某物共同意谓某种它不能指代的东西——因为它不是总真谓述那种东西——时，这样一个词项既不是内涵的，也不是关系的。例如，根据一种谈论方式，"白的"这个词项主要意谓白性。然而它不指代白性，正像它不真谓述白性一样。因为"白性是白的"是假的。所以，"白的"这个词项是内涵的或关系的。与此相似，"创造者"意谓或与某物共同意谓一个创造物，但是它不指代一个创造物。因为"一个创造物是一个创造者"是假的。所以，"创造者"这个词项是内涵的或关系的。根据亚里士多德的观点，对于"凹鼻的"、"凹面的"、"量"和其他这类词也应该是这样。因为所有这些词项都以某种方式意味或引入了一定的它们所不指代的东西。因为"量"表达出一部分与另一部分在地点和位置上相区别，然而"量"并不指代这样一个地点或位置。不过，如果它确实这样指代，那么这是因为实量的各部分都是量化的。

在其他地方也许将表明,恰当地说,关系的名和内涵的名之间的区别是什么。

如果假定了上述所说,那么应该注意,任何含有这样一个词项的命题都是一个含有一些说明要素的命题,这些要素表达这样一个命题所意谓的东西。但是不同的命题由于不同的内涵词项或关系词项而有不同的说明要素。因此,谈论其中一些要素就够了,因为人们将会发现如何把其他要素与将讨论的那些要素加以比较,从而说明它们。

在这样的条件下应该注意,每当在一个命题中出现一个相应于一个抽象词项的具体词项,这个词项引入一个东西,该东西又说明另一个东西,这时就总是这样一种情况:这样一个命题的真要求两个命题。这两个命题可以被称为是这个命题的说明要素。此外,其中一个命题应该是这样的:它的两个端项都处于主格;而另一个命题应该是这样的:其中一个端项处于间接格。例如,对于"苏格拉底是白的"的真而言,要求"苏格拉底是"是真的并且"白是在苏格拉底之中"是真的。与此相似,对于"一个白东西在跑"的真而言,要求有以下两个命题:"有东西在跑"和"白是在那个东西之中"。对于其他命题也是如此。

与此相似,当某个关系词项在一个命题中出现时,要求不止一个命题是真的。例如,对于"苏格拉底是与柏拉图相似的"的真而言,要求苏格拉底有某种性质并且柏拉图有同样一种性质。这样,鉴于苏格拉底是白的并且柏拉图是白的,苏格拉底是与柏拉图相似的,并且反之亦然。与此相似,如果他们二人都是黑的或冷的,那么仅仅鉴于这一点,他们就是相似的。同样,对于"一个人是一个量"的真而言,要求一个人有部分,并且一部分与另一部分在地点和位置上是不同的。

但是有人可能会怀疑是不是每个全称命题都有这样的说明要素。似乎每个全称命题都有,因为一个全称命题有许多单称命题。

应该说,一个含有"二者"或"二者……皆不"这样的符号出现的命题根据其意义就等于一个假言命题。但是一个含有"没有"、"每个"或"任何"这样的符号出现的命题则不等于一个假言命题。因为尽管这样一个命题常常有许多单称命题,然而这却不是必然的。因为如上所说,"每只不死鸟是"是真的,即使只有一只不死鸟。

对于以下命题的说明应该与上述类似:"一个鼻子是扁的"、"一个人是一种相似性"、"一个人是一个原因"。而且一般来说,对于表达了其他内涵和关系词项的命题的说明,应该与上述类似。

对于集合的名,比如"数"、"运动"、"时间"、"人民"、"军队",等等,也可以作出相同的说明。因为这样的词项要求几个命题是真的。

此外,根据亚里士多德的观点,应该注意的一点是:任何这样的词项,即任何内涵的、关系的、集合的或否定的词项,都不依自身或以说明是什么的方式谓述一个指这样一事物的指示代词,它依自身是一事物。然而,这些词项的一部分(或全部)是种或者依自身在属中,如同"数"本质地在量的属中一样。

而且,尽管根据亚里士多德的观点这样的词项不是依自身谓述一个指一事物的代词,然而它们以说明是什么的方式谓述带有那个普通词项的指示代词。例如，如果"苏格拉底是一个人"是依自身和以说明是什么的方式的表达，那么"这个数是一个数"也将是依自身和以说明是什么的方式的表达。而且对于"这种相似性是一种相似性"、"这种运动是一种运动"，以及其他命题也是如此。

尽管如此，仍然应该懂得，如果严格而恰当地理解"依自身和以说明是什么的方式谓述"，即把它理解为"必然地谓述"，那么在这种意义上，任何像"人"、"动物"、"数"等等这样的种都不依自身和以说明是什么的方式谓述任何东西——尤其是在现在时非模态命题中。这里的原因在于，任何以下这样的命题都不是必然的："苏格拉底是一个人"，"这头驴是一头驴"，"这个数是一个数"，"这个运动是一个运动"。但是如果人们在广义上理解以说明是什么的方式和依自身的谓述，也就是说，把它理解为这样一种谓述，其中谓项并不意味任何不是主项所意味的东西的内在的东西，于是在这种意义上，下面这样的命题都是依自身和以说明是什么的方式的表达："这个人是一个人"，"这头驴是一头驴"，"这种相似性是一种相似性"，以及其他命题。

因此应该说，每当一个内涵的、关系的或集合的词项在一个命题中出现时，总是有下面这样的情况：这样一个命题等于某个假言命题，它可以借助多个说明要素来说明。

12. 论含有否定、缺失和不定词项的命题

不仅含有内涵或关系词项出现的命题等于假言命题，而且含有否定、缺失和不定词项出现的命题也等于假言命题。原因在于

所有这样的词项实际上也是内涵的,因为在它们的名词定义中,必然出现某种处于主格的东西和某种处于间接格的东西,或者处于主格而前面带有一个否定。

例如,"非物质的"这个名的定义是"某种没有质料的东西","盲"这个词项的定义是"某种实际应该有视力而丧失了视力的东西","非人"这个词项的定义是"某种不是人的东西",如此等等。这样,每个这样的词项实际上是内涵的,尽管并非每个这样的词项都是关系的。因为有时候这样一个词项可以真谓述某种东西,即使不能正确地或恰当地给它加上一个间接词项。例如,一个天使是非物质的,然而,说它是"在某种东西非物质的"或"对某种东西非物质的"则是不恰当的,对于其他间接格的情况也是如此。

每个含有这样一个词项出现的命题至少有两个说明要素,有时则更多。看一看所说词项的名词定义,就很容易断定这一点。因此,每个含有一个不定词项出现的命题都有两个说明要素。其中之一是一个肯定命题,在这个命题中,(处于单数或复数的)"某种东西"或其他某个与它等义的词项是主项或谓项。因此,"一头驴是一个非人"等价于"一头驴是某种东西并且一头驴不是一个人"。与此相似,"一个天使是非物质的"等价于"一个天使是某种东西并且一个天使没有质料"。应该明白,这一点适用于这样的情况:有关的否定词项除了否定地意谓其对立的词项所肯定地意谓的东西外,不否定地意谓任何东西。我提到这一点是为了排除以下反例:因为"神圣本质是某种东西并且它不是产生的"这个合取命题并不等价于"神圣本质是非产生的"。

由此显然,恰当地说,"一个吐火女怪是非人"应该被否定,因为它有一个假的说明要素,即"一个吐火女怪是某种东西"。与此相似,如果没有人是白的,那么,严格地说,就应该否定"一个白人是非人",因为"一个白人是某种东西"这个说明要素是假的。

有人可能会说,根据亚里士多德,两个矛盾之一述说任何东西。所以,如果一个吐火女怪不是一个非人,那么一个吐火女怪就是一个人。

为了与亚里士多德的意思保持一致,应该回答说,并非是两个矛盾词项之一述说任何有意义地理解的词项。例如,"人"和"非人"都不述说有意义地理解的"吐火女怪"这个名。尽管如此,两个矛盾词项之一却述说"是"或"某种东西"所真谓述的任何词项——它们有意义地指代并且本身不包含任何助范畴词或其他决定因素。这样,如果"一个吐火女怪是某种东西"是真的,那么"一个吐火女怪是人"或"一个吐火女怪是非人"就会是真的。因此应该承认,并非是两个矛盾词项之一述说任何有意义地理解的词项,而是尽管如此,一定是任何词项要么真肯定要么真否定这样一个词项。这后一点即是亚里士多德说"对任何事物要么肯定要么否定"时的意思,但前一点不是。因此,尽管"人"和"非人"都不述说"吐火女怪",但是"人"要么真肯定要么真否定"吐火女怪"。因此,"一个吐火女怪是人"和"一个吐火女怪不是人"这两个命题中有一个是真的。与此相似,"一个吐火女怪是非人"和"一个吐火女怪不是非人"这两个命题中有一个是真的。对于"一个白人是人"和"一个白人不是人"这两个命题,以及"一个白人是非人"和"一个白人不是非人"这两个命题,也是如此。

然而,假定没有人是白的,就可以表明"一个白人是人"和"一个白人是非人"都不是真的。因为如果"一个白人是非人"是真的,那么由于它是肯定的,因此必然是主项指代某种东西。在这种情况下,我问:它指代什么?既不指代一个说出的词,也不指代一个概念,因为它是有意义地指代,而不是实质地或简单地指代。因此它指代其他某种东西。所以,"白人"这个词项如果有意义地理解,就会谓述一个代词,这个代词指它所指代的那个东西。结果,"这是一个白人"就会是真的,而这显然是假的。因为如果它是真的,那么这里指的要么是一个是者,要么是一个不是者。如果是一个是者,那么某个是者就会是一个白人,而这与假定的是反对关系;如果是一个不是者,那么某个不是者就会是一个白人,因此就会是白的,而这显然是假的。因此十分清楚,如果没有人是白的,那么"一个白人是非人"是假的。以这种证明方式也可以证明类似的命题是假的。

13. 论含有与不定词项不等价的缺失词项出现的肯定命题

尽管含不定词项或其相应词项的命题只有两个说明要素,含与不定词项不等价的缺失词项的肯定命题却有两个以上的说明要素。因此,"他是盲的"这个命题有以下说明要素:"他是某种东西","他凭其本性应该有视力","他将再不能自然地看见"。但是,对这样的命题不可能给出确定的规则,因为由于这样的词项具有多样性,所以含它们出现的命题不得不以不同的方式加以解释。这样,"苏格拉底是盲的"就有上述说明要素。但是,"苏格拉底是愚蠢的"这个命题却有以下说明要素:"苏格拉底是某种东西","苏格拉底没有他应该有的智慧"。然而,这与他能够有智慧这种情况是一致的。因此,以下命题是相容的:"苏格拉底是愚蠢的或愚笨的"、"苏格拉底本性上能够是智慧的"。但是,以下命题是不相容的:"苏格拉底是盲的","苏格拉底能够自然地看见"。因此显然,这两个命题有不同的说明要素,即使各个含有一个缺失词项出现。

现在,通过采用对有关缺失词项的名词定义并从它们出发来表述说明要素,就能够很容易看出应该以哪些不同的方式来解释这样的命题。

14. 论设定了现实中没有东西与之相应的虚构事物的命题

正如含否定和缺失词项的命题有几种说明要素一样,设定了虚构事物的命题也有几种说明要素。这样的命题包含一些制造的词项,现实中没有东西与这些词项试图表示的东西相应。

因为这样的词项确实是内涵的,而且除了实际是的或可能是的,或者至少可能已经是的或过去确实是的实在的东西外,以这样的词项不意谓任何想象的东西。这样,否定或缺失的词项仅仅意谓以肯定的词项所意谓的东西,尽管以一个肯定词项主动地或者以构造或肯定的方式所意谓的东西,也是由一个否定或缺失的词项所意谓的东西,但是不是以构造的方式,用安瑟伦的话说,而是以毁灭或否定的方式。以同样的方式,借助虚构词项,比如"吐火女怪"、"真空"、"无穷"等等,除了以其他词项所意谓的东西外并不意谓任何东西,从这些词项的名词定义来看这是显然的。然而,事物是以这些词项意谓的,还是以其他词项意谓的,方式是不同的。实际上,事物以其他词项意谓的,则这些词项可以指代这些事物,而那些虚构词项不能指代它们,恰如其名词定义不能指代它们一样。因此不应该想象,正像有一些以"人"、"动物"、"白的"、"热的"、"长的"、"短的"等等这样的词项意谓的是者一样,也有一些与是者完全不同的非是者和不可能的东西,这些东西是由"吐火女怪"、"羊鹿"等等这样的词项所意谓的,就好像有一个是者的世界,同样有一个不可能的东西的世界。实际上,以"吐火女怪"这个名所意谓的任何可以想象的东西亦是由"是"在非模态命题或可能命题中所谓述的某个词项意谓的。然而,"吐火女怪"这个名不能指代那个东西。为此,对任何肯定命题而言,如果有意义理解的"吐火女怪"这个名或类似的名是主项或谓项,那么严格地说,这个命题是假的,因为它有某个假的说明要素。因为"一个吐火女怪是一个非是者"这个命题(并且任何与此相似的命题)在字面上都是假的,因为各个这样的命题都有以下说明要素:"一个吐火女怪是某种东西"、"这个东西是一个不是者",而前一个说明要素是假的。

现在有人可能会问:"一个吐火女怪是一个吐火女怪"不是真的吗?看上去这是真的,因为相同的东西谓述其自身。而且波爱修宣称,命题是真的,莫过于其中相同的东西谓述其自身。

应该回答说,如果词项有意义地指代,那么"一个吐火女怪是一个吐火女怪"严格地说是假的,因为它隐含着假。而且就波爱修而言,应该说他的意思是:任何表达某物谓述某物的命题都不比相同的东西谓述其自身的命题更真。但是,由于他的观点是否定的,因此与下面的情况是一致的：表达相同的东西谓述其自身的命题和表达某种东西谓述其他某种东西的命题都不是真的。然而，如果表达"某种东西"谓述一个东西的命题是真的，那么表达相同的东西谓述其自身的命题就会是真的。例如，如果"吐火女怪是某种东西"是真的，那么"一个吐火女怪是一个吐火女怪"就会是真的。因此任何表达某种东西谓述有意义理解的"吐火女怪"这个名的命题都不会比表达"吐火女怪"这个名谓述其自身的命题更真。但是，这与这样的情况是相容的，即这两个命题都不是真的。

15. 论含有"who"这个代词的直言命题

任何直言命题若是直言形式并含有关系代词"who"①，就应该得到几种说明要素，因为各个这样的命题均等于一个合取命题。然而这样的命题必须以不同的方式来处理，一方面，依据它们是不是全称的，另一方面，依据它们是特称的、不定的，还是单称的。因为当这样一个命题是特称的、不定的或单称的时，总是等于两个命题的合取，这两个命题是由一个先行词和关系代词"他"（或一个专名）加上另一个端项构成的——而且不形成其他变化。例如，"一个是白的人在跑"（A man who is white is running）等于"一个人在跑并且他是白的"。同样，"在跑的苏格拉底在辩论"（Socrates, who is running, is debating）等于"苏格拉底在跑并且苏格拉底在

---

① "who"作疑问代词时表示"谁"，但是作关系代词时只有语法作用，没有具体的意义。——译者

辩论"。

但是,如果这样一个命题是全称的,它就是模棱两可的,因为它可以有两种意义。在一种意义上断定的是,谓项表述主要动词前面的整个词组所表述的每个东西并且仅仅断定这些东西。这被许多人称为构成意义,或者它与那种意义是可互换的。在另一种意义上断定的是,跟在"who"这个词项后面的东西普遍地谓述先行词,而且谓项也普遍地谓述同一个先行词。例如,在一种意义上理解,借助"每个是白的人在跑"断定的是,"在跑"这个谓项表述"是白的人"这整个短语所表述的每个东西。在这种情况下,对于这个命题的真而言,要求两个命题,即"有的人是白的"和"每个这样的人在跑"。然而,在另一种意义上断定的是,下面两个命题是真的:"每个人是白的","每个人在跑"。

尽管如此,仍应该注意,正如后文将论述的那样,有时候关系不是人称的,而在这样的情况下,在相应的合取命题中,同一个词项就不必然在两部分都有相同的指代。但是有时候关系是人称的,而在这种情况下,同一个词项就应该有相同的指代。

16. 论重叠命题

关于重叠命题,首先应该注意,当一个命题含一个"鉴于"这样的表达式或重叠理解的相等的表达式时,它就叫作重叠的。因为,根据一些人的观点,有时候这个表达式可以作重叠理解,在这种情况下,它使命题成为重叠的;有时候它又可以作专门的理解,在这样的情况下,它不使命题成为重叠的。

其次应该注意,在重叠命题中,重叠本身,即"鉴于"这个表达式或其相等的表达式,有时候由于前面没有否定而被肯定,有时候由于前面确实有一个否定而被否定,比如在下面的命题中:"并非是这样的情况:苏格拉底,鉴于他是一个人,在跑。"如果这种重叠不被否定,那么它要么出现在一个肯定命题中,比如"苏格拉底,鉴于他是一个人,是可看见的",要么出现在一个否定命题中,比如"苏格拉底,鉴于他是一个人,不在跑"。

这样,我们必须考虑,首先,对于一个肯定的重叠命题来说,它的真要求的是什么;其次,对于一个重叠不被否定的否定命题来说,它的真要求的是什么;再次,对于一个重叠被否定的命题来说,它的真要求的是什么。

就第一点而言,应该注意,这样的命题是可以区别的,因为出现重叠是为了表达伴随情况或原因。如果重叠是为了表达伴随情况,那么这个命题的真就要求四个命题,而这四个命题实际上是解释这个命题的。其一是这样一个命题,其主要动词真谓述主要的主项。其二是这样一个命题,处于重叠之下的东西谓述主要的主项。其三是这样一个命题,其主要的谓项谓述处于重叠之下的东西,因而作普遍理解。其四将是一个真的条件命题,在这个命题中,人们从处于重叠之下的东西到主要的谓项进行论证,即以这样一种方式,据说可以有一个从下位到上位的有效的推论,据说两个可相互交换的命题可以相互得出。例如,对于"苏格拉底,鉴于他是一个人,是有颜色的"这个命题而言,它的真要求以下命题是真的:"苏格拉底是有颜色的","苏格拉底是一个人","每个人是有颜色的","如果一个人是,那么有颜色的是"(或"如果 A 是一个人,那么 A 是有颜色的"）。由于这样一个命题是假的，就得出"苏格拉底，鉴于他是一个人，是有颜色的"同样是假的，因为它有一个假的说明要素。

另一方面，如果重叠是用来表达一个原因，那么对于这样一个重叠命题来说，它的真要求，除了上述四种说明要素外，处于重叠之下的东西要表达谓项所引入的东西的原因，或者它是这样的，其主要的谓项所表达的基本上是内在的，或者主要的谓项所表达的是这样内在的，即优先于表达一个代词内在的，而这个代词指主要的主项所指代的东西。例如，借助"一个等边的东西，鉴于它是一个三角形，有三个角"断定的是：一个等边的东西有三个角，一个等边的东西是一个三角形，每个三角形都有三个角，如果某种东西是一个三角形，那么它有三个角——而且除此之外，还断定："有三个角"这个谓项真谓述"三角形"，优先于真谓述"等边的东西"，所谓"优先"是在逻辑学家使用"在先"和"在后"的意义上说的，即指命题之间的关系。与此相似，借助"火，鉴于它热，是产生温暖的"也断定上述东西。所以，这个命题是真的。同样，"一个人，鉴于他有智慧心灵，是可以学习的"也是真的。因为除了那四种说明要素外，智慧心灵是学习的原因——把"原因"这个名扩展到某种（性质的）主体。而且这是这样一个重叠命题的真的充分条件。但是，"一个人，鉴于他是能笑的，是可以学习的"是假的，尽管重叠若是用来表示伴随情况，这个命题就是真的。这里的原因在于上面提到的四种说明要素是真的。

从以上论述可以推出下面的规则：从一个重叠命题到其相应的非重叠部分总有一个形式推论。这是因为其相应的非重叠部分总是重叠命题的一个说明要素。因此,下面是形式有效的:"一个人,鉴于他是一个动物,是有感觉的;所以一个人是有感觉的。"与此相似,这得出:"火,鉴于它是热的,是产生温暖的。"

从这些考虑得出,许多人所承认的哲学和神学中的许多命题,严格地说根本就是假的。它们是如下这样的命题:"一个创造物,鉴于他在上帝之中,实际上是神圣本质","圣父和圣子产生(圣灵),鉴于它们是一体","一个人,鉴于他是一个创造者,不是一个是者","一个对象,鉴于它是可理解的,变得渺小",等等。因为所有这样的命题都有一些假的说明要素。关于与此仅仅相似的命题,经过适当修正,也应该这样论述。如果在权威——无论是圣徒还是哲学家——的著作中发现某些这样的命题或仅仅与此相似的命题,就应该对它们进行注释。因为权威常常不是字面地表达,对于仔细检验他们著作的人来说,这是显然的。

以上论述使我们能够解决一些诡辩,比如"一些东西,鉴于它们相一致,是不同的","一些东西,鉴于它们是不同的,相一致"。因为如果我们在真谓述所有在现实中存在的东西的意义上理解"相一致",如果我们把"是不同的"理解为适合所有以任何方式不同的东西,即是而不是相同的东西,那么,重叠若是用来表示伴随情况,则所有这样的命题和与其相似的命题都是真的。因为,正像显而易见的那样,前面提到的这样的命题的四种说明要素是真的。另一方面,重叠若是用来表达一种原因,那么在那种情况下那些命题都是假的。因为"相一致"与相区别的东西不是一致的,而且它对相一致的东西的表述也不优先于它对相区别的东西的表述。它也不说明它们区别的原因。所以,如果在这种意义上理解,这些命题就是假的。

然而,对下面的命题却不是这样:"一些东西,鉴于它们不类似,是类似的。"因为下面的推论及其逆命题都不是有效的:"这些东西是类似的;所以它们是不类似的。"也得不出:"它们在'不类似'这个谓项上相一致;所以它们是类似的。"因为为了使它们是类似的,要求它们有相同的最低种的性质。

另一条规则是:如果从一个下位到一个上位进行论证,在主要的主项上没有周延,那么这就是一个有效的推论。因此,"苏格拉底,鉴于他是一个人,是能笑的"是一个正确的推论。因为除非推论的说明要素是真的,否则先行词的说明要素不可能是真的。无论重叠是用来表达伴随情况还是表达一个原因,这都是成立的。

与此相似,如果关于主要的谓项以相同的方式进行论证,那么也是一个有效的推论。然而,如果从处于重叠之下的东西到其上位进行论证,就有一种推论谬误,比如下面的推论:"苏格拉底,鉴于他是一个人,是能笑的;所以,苏格拉底,鉴于他是一个动物,是能笑的。"因为如果这个推论是有效的,那么就会得出下面的推论是有效的:"每个人是能笑的;所以,每个动物是能笑的。"这样就会与这条规则相一致地得出:"当一个重叠命题限定另一个重叠命题时,先行词的说明要素限定推论的说明要素。"

尽管如此,仍然应该注意,有人可能会在其他某种意义上而不是在字面意义上使用这些命题。正因为这样,在发现权威们的论述与这里说的某些东西相反时,必须以此作出回答。

第二个主要任务是讨论否定的重叠命题,然而其重叠却不是否定的。一个这样的命题是:"一个人,鉴于他是理性的,不是一头驴。"

应该注意,如果重叠是用来表达伴随情况,那么这样一个重叠命题有四个说明要素:两个否定的、一个肯定的,和一个条件的。肯定的说明要素是一个命题,在这个命题中,处于重叠之下的东西真肯定主要的主项。一个否定的说明要素是与有关的重叠命题相应的非重叠命题,即这样一个命题,其主要的谓项否定主要的主项。另一个否定的说明要素是一个命题,在这个命题中,主要的谓项否定处于重叠之下的东西,因而作普遍的理解。条件的说明要素是一个命题,在这个命题中,从设定处于重叠之下的东西得出主要谓项的否定。例如,"一个人,鉴于他是能笑的,不是一头驴"有如下说明要素:"一个人是能笑的","一个人不是一头驴","任何能笑的东西都不是驴","如果某种东西是能笑的,那么它就不是一头驴"。

因此,下面那样的命题字面上是假的:"一个逻辑学家,鉴于他是一个逻辑学家,与一个语法学家不同",因为"每个逻辑学家与语法学家不同"这个说明要素是假的;"一个白东西,鉴于它是白的,与一个甜东西不同",以及其他类似的命题。与此相似,如下命题也是假的:"一个心智,鉴于它是一个心智,不表达愿望","一个心灵,鉴于它是一个心智,不表达愿望","一个心灵,鉴于它是主动的,不是被动的","一个心灵,鉴于它是被动的,不作出行为","火,鉴于它是热的,不是干燥的","一个物体,鉴于它被改变,不发生位移",以及其他许多命题。因为所有这样的命题都有假的说明要素。

另一方面,如果重叠是用来表达一种原因,那么就要求主要的谓项否定主要处于重叠之下的东西,或优先于否定一个代词(这个代词指主要的主项所指代的东西)而处于重叠之下的东西,因而总是假定这个命题有上述四种说明要素。为此,如果在所说的这种意义上理解重叠,那么"一个人,鉴于他是能笑的,不是一头驴"是假的。

与此相似,应该如同前面那样理解,从一个重叠命题总有一个到其相应的非重叠命题的形式推论。因此,下面的推论是形式的:"一个逻辑学家,鉴于他是一个逻辑学家,与一个语法学家是不同的;所以,一个逻辑学家与一个语法学家是不同的"——由此得出,一个逻辑学家不是一个语法学家。

第三,我们必须探讨其重叠是否定的这样的命题。应该注意,这样一个命题是一个其重叠是肯定的重叠命题的矛盾命题。因此,对于这样一个命题的真而言,只要有与其矛盾重叠命题的任何说明要素相对立的说明要素就足够了。因为有这样一条一般规则:如果一个命题是某个有几个说明要素的命题的矛盾命题,那么对于这个命题的真而言,只要与任何说明要素相对立的说明要素是真的就足够了。因此,对于"并非是这样的情况:苏格拉底是一个人,鉴于他是白的"的真而言,下面任何一个命题是真的就足够了:"苏格拉底不是人","苏格拉底不是白的","有的白东西不是人","并非是这样的情况:如果它是白的,那么它是一个人"。

还应该注意,"由于它是……"、"作为"、"因为它是……"等等这样的表达式与"鉴于"这个表达式是等价的,因此它们也使命题成为重叠的。处理含有它们出现的命题也应该像处理含有"鉴于"出现的命题那样来进行。

另一方面,如果这样一个命题有专门的理解,而不是在重叠的意义上来理解,那么就不要求附加了这样一个表达式的东西是与全称命题的主要谓项有关的主项。相反,这里要求,处于重叠之下的东西表明,根据这一点,主要的谓项属于基本的主项。例如,在"火,鉴于它是热的,是产生温暖的"这个命题中,如果"鉴于"这个表达式不是作重叠理解,而是作专门的理解,那么就不要求"每个热东西都是产生温暖的"是真的。相反,这里要求,"热的"这个名表示热量,根据这一点,火产生温暖。因为产生温暖属于热量是比属于火更优先并且更依自身的。或者,至少"热的"必须表达出热是产生温暖的一条原理。这样,对于这样一个命题来说,它的真要求,主要的谓项谓述主要的主项和附加了重叠表达式的东西,而且附加了重叠表达式的东西谓述主要的主项。但是这里不要求主要的谓项普遍地谓述附加了重叠表达式的东西,而是要求,附加了重叠表达式的东西说明,由于这一点,主要的谓项通过谓述与主要的主项真的相一致。类似下面的命题就要以这种方式检验:"苏格拉底,鉴于他是白的,扩展了视野"、"苏格拉底,鉴于他有自由意志,有过失"、"是者,鉴于它是是者,乃是形而上学的主题",如此等等。但是人们不应该关注例子。

还必须指出,"鉴于"这个表达式,以及"由于它是……"、"因为它是……"这些表达式在一些命题中等于时间副词。例如,"'狗',鉴于它是一种能吠的动物,使'每条狗是动物'这种命题是真的"这个命题的一种意义是:"'每条狗是动物'这个命题是真的,仅当'狗'代表一种能吠的动物。"而且与此相似,我们说下面的命题是真的:"这幅肖像是一个人,由于'人'是在不恰当的意义上使用的。"这就是说,如果"人"是在不恰当的意义上使用的,这个命题就是真的。这样,"鉴于"这个表达式也可以在各种不同的意义上有歧义地使用。

17. 论排他命题

关于排他命题我们必须注意,第一,什么使一个命题成为排他的;第二,对于一个排他命题来说,它的真要求什么;第三,在排他命题中词项如何设置;第四,必须给出什么规则。

关于第一点应该注意,"只(有)"(only)和"单独"(alone)这些表达式表示命题是排他的。然而应该注意,"单独"这个表达式有时作助范畴词理解,在这样的情况下,它是一个排他表达式;有时作范畴词理解,在这样的情况下,它不是一个排他表达式。实际上,在后一种情况下它表明,加上这个词项所表示的东西是独自的。例如,我们说"他是单独的",就是说,只有他自己,因为在那个特定的地方没有其他人和他在一起。与此相似,如果有人说"苏格拉底单独在跑",那么"单独"若是作范畴词理解,这个命题就意谓:苏格拉底自己独自在跑。即使其他许多人在跑,这个命题也可以是真的。然而,如果"单独"作助范畴词理解,那么这里断定的是:只有苏格拉底在跑。

第二,应该注意,如果"只(有)"和"单独"这两个表达式可以加到同一个词项上,那么无论加哪个都没有关系——只要"单独"作助范畴词理解。因为这样的命题是等价的。例如,下面的命题是等价的:"只(有)一个人在跑","一个人单独在跑"。

关于第二点应该注意，一个排他表达式有时加在主项上，有时加在谓项上，有时又加在构成部分上，因此它是对构成部分的限定。所以我们应该首先探讨它加在主项上的情况。

首先应该注意，有时候一个范畴表达式意谓其原本用意的一个东西和转意的或间接用意的其他某个东西。例如，"人"原本意谓与"由身体和智慧心灵构成的"相同的东西，而间接地意谓这样一个构成物的塑像或图像。对于排他表达式和其他助范畴表达式也是这样。有时候它表达其原本用意或起原本用意的作用，并且有间接用意的作用——而且一个排他表达式就是这样。所以我们应该首先探讨其原本使用，然后探讨其间接使用。

关于其原本使用应该注意，每当一个排他表达式在其原本意义上理解并加在主项上时，断定的总是：谓项真谓述主项并且凡主项不真谓述的东西都被否定——如果命题是肯定的，情况就是如此。这样，每个排他命题都有两个说明要素：一个是肯定的，另一个是否定的。例如，"只（有）一个人是动物"就有以下说明要素："一个人是动物"、"只有人是动物"。另一方面，如果命题是否定的，那么断定的是：谓项真否定主项并且凡主项真否定的东西谓项都有。这样命题就有两个说明要素，即其相应的非排他否定命题和一个肯定命题。例如，"只（有）一个人不是驴"有下面的说明要素："一个人不是驴"、"只有人不是驴"。

以上论述说明，如果在原本的意义上理解排他表达式，那么所有下面这样的命题都是假的并且包含一个矛盾："只（有）一个人是白的"，"只（有）空气是在这里"，"只（有）一个动物是"，"只（有）一个父亲是"，"只（有）一个个体是"，等等。因为从这些命题得出，谓项真谓述整体和整体的名所否定的那些部分。因此所有这样的命题都包含一个矛盾。

与此相似,下面这样的命题是假的:"圣父单独是上帝","圣父单独产生圣灵","圣父单独是好的",以及其他这类命题。与此相似,"只(有)每个人是理性的"和"只(有)每个动物是有感觉的"这样的命题是假的,因为如果有多个人和多个动物,它们的说明要素就不能同时都是真的。对于"每个人是理性的"和"只有每个人是理性的"这些说明要素,就是这样的情况。因为如果只有每个人是理性的,如果这个人不是每个人,那么就得出:这个人不是理性的——这与"每个人是理性的"是不相容的。对于"只(有)每个动物是有感觉的"也是同样。

其次,我们必须检验间接使用的排他表达式。应该注意,可以有三种这样的使用:第一,当它恰恰从主项不谓述的每个个体排除谓项时;第二,当它恰恰排除那些既不是由主项所指示的东西也不是由主项所指示的东西的部分时;第三,当它恰恰排除比主项表达得更多的东西时。

相应地要给出三条规则。一条是:当排他表达式加在一个周延的普通词项上时,要么可以有一个恰当意义的排除,在这种情况下,排除的东西是附加了排他表达式的那个词项不真谓述的每个东西;或者可以有一个不恰当意义的排除,在这种情况下,断定的是:谓项否定其他每个带有特称符号、主项不真谓述的普通词项。这可以叫作对带有特称符号的、不相容的普通词项的排除。

因此,"只(有)每个人在跑"必须作为在第二种模式上多义的加以区别。因为要么"只(有)"可以得到恰当的理解,在这种情况下，这个命题有下面的说明要素："每个人在跑"，"只有每个人在跑"；要么"只（有）"可以作不恰当的理解，因而有一个对带有特称符号的、不相容的普通词项的排除。在这种情况下，这个命题就有以下说明要素："每个人在跑"、"有的牛不在跑"、"有的驴不在跑"、"有的雌山羊不在跑"，以及各个普通词项。这样，借助这样一个排他命题——只要这个排他表达式作不恰当的理解——断定的就是：谓项真谓述在带有全称符号的命题中出现的普通词项，并且它不真谓述其他任何全称理解的普通词项。现在，除了排他表达式加在一个全称理解的普通词项上时，这种区别绝不适用。

关于排他表达式的第二种不恰当的意义有另一条规则。这条规则是：如果排他表达式加在一个词项上，而这个词项表示某种有几部分的东西，那么必须区别有关的命题。因为要么可以有一个恰当意义的排除，在这种情况下断定的是：谓项属于主项并且否定主项所否定的每个东西；要么可以有一个不恰当意义的排除，在这种情况下，所排除的既不是主项真谓述的任何东西，也不是一个表示主项一部分的词项真谓述的任何东西。这可以叫作对任何表示某种外在东西的词项的排除。相应地，"只（有）苏格拉底是白的"这个命题必须要区别。因为这个排他表达式可以恰当地理解，在这种情况下，这个命题包含一个矛盾。因为在这种情况下它的说明要素是："苏格拉底是白的"和"只有苏格拉底是白的"——它们是相互不相容的，因为它们隐含导致不相容的命题。因为得出："苏格拉底是白的；所以，苏格拉底身体的某部分是白的。"而且得出："只有苏格拉底是白的；所以，苏格拉底身体的任何部分都不是白的。"这两个结论相互是不相容的。另一方面，如果这个排他表达式作不恰当的理解,因而恰恰有一个对任何仅仅表示苏格拉底某种外在的东西的词项的排除,那么"只(有)苏格拉底是白的"就是可能的。因为在这种情况下,除了断定苏格拉底是白的和任何苏格拉底的外在的东西都不是白的以外,不断定任何东西。但是这两个断定相互是相容的,而且它们与"苏格拉底是白的"和"任何苏格拉底的外在的东西都不是白的"是一致的,而这两个命题就是所考虑的命题的说明要素。现在,除了排他表达式加在一个表示某个有几部分的整体——无论是一个恰当意义的整体还是一个扩充意义的整体——上以外,绝不能应用这种区别。

现在有人可能会反对说,如果是这样,那么根据这两种解释,下面这样的命题就一定会包含矛盾:"只(有)一个物体是白的","只(有)一个人是白的","只(有)火产生热","只(有)一个人是在这里面","只(有)一个量是在一个地方",以及其他这种命题。这是因为:面被第一个例子排除,因为它由于不是一个物体的一部分,因而不是一个物体的内在的东西。由于同样的原因,面也会被第二个例子排除。热会被第三个例子排除,所有偶性都会被第四个例子排除,点会被最后一个例子排除。

应该回答说,关于上述例子——第三个例子例外——所说的所有东西在亚里士多德看来,都是从假构想进行的,即面、线和点是与物体和实体实际区别的东西。我已经说明,这种构想与亚里士多德在《范畴篇》中的观点是相反的。就第三个例子而言,如果人们假定火除了借助热否则不能产生温暖,那么必须给出一个不同的回答。因为应该坚持认为,无论排他表达式是恰当地理解,还是像讨论的那样在不恰当的意义上理解,"只(有)火产生温暖"这个命题都包含一个矛盾。因此,如果应该挽救这个命题,那么就必须在某种与其恰当的意义或与上述三种不恰当的意义不同的意义上理解这个排他表达式。特别是,在这种新的意义上,这个排他表达式将会恰恰排除那些表示既不是内在的东西也不是形式上固有的偶然的东西的词项。在这种解释下,可以承认,"只(有)火产生温暖"是可以的。因为在这种情况下,既然热是火形式固有的,因而没有被排除。

关于这个排他表达式的第三种不恰当的意义可以给出第三条规则:如果这个排他表达式加在一个数字词项或其相等的词项上,或者加在一个意味一个数或单位的词项上,那么就要区别所考虑的命题,因为可以有一个恰当意义的排除或一个不恰当意义的排除。在第一种意义上,排除的是主项不真谓述的所有东西。在第二种意义上,排除的是一种复数情况,它大于有关命题断定的谓项所属于的东西。这可以被称为对更大数的排除。相应地,必须区别"只(有)四个人是在这里面"这个命题。因为假定这里面有四个人——不多于四个,在这种情况下,如果在其恰当的意义上理解这个排除表达式,并由此形成排除,那么断定的就是四个人在这里面并且只有四个人在这里面。结果断定的是没有石头在这里面,没有马在这里面,没有驴在这里面。而且这还断定:并非是两个人在这里面,因为两个人不是四个人。另一方面,如果对较大的数进行排除,那么就断定四个人在这里面而且不多于四个人。在这种情况下,这个命题的说明要素是:"四个人是在这里面","并非是四个以上的人是在这里面"。这在以上假定的情况下是真的。

以这种方式可以解决"只(有)一(个)是"①这个诡辩。因为如果恰当地理解这个排他表达式,那么"只(有)一(个)是"是真的。因为其两个说明要素,即"一(个)是"和"只有一(个)是",都是真的。对于"只(有)一个动物是一个人"也是如此。另一方面,如果以某种不恰当的方式理解这个排他表达式,以致有大量的排除,那么这个命题就是假的。因为在这种情况下,它的说明要素是"一(个)是"和"并非有一个以上的东西是"。在这种情况下,"只(有)一个动物是一个人"以同样的方式有以下说明要素:"一个动物是一个人","并非有一个以上的动物是一个人"。对于"只(有)这些中的一个是",这里指两个是者,也是如此。因为如果恰当地理解这个排他表达式,这个命题就是真的。因为在这种情况下,如果有不是两个以上的是者,比如上帝和一个天使,那么两个说明要素都是真的。然而,如果不恰当地理解这个排他表达式,这个命题就是假的。因为在这种情况下断定的是:这两个东西中的一个是,而不是两个都是。

因此,在以上这些意义上是能够不恰当地理解这个排他表达式的。也许在其他一些意义上也是能够不恰当地理解这个排他表达式的。但是,由于在这些意义上的使用不如我们探讨的这些意义那样广泛,因此我把它们留给专家去讨论。

我们已经讨论了这个排他表达式用于主项的情况,现在我们应该讨论它用于谓项的情况。

首先应该注意,在这样的情况下也可能会恰当或不恰当地理

---

① 原文是"*tantum unum est*",英译文为"Only one exists"。——译者

解这个排他表达式。如果恰当地理解它,那么断定的是:谓项表述主项,谓项所不真谓述的每个东西在主项被否定。例如,借助"一个人只是一个动物"断定的是:一个人是一个动物并且一个人仅仅是一个动物。然而,当不恰当地并转义地采用这个排他表达式时,就把它加到动词上,在这种情况下,它从主项排除其他所有表示不同行为和情感的动词。例如,借助"一个人只看"断定的是:一个人在看,他不是在听或跺脚,等等。这样,必须区别"一个人只是一个能跑的东西"这个命题,因为在第二种模式上它是多义的。这是因为这个排他表达式可以被恰当地采用,在这种情况下,两个说明要素是:"一个人是一个能跑的东西"和"一个人仅仅是一个能跑的东西"——而且这与一个人在看、在跺脚等等这样的情况是相容的。但是如果不恰当地采用这个排他表达式,这个命题就是假的。因为在这种情况下断定的是:一个人在跑,不在听,不在看,等等。

关于"一个人只是白的","牛奶只是甜的","火只是热的","土只是冷的"这些命题,可以作出与上边类似的区别。因为如果恰当地采用这个排他表达式,它们各个是真的。因为在这种情况下,说明要素是:"一个人是白的"并且"一个人仅仅是一个白东西","牛奶是甜的"并且"牛奶仅仅是甜东西",等等。另一方面,如果不恰当地采用这个排他表达式,那么就要排除所有这样的谓项,它们表示与谓项所表示的偶性不同的偶性。例如,借助"一个人只是白的"断定的是:一个人是白的并且任何表示一种与白色不同的偶性的谓项都不谓述人。这样,断定的是:一个人不是热的或湿的或渴的或冷的或透明的,等等。关于这个命题的论述也应该一致地适合于其他命题。

关于第三点主要问题，即词项在排他命题中如何指代，应该注意，当这个排他表达式加在主项上，而这个主项被不周延地采用时，如果主项是一个普通词项，那么它有仅仅模糊的指代。因为如上所说，在不可能以一个析取命题或以一个合取命题下降到下位的东西时，就出现仅仅模糊的指代。但是这得不出："只有一个人在跑；所以只有这个人在跑或只有那个人在跑"，而且对其他每个人也是如此。这也得不出："只有一个人在跑；所以只有这个人在跑并且只有那个人在跑"，而且对各个人都是这样。因此在这样一个命题中，主项有仅仅模糊的指代。但是谓项有模糊而周延的指代，因为可以借助一个合取命题下降到下位的东西。这样，下面的推理是有效的："只有一个人在跑；所以只有一个人是这个在跑的东西"，这里指任何在跑的东西。因为这得出："只有一个人在跑；所以不过是一个人在跑"，而且，"所以这个在跑的东西不过是一个人"。显然，如果它在跑，那么它是某种东西；所以它是一个人。由此得出，一个人是这个在跑的东西，所以只有一个人是这个在跑的东西。因为当谓项是一个指示代词或与此等同的词时，关于这个谓项就有一个从一个不定命题或特称命题到一个排他命题的有效推论。

的确，无论这个谓项是什么种类的词项，都有一个从一个不定命题或特称命题到排他命题的有效推论。因为"唯独一个人是能笑的，所以只有一个动物是能笑的"是一个有效的推论。这个推论之所以成立是由于有以下规则："无论上位的有仅仅模糊的还是确切的指代，都有一个不周延的从下位到上位的有效推论。"例如，可以得出："每个人是一个人；所以每个人是一个动物。"

其次应该注意,当一个排他命题是否定的,主项指代的与在一个肯定的排他命题中指代的就是恰恰一样的,而且对于谓项也是这样。因此得出:"只有一个实体不是偶性,所以一个实体不是这个偶性。"

第三,我们必须探讨排他表达式加在谓项上这样的排他命题中词项的指代。应该指出,这样一个命题的主项所指代的与在这个命题中相应的非排他的部分所指代的恰恰是一样的。对于谓项也是如此。这是因为相同的东西不能既真肯定又真否定相同的东西。所以,当排他表达式加在谓项上时,从相应的非排他部分总是得出一个排他命题。应该把这理解为适用于命题的端项都处于主格的情况——当一个端项都处于所有格的情况时,这并不总是真的。实际上,如果命题的端项处于所有格的情况,如果这个排他表达式是对谓项的确定,而不是对复合的确定,那么这个谓项有仅仅模糊的指代。假定苏格拉底被许多人看见并且只是被人看见。在这种情况下,"苏格拉底唯独被一个人看见"这个命题就是真的,因为它的说明要素是真的,即"苏格拉底被一个人看见"、"苏格拉底只是被一个人看见"。然而却得不出:"苏格拉底唯独被一个人看见;所以苏格拉底唯独被这个人看见或唯独被那个人看见。"实际上,甚至得不出:"苏格拉底唯独被一个人看见;所以苏格拉底被那个人看见。"因此谓项是仅仅模糊的,而不是模糊而周延的或确切的指代。

然而,如果这个排他表达式是对复合的确定,那么谓项所指代的与在这个命题中相应的非排他部分所指代的恰恰是一样的。例如,在"一个人只被一个人看见"中,如果"只"是对复合的确定,那么这个命题就有以下说明要素:"一个人被一个人看见"、"一个人而不是一个东西被一个人看见"。由此看出,词项在排他命题中指代的方式与在相应的非排他命题中指代的方式不是不同的。因为这种排他命题与其相应的非排他命题总是可以互换的。然而,如果在一个排他命题中,排他表达式加在周延采用的主项上,那么这个主项就有模糊而周延的指代。因为这样一个命题,无论它是肯定的还是否定的,都含有矛盾的东西。这样目前我不再谈论这种情况。

此外应该注意,当恰当地采用排他表达式时,所有以上论述都应该被理解为是适用的。因为当不恰当地采用排他表达式时,并非以上所有论述都是真的。但是,对于想到排他表达式的不恰当的意义并仔细检验这些情况的人来说,哪些东西确实是真的,哪些东西不是真的,是清楚的。而且我已经论述了这些不恰当的意义。

最后,我们应该看看处理排他表达式的一些规则。一条规则是:通过词项交换从一个排他命题到一个全称命题有一个有效的推论,并且反之亦然。因为一个排他命题和通过词项交换得到的相应的全称命题总是可以互换的。这条规则应该被理解为适用于这样的情况:与有关命题相应的非排他命题和带有换位词项的全称命题都是可以换位的命题,即各个命题可以被恰当地换位。或者,如果相应的非排他命题是一个总是可以换位的命题——要么除了仅有换位而没有词项的变化,要么还有其他一些变化——那么就应该把与它相似的全称命题看作这样的命题,有关的排他命题可以与它们相互交换。后面我们将探讨这些换位和换位的模式。

从这些以及后面将要作出的关于换位的论述可以看出，像"只有必然的是必然真的；所以凡是真的都必然是必然的"这样的推论不是有效的，尽管下面的推论是有效的："只有必然的是真的；所以凡真的都是必然的。"与此相似，得不出："只有一个人是白的；所以每个白东西都是一个人。"对于类似的命题也是如此。后面将在适当的地方探讨这些命题。

另一条规则是：每个排他命题有两个说明要素，一个是肯定的，另一个是否定的。所以一个排他命题的对立命题是真的，有两个原因，因为各个说明要素的对立命题都是有关的排他命题的否定的真的原因。

另一条规则是：当出现一个带有某种模式标志的排他命题，而这种模式使一个命题成为模态命题时，就必须区别有关的排他命题。例如，必须区别"只有一个人是苏格拉底是真的"这个命题。因为"只有"的表达可以要么一直约束整个"……一个人是苏格拉底"，要么不一直整个约束它。如果不一直整个约束它，即如果一个人说"只有'一个人是苏格拉底'是真的"，那么这个命题是假的。因为在这种情况下，它有以下的意义："只有这个命题是真的"，这里指"一个人是苏格拉底"。另一方面，如果"只有"一直约束整个表达"……一个人是苏格拉底"，如果这个表达的部分是联系的，那么这个命题就有下面的意义："只有一个人是苏格拉底是真的"，而且这等价于："'只有一个人是苏格拉底'这是真的。"如果这个表达的部分不是联系的，那么断定的不是"只有一个人是苏格拉底"是真的，实际上，断定的是：以这个排他表达式来理解的"苏格拉底"真谓述"人"下所包含的某种东西。因此，这种情况下关于这些命题和其他不带排他表达式的命题也是相似的。（然而有一种变化，它取决于谓项是不是一个单称词项。）因此，如果"只有"一直约束整个表达，而且表达的部分是不相联系的，那么"只有一个白东西在跑是可能的"是假的。因为有可能某种不是白东西的东西在跑。另一方面，如果表达的部分是联系的，这个命题就是真的。因为在这种情况下，断定的是："只有一个白东西在跑"这个命题是可能的。但是，借助另一个命题断定的是：对于任何命题来说，如果其中的"在跑"谓述一个指某种不是白的东西的代词，那么这个命题就不是可能的——而这不是真的。

18. 论例外命题

就例外命题而言，我们必须第一检验哪些命题是例外的；第二检验例外命题的真所要求的条件；第三检验例外命题中词项的指代；第四检验对例外命题应该给出的一些规则。

关于第一点应该注意，像"除了"和"非"（unless）这样的助范畴表达式使含它们出现的命题成为例外的。

但是首先应该理解，"除非"有时候是作为连词使用的，在这种情况下，它使命题成为假言的，"除非苏格拉底有脚，否则他就不能跑"这个命题说明了这种情况。然而有时候它被例外地使用，在这种情况下，它不使命题成为假言的，"除非苏格拉底，没有人在跑"这个命题说明了这种情况。在这样的情况下，"除非"这个表达式有与"除了"这个表达式在例外理解时相同的作用。

此外，还应该注意，"除了"这个表达式有时候用来表示例外，有时候用来表示减去。例如,在"除了苏格拉底,每个人在跑"这个命题中,它表示例外;而在"十除去五是五"这个命题中,它表示减去。

关于第二个要点应该注意,对一个例外命题的真来说,如果这个命题是肯定的,那么要求谓项否定例外的东西并且它是主项下其他每个东西固有的。如果命题是否定的,那么就要求换位。这样,每个例外命题有两个说明要素,即一个肯定的和一个否定的。例如,"除了苏格拉底,每个人在跑"有下面的说明要素:"苏格拉底在跑","除了苏格拉底,每个人在跑"。而"除了苏格拉底,没有人在跑"有以下说明要素:"苏格拉底在跑","唯独苏格拉底在跑"。这样,除非一个例外命题的各个说明要素是真的,否则这个命题不可能是真的。因此,从一个给定的说明要素的假得出例外命题的假,但不是从例外命题的假得出给定的说明要素的假。

关于第三个要点应该注意,肯定的例外命题中的谓项有仅仅模糊的指代,因为不可能通过一个析取命题或一个合取命题下降到下位的东西。然而,主项有模糊而周延的指代。

关于模糊而周延的指代仍然必须作出区别。因为有时候它是绝对的,即当词项同等地涵盖其下所包含的各个事物,从而对事物的涵盖分别是一样的。而一个例外命题中的主项没有这种模糊而周延的指代。另一种指代实际上是限定和约束的,即当词项涵盖其下所包含的一些事物时,但是由于某种附加的东西,它不涵盖所包含的其他那些事物。除了在有关的直言命题等价于一个由一个肯定部分和一个否定部分构成的合取命题时,不出现这种情况。如上所述,这是例外命题的情况。

如果一个例外命题是否定的,那么主项和谓项都有限定类型的模糊而周延的指代。

从以上所说可以看出,像下面这样的规则不是普遍有效的:"从上位的东西到其下位的东西有一个有效的推论","从一个全称命题到其特称命题有一个有效的推论"。相反,必须补充说,有关的下位的东西不是一个例外的词项,或者,有关的全称命题不等价于一个由一个肯定部分和一个否定部分构成的合取命题。

关于第四点,应该指出,对例外命题给出许多规则。一条规则是:如果一个例外命题的相应的非例外命题是真的,那么这个例外命题就是假的。从以上论述可以看出这一点。

另一条规则是:一个例外命题绝不是恰当形成的,除非其相应的非例外命题是一个全称命题。因此,"除了苏格拉底,一个人在跑"不是恰当形成的。在这样的情况下,这样一段表述既不真,也不假。

从这条规则得出另一条规则,即:从一个全称命题到其相应的不定或特称命题并非总是有一个有效的推论。因此得不出:"除了苏格拉底,每个人在跑;所以,除了苏格拉底,有的人在跑",或者"所以,除了苏格拉底,一个人在跑"。

从这条规则得出的另一条规则是:并非每个全称命题都有一个相应的不定或特称命题作其矛盾命题。因为"除了苏格拉底,每个人在跑"和"除了苏格拉底,有的人在跑"不是矛盾命题。"除了苏格拉底,没有人在跑"和"除了苏格拉底,有的人在跑"也不是矛盾命题。

从这条规则得出另一条规则,即:并非总是这样的情况:"有的……不"这个表达式可以代替"并非每个"使用。因为"并非除了苏格拉底每个人在跑"这个命题和"除了苏格拉底,有的人在跑"这个命题不是等价的。这是因为一个命题不是恰当形成的,因而既不真也不假,而另一个命题是恰当形成的,因而要么是真的要么是假的。

得出的另一条规则是:有些全称命题是反对命题,即使它们不是以不定的或特称的直言命题作下反对命题,不是以其主项是以特称符号确定的直言命题作下反对命题。从上述论述可以清楚地看出这一点。

另一条规则是:总是这样的情况:在一个例外命题中被除外的东西应该是主项下包含的某种东西。所以,任何与以下相似的命题都不是恰当构成的:"除了一个动物,每个人在跑","除了一个实体,每个动物都有一个灵魂"。

另一条规则是:当处于例外之下的是一个普通词项时,对于这样一个例外命题的真而言,如果这个命题是否定的,则不要求谓项普遍地是处于例外之下的东西所固有的,如果这个命题是肯定的,则谓项普遍地否定它。

还应该注意,绝不能在减去的意义上理解"除了",除非把它加在一个数字词项上或加在一个表示某种整体的词项上。然而,当在减去的意义上理解它并把它加在一个数字词项上的时候,断定的不是谓项否定附加有"除了"这个表达式的东西,而是谓项否定主项。例如,借助"十除去五是五"不是断定从五去掉五,而是断定从十去掉五。与此相似,借助这样一个命题不是断定谓项是附加有"除了"这个表达式的东西所固有的。例如,借助"十除去四是六"不是断定四是六,而是断定去掉四以后剩下六。对于其他这样的情况也是如此。关于例外命题的这些说明在目前应该足够了。

19. 论含有动词"开始"和"停止"的命题

每个含有"开始"这个动词或"停止"这个动词的命题有两个说明要素,因为各个这样的命题等价于一个合取命题。现在一些作家对于不同种类的东西以不同的方式指派说明要素。因此,他们声称,这样的命题在某种意义上应该着眼于先后相继的东西进行解释,而在其他的意义上应该着眼于持续的东西进行解释。

但是,尽管就使用这些词项的人的意向而言可能会是这样,但是这并不像是十分有道理的。

因此,我认为,我们所讨论的这些命题关于任何种类的东西有相同的说明要素,但是一个含有"开始"的命题的说明要素与一个含有"停止"的命题的说明要素是不同的。因此,一个含有"开始"的命题有两个说明要素,一个是现在时的肯定命题,另一个是过去时的否定命题。例如,"苏格拉底开始是白的了"的说明要素是"苏格拉底是白的"和"苏格拉底在这之前不是白的"。这个命题的过去时否定的说明要素不是"苏格拉底过去不是白的",因为即使这个过去时否定命题是假的,含有"开始"的这个命题也可以是真的。例如,如果苏格拉底先是白的,后是黑的,这以后又变成白的,那么在某种情况下,"苏格拉底开始是白的了"是真的,即使"苏格拉底过去不是白的"是假的。因为这假定了他以前某个时间是白的。以这种方式我们也说,这棵树现在开始开花了,尽管它去年开过花。

　　然而应该注意,可以以两种方式理解"开始"这个动词。如果在严格和恰当的意义上理解它,那么就像上面说明的那样。但是也可以不严格地不恰当地理解它,在这种情况下,就是这样解释的:"它是如此如此,而且它在这之前很长时间一直不是如此如此。"例如,如果一棵树现在开花了并且这一年很长时间一直没有开花,那么即使它昨天就开花了,我们仍然说,这棵树开始开花了。以这种方式我们平时总说"他正开始做弥撒",尽管他已经朗诵了祭文。这里的区别与哲学大师在《物理学》第四卷关于"现在"这个词所作的区别是相似的。他说,可以把"现在"看作是一个个体(时间点),可以把它看作是一个围绕目前的短暂持续的时间。

　　还应该理解,尽管这样一个命题严格地说有以上提到的那样的说明要素,然而有时候,由于说话者使用它的方式,它没有这样的说明要素。实际上,它用来代替另一个命题,即一个缺少这样的说明要素的命题。在这种情况下,这样一个命题是模棱两可的,必须加以区别。

　　认识到这一点,人们就可以识别关于下面这样的命题应该说什么:"上帝开始赐福于他所赐福的每个有福之人";"上帝开始惩罚他所惩罚的每个人";"上帝开始赐福于他们",这里指两个人,一个是以前赐福过的,另一个是他以前没有赐福过的。因为,严格地说,即根据判断这些命题和与此相似的命题所应该依据的一般的规则,可以承认这样的命题是真的。例如,可以承认"上帝开始赐福于他们"这个命题是真的,因为"上帝在赐福于他们"和"上帝在这之前没有赐福于他们"都是真的。然而,这个命题可以有另一种意义,因而它的说明要素是:"上帝赐福于他们"和"上帝以前从未赐福于他们"——而根据这种理解,这个命题是假的。与此相似,"上帝开始赐福于他现在赐福的每个人"的一种意义是"上帝赐福于他现在赐福的每个人并且上帝在这之前不赐福他现在所赐福的每个人"——在这种意义上,这个命题是真的。另一种意义是"上帝赐福于他现在所赐福的每个人并且他在这之前不赐福于他现在所赐福的任何人"——在这种意义上,这个命题是假的。关于"上帝开始惩罚他现在所惩罚的每个人"这个命题也完全可以这样说。对于下面这样的命题应该以相似的方式来处理:"彼得开始在某个方面像保罗了",假定他们起先都不是信徒,后来变成信徒了。在这种情况下,可以毫无保留地承认"彼得开始在某个方面像保罗了",因为他现在第一次在某个方面像保罗,而在这之前他在那个方面不像保罗。然而,"彼得开始与保罗相似了"严格地说是假的,因为他在这之前与保罗是相似的。然而可以不恰当地理解这个命题,认为它有下面的意义:"彼得现在与保罗相似,而他在现在与保罗相似的那种特性方面过去与保罗不相似。"

因此显然,一个含"开始"的命题有两个说明要素,并因此等价于一个合取命题。

同样,一个含有"停止"这个动词的命题有两个说明要素。一个说明要素是一个现在时肯定命题,另一个说明要素是将来时否定命题——不是任意的命题,而是一个附加了"在这之后将不是如此如此"这样一个短语的命题。例如,"苏格拉底停止是白的了"有以下说明要素:"苏格拉底现在是白的","这以后他将不是白的"。如上所说,关于含有"开始"的命题,有时候由于可以恰当地或不恰当地理解它们,因而可以看出它们是模棱两可的,所以可以看出有许多含有"开始"的命题是模棱两可的,因为可以恰当地或不恰当地理解它们。

关于这样的命题中的词项的指代,应该注意,这样一个命题的主项以它在相应的不含有"开始"或"停止"的命题中指代的方式指代。然而,关于谓项的指代却存在一个困难。

应该说明的是,一个这类全称肯定命题有仅仅模糊的指代,因为它不可能以合取的方式或析取的方式下降。因为得不出:"每个人停止是白的了;所以,每个人停止是这个白东西或者每个人停止是那个白东西。"所以也不可能以合取方式下降。与此相似,在一个这类全称肯定命题中,谓项有模糊而周延的指代,而在一个非全称命题中,它有确切的指代。

然而,在这一点上必须考虑两个问题。第一个问题是:确切的指代和模糊而周延的指代是两类指代。一类是在可以仅借助指示代词下降到这个词项所指代的或能够指代的东西时出现。例如,在"一个人在跑"这个命题中,"人"这个词项指代这个人和那个人,对其他人也是如此。而且正确地得出下面的命题:"一个人在跑;所以,这个人在跑",这里指这个人,"或那个人在跑",这里指那个人,对其他人也是如此。然而有时候下降可以不是仅仅借助指示代词,而是仅借助带有一个普通词项的指示代词,下降所至的东西则被认为是在这个词项之下出现。现在,一个含有"开始"或"停止"的命题的谓项没有第一类确切的指代。因为得不出:"苏格拉底开始是白的了;所以,苏格拉底开始是这个或开始是那个",无论这里指什么。因为如果苏格拉底从是黑的变成是白的,那么"苏格拉底开始是白的"就是真的，即使"苏格拉底开始是这个"是假的——无论这里指什么。因为下面的命题第二个是假的："苏格拉底是这个"，"苏格拉底以前不是这个"。实际上，这里的谓项以第二种方式确切地指代。因为"苏格拉底开始是白的了；所以，他开始是这个白东西或他开始是那个白东西"是有效的，以及对其他白东西也是如此。因此，"苏格拉底开始是这个白东西"（这里指苏格拉底）是真的，因为苏格拉底现在是这个白东西并且以前从来不是这个白东西。

但是，"苏格拉底开始是这个白东西；所以，他开始是这个"不是有效的，这里总是指同一个东西。实际上，这是一种由于混淆了" *quale quid* "和" *hoc aliquid* "①而造成的修辞方式的谬误。因为当从某个内涵词项——无论它是整个谓项还是带有一个指示代词——到一个指示代词自身进行论证时，常常有修辞方式的谬误。

现在有人可能会反对说，"这个"和"这个白东西"在指相同的东西时相互是可以交换的，所以从一方到另一方的推理是有效的。应该回答说，"对于两个相互可以交换的词项，有一个从一方到另一方的推理"这条规则有许多反例，特别是当词项不是人称指代的时候，有时候当某个非范畴词加在动词上时也是这样。例如得不出："一个人依自身是第二种模式上能笑的；所以，一个人依自身是第二种模式上的一个人。"然而，特别是当有关的相互可以交换的

---

① 这两个拉丁文短语是有区别的。前者一般是一个来自实体范畴的词、专名或指一个个体实体的指示代词，比如"人"、"苏格拉底"或"这个（人）"。后者一般是一个带有偶性的摹状短语，比如"这个白东西"。这两种用语在涉及时间的时候就会产生差异。——译者

词项在现在时是可以交换的,但不是绝对可以相互交换的时,这条规则关于许多过去时和将来时命题确实是不成立的。关于"这个"和"这个白东西"这两个词项就是这样的情况,因为当有关的东西不是白的时,这两个词项就不是可以交换的。

第二个问题是:应该注意,有时确切的指代是这样的,它可以下降到下位的东西,反过来,它也可以从下位的东西上升——但是有时不是这样。因此得出:"一个人在跑;所以,这个人在跑或那个人在跑",对其他人也是如此。反之又得出:"这个人在跑;所以,一个人在跑。"但是,对于在一个含有"开始"或"停止"的命题中处于谓项位置的确切指代的词项,情况并非总是这样。因此,下面的推理是有效的:"苏格拉底开始是这个有色的东西了;所以,他开始是白的或黑的了",如此等等。但是得不出其反面。因为得不出:"苏格拉底开始是白的了;所以,他开始是有色的了。"这里的原因在于,前件的否定的说明要素不隐含后件的否定的说明要素。因为得不出:"苏格拉底过去不是白的;所以,苏格拉底过去不是有色的。"下面是一条一般规则:当前件和后件有说明要素的时候,如果从前件的某个说明要素得不出后件的说明要素,那么涉及这个前件和后件的推理就不是有效的。

从上述所说可以推测,关于"开始"或"停止"这个动词的从下位到上位的推论不是有效的,正像"苏格拉底开始是白的了;所以,苏格拉底开始是有色的了"不是有效的一样。与此相似,得不出:"耶稣基督开始是一个人了;所以,耶稣基督开始是某个东西了。"下面这样的论证也不是有效的:"每个人都是某个东西;耶稣基督开始是一个人了;所以,耶稣基督开始是某个东西了。"实际上,这是一个偶性谬误。因为正像每当第一格的大前提是肯定的,小前提是否定的,就有一个偶性谬误一样,每当第一格的大前提是肯定的而小前提有某个否定的说明要素时,就有一个偶性谬误。例如,下面这个推理是无效的:"每个人是动物;只有是能笑的是人;所以,只有是能笑的是动物。"但是,这是上面提出的论证的情况,因为"耶稣基督开始是一个人了"这个小前提有一个否定的说明要素:耶稣基督在这之前不是一个人。所以,在这样一个论证中有一个偶性谬误。与此相似,勤奋的读者可能会看出来,下面的推论不是有效的:"耶稣基督开始是一个人了;所以,有的人开始是耶稣基督了。"

尽管如此,依然应该注意,有时候圣徒们承认这样一个命题,不在其严格的和字面的意义上理解它,而是在他们头脑中的那种真正的意义上理解它。

然而,尽管我作了以上论述,仍然应该注意,只要两个或多个下位的东西不能先后相继真谓述一个东西,而上位的东西依然真谓述那个东西,那么当从这样一个下位的东西到这样一个上位的东西作出论证时,总是有一个有效的推论。例如,"苏格拉底开始是一个人了;所以,他开始是一个动物了。"这里的原因在于,任何事物都不可能是一个动物,却又先是一个人,后又不是一个人,也不可能是一个人,却又先是一个动物,后又不是一个动物。与此相似,根据亚里士多德的观点,"苏格拉底开始是理性的了;所以,苏格拉底开始是有感觉的了"是一个有效的推理。以这种方式得出:"一头驴开始是一个人了;所以,它开始是一个动物了。"然而得不出:"一头驴开始是黑的了;所以,它开始是有色的了。"

20. 论含有动词"成为"的命题

正如含有上述讨论的动词的命题有两个说明要素一样,含有"成为"这个动词或同义动词(比如"最终成为"〔产生〕或"被制成"等等这样的表达式)的命题也有两个说明要素:一个是现在时,另一个是过去时或将来时。例如,"苏格拉底成为白的了"这个命题有以下说明要素:"苏格拉底现在是白的","他过去不总是白的"。与此相似,"苏格拉底将成为白的"这个命题有以下说明要素:"苏格拉底现在不是白的并且将有一段时间不是白的","苏格拉底将是白的"。对于"苏格拉底成为一个人了","苏格拉底最终成为有色的了",以及与此相似的命题,同样是这样。

正如一个含有"开始"或"停止"这样的动词的命题不能仅仅通过动词前面和后面的词项的易位而换位一样,对于现在讨论的命题也是如此。所以,严格地说,应该否定下面这个推论:"耶稣基督成为一个人了;所以,一个人成为耶稣基督了"——尽管圣徒们由于头脑中的一个真正的意义而承认这样的命题。与此相似,得不出:"耶稣基督成为一个人;所以,一个人成为耶稣基督。"原因在于,第二个说明要素不以这种方式换位。因为得不出:"耶稣基督过去并非总是一个人;所以,并非一个人过去总是耶稣基督。"这样,根据词项的恰当使用,应该承认一个人过去总是耶稣基督。正因为这样,救世主说:"在亚伯拉罕最终是之前,我是。"①

---

① 原文是"*Antequam Abraham fieret,ego sum*"。——译者

同样,关于这样的命题,在谓项方面从下位到上位的推论是不成立的。因此得不出:"苏格拉底成为白的了;所以,苏格拉底成为有色的了。"同样,恰当地说,得不出:"耶稣基督最终成为一个人;所以,耶稣基督最终成为一个存在者"①——严格地说,也得不出:"所以,他最终成为某个东西。"

现在有人可能会反对说,耶稣基督成为(或过去成为)一个人,所以他要么成为某种东西,要么不成为任何东西;并且他不成为某种东西;所以他不成为任何东西。应该回答说,得不出:"耶稣基督成为一个人;所以,耶稣基督成为某种东西或者耶稣基督不成为任何东西",正如得不出"苏格拉底开始是白的了;所以,苏格拉底开始是一个是者了或他开始不是任何东西了"一样。在这种条件下,这样的析取命题的两个支命题都应该被否定。

然而,应该注意,人们在圣徒的著作中发现像"一个人开始是上帝了"这样的命题,同样也发现像"一个人过去成为上帝了"这样的命题。这样的命题恰当地说不是真的,但是如同圣徒理解的那样是真的。

与此相似,正如"每个白东西都是有色的;苏格拉底开始是白的了;所以,苏格拉底开始是有色的了"这样的论证不是有效的,下面这样的论证也是无效的:"每个人都是某种东西;耶稣基督过去成为一个人;所以,耶稣基督过去成为某种东西。"在这两种情况下原因是一样的。

关于等价于假言命题的直言命题,目前这些论述就足够了,尽

---

① 这里,"存在者"的原文为"exsistens"。——译者

管仍然还有许多东西应该予以说明。我将在不同的地方讨论它们。

21. 论现在时非模态命题的换位

现在我们已经讨论了直言命题的真所要求的条件,还需要论述的是换位。首先应该探讨非模态命题的换位,然后探讨模态命题的换位。

关于非模态命题,首先应该探讨现在时命题的换位,然后探讨过去时和将来时命题的换位。

第一应该注意,当谓项是由主项形成的并且主项是由谓项形成的时,就出现换位。有时候,形成这样一个换位并没有语词的任何其他变化,而有时候,语词的变化超出词项易位。

第二应该注意,有的时候,现在时非模态命题的端项都处于主格,而有的时候,一个端项处于间接格。

第三应该注意,有三种换位,即简单的、偶然的和换质位的。当两个命题的质和量保持不变时,换位是简单的。然而,对简单换位可以作更宽泛的理解,以致当一个换位是相互的,它就叫作简单的,从而,正如根据有关命题,被换位的命题隐含着换位而成的命题一样,换位也是成立的。而且这是常常出现的情况,即使前提和结论没有相同的质——比如当一个单称命题换位形成一个特称命题时,反之,当一个特称命题换位形成一个单称命题时。

当前提和结论发生变化时,换位就是偶然的。然而一个换位也可以在另一种意义上叫作偶然的,即当换位不是相互的。例如,可以得出"每个人是白的；所以，有的白东西是人"——但是得不出它的换位。

当有穷词项变成无穷词项时，换位就叫作换质位的。

第四应该注意，如果在宽泛的意义上理解简单换位，那么一个其端项都处于主格的全称否定命题是简单换位。这只造成词项易位，而没有语词变化——也许涉及语法方面的词性的变化除外。然而，如果在严格的意义上理解简单换位，那么这样一个命题就不总是简单换位。例如，得不出："没有驴是苏格拉底；所以，没有苏格拉底是驴。"实际上，得出的是："所以，苏格拉底不是一头驴。"

与此相似，一个单称肯定命题简单换位成一个特称或不定命题，或简单换位成一个单称命题。例如，"苏格拉底是一个人；所以，一个人是苏格拉底"，并且"所以有的人是苏格拉底"——反过来也是同样。还可以得出："苏格拉底是柏拉图；所以柏拉图是苏格拉底"——并且反之亦然。

一个单称否定命题要么简单换位成一个全称否定命题，要么简单换位成一个单称否定命题。例如，"苏格拉底不是白的；所以，没有白东西是苏格拉底"，并且反之亦然。同样，"苏格拉底不是柏拉图；所以，柏拉图不是苏格拉底"，并且反之亦然。这样，根据谓项是一个普通词项还是一个单称词项，一个单称命题通过简单换位就转换成为不同类型的命题。

与此相似，根据要换位的命题是以一个普通词项还是一个单称词项作谓项，一个不定肯定命题和一个特称肯定命题要么换位成不定命题和特称命题，要么换位成单称命题。例如，"一个人是白的；所以，有的白东西是人"，并且"一个白东西是人"。而且，"有的人是白的；所以，有的白东西是人"，并且"一个白东西是人"。同样，"一个人是苏格拉底；所以，有的人是苏格拉底；所以，苏格拉底是一个人"——并且反之亦然。

与此相似，一个全称肯定命题只是偶然地换位，因为在这样的情况下换位不是相互的。而且当谓项是一个普通词项时，就是这样的情况。在这样一种情况下，命题被偶然地换位成特称命题和不定命题。例如，"每个人是白的；所以，有的白东西是人"，并且"所以，一个白东西是人"——但反过来不是这样。然而，当谓项是一个单称词项时，这样一个命题又是偶然换位成一个单称命题。因为"每个人是苏格拉底；所以，苏格拉底是每个人"是有效的，但是反过来不是有效的。

一个特称否定命题既不简单换位，也不偶然换位。因为得不出："有的动物不是人；所以，有的人不是动物"，也得不出："所以，没有人是动物"。同样，一个不定否定命题也不换位，因为一个特称命题和一个不定命题总是可以互换的。至少当两个命题的主项都是人称指代时，情况是这样。

在《前分析篇》第一卷中，哲学大师证明了以上讨论的一些换位。我已决定省略这些证明，因为换位是显然的，不需要详细证明。

对于以上论述，有人可能会反对说，根据波菲略和哲学大师的观点，一个种不谓述它的属，一个下位的东西不谓述其上位的东西，一个单称或个体的东西只谓述一个东西。所以，像"每个人是动物；所以，有的动物是人"这样的换位和其他类似的换位都不是有效的。

应该回答说,波菲略和哲学大师的意思是说:当一个上位的东西作普遍理解时,一个下位的东西不以真谓述的方式谓述这个上位的东西,因为它实际上对于比这个下位的东西更多的东西都是共同的。因此,他们的意思不过是说,任何像"每个动物是人","每个人是苏格拉底"等等这样的命题都不是真的。但是他们不否认相应的特称命题和不定命题是真的。

到目前为止,以上论述适合于两个端项都处于主格的命题。然而,不能以这种方式在所有情况下处理有一个端项处于间接格的命题。实际上,在这样的命题中,除了词项易位以外,语词常常必须有某种变化。而且人们经常通过把主要动词加在谓项上来做到这一点,比如人们这样论证:"任何人都不是在这间屋子里的;所以,这间屋子里存在的任何东西都不是人。"当人们如下论证时,情况也是如此:"没有人看见一头驴;所以,凡看见一头驴的都不是人。"当间接格出现在谓项位置时,这是真的,因为当间接格出现在主项位置时,这样一种变化不是必然的。因此,"所有人一头驴看见"应该换位成"所以,一头驴看见一个人"。与此相似,"这是圣父产生的圣子;所以,圣父产生圣子。"

关于以上所说,应该注意,如果一个现在时非模态命题含有一个状语限定或某种等价的限定,那么在它所换位而成的命题中,那个限定不应该是动词的一种限定,而应该是同一个动词的分词的一种限定。这样,在这样一种情况下,无论这个命题中要换位的两个端项是不是都处于主格,必须把动词转化为其分词和"是"这个动词。因此除了词项易位以外,语词也必须有某种变化。这样,"一个阉割了的东西跑得飞快"不应该换位成"所以,一个跑的东西是被飞快地阉割了的"。因为假定同一个东西被缓慢地阉割了并且跑得飞快。在这种情况下，前件是真的，后件是假的。实际上，它应该换位成"所以，一个跑得飞快的东西是一个被阉割的东西"。因此"飞快"是对"跑"这个分词的限定，而不是对动词"是"的限定。与此相似，"一个进行创造的是者总是上帝"不应该换位成"所以，上帝总是一个创造者"，而应该换位成"所以，某种总是上帝的东西是一个创造者"。

22. 论过去时和将来时非模态命题的换位

关于过去时和将来时命题的换位，首先应该注意，对于每个其主项是普通词项的过去时或将来时命题，由于它们在第三种模式上是模棱两可的，因此必须加以区别。因为如果命题是过去时，那么主项可以指代那个现在是如此如此的东西或那个过去是如此如此的东西。这就是说，这样一个命题是模棱两可的，因为主项可以指代主项借助一个现在时动词所真谓述的东西，或者它可以指代主项借助一个过去时动词所真谓述的东西。例如，必须区别"一个白东西过去是苏格拉底"，因为"白东西"可以指代现在是白的的东西或过去是白的的东西。另一方面，如果命题是将来时，就应该予以区别，因为主项可以指代现在是如此如此的那个东西或指代将来是如此如此的那个东西。这就是说，它可以指代主项借助一个现在时动词所真谓述的那个东西，或者它可以指代主项借助一个将来时动词所真谓述的那个东西。应该理解，当主项人称指代时，即有意义地指代时，这条规则是适用的。

其次应该注意,当这样一个命题的主项指代那个现在是如此如此的东西时,有关的命题不应该换位成过去时命题,而应该换位成一个现在时命题,在这个命题中,主项被理解为带有动词"过去是"和代词"which"。因此,"任何白东西过去都不是一个人;所以,任何人过去都不是白的"这个推论不是有效的,如果前件的主项被理解为现在是白东西。因为假定许多人,包括活着的和死去的,过去是白的,许多其他东西过去是白的并且现在是白的,而且没有人现在是白的。在这种情况下,前件是真的而后件是假的。这是因为,由于单个的东西在假定的情况下各个是真的,所以"任何现在是白的的东西过去都不是人"是真的。但是,无论怎样理解主项,"任何人过去都不是白的"是假的。因此有关的命题不应该以上面提出的方式来换位。相反,应该如下换位:"任何白东西过去都不是人;所以,任何过去是人的东西现在都不是白的。"以同样的方式可以有以下换位:"任何过去是人的东西现在都不是白的;所以,任何白东西过去都不是人"——这里后件的主项指代那些现在是白的的东西,而不是指代那些过去是白的的东西。另一方面,如果把这样一个命题的主项理解为那个过去是如此如此的东西,那么这个命题就简单换位成一个过去时命题,而不是一个现在时命题。因为如果前件的主项被理解为过去是白的的东西,那么就得出:"任何白东西过去都不是人;所以,任何人过去都不是白的"——只要后件的主项被理解为那过去是人的东西,就是这样。因为不可能有这样的情况:有的人过去是白的,然而任何过去是白的的东西过去都不是人。

现在,如果这样一个过去时命题是一个单称命题,其中主项是一个孤零零的指示代词或一个专名,那么这个命题要么换位成一个单称命题或一个全称命题,要么换位成一个特称或不定命题——结果后件的主项被看作是过去是如此如此的东西。因此,"苏格拉底过去不是白的;所以,任何过去是白的的东西过去都不是苏格拉底"这个推论是有效的。但是如果这个后件的主项被看作现在是白的的东西,那么这个推论就不是有效的。因为得不出:"苏格拉底过去不是白的;所以,没有现在是白的的东西过去是苏格拉底";也得不出相应的现在时命题,即:"任何白东西都不是苏格拉底"。假定苏格拉底现在第一次是白的。在这种情况下,"苏格拉底过去不是白的"是真的,而提出的两个后件都是假的。

还应该注意,正像当主项是一个普通词项时对这样一个命题要作出区别一样,当主项是一个带一个普通词项的指示代词时,对命题也要作出区别。这样,就应该区别"这个白东西过去是苏格拉底"这个命题,因为要么隐含的从句有一个现在时动词,在这种情况下,这个命题有"这个现在是白的的东西过去是苏格拉底"这种意思,要么隐含的从句有一个过去时动词,在这种情况下,这个命题有"这个过去是白的的东西过去是苏格拉底"这种意思。而且,这样一个命题的换位就像一个其主项是一个普通词项的过去时命题一样。

就以上强调的区别来说,对过去时命题的论述作出适当修正,应该适用于将来时命题。

还应该注意,正像上面指出的那样,在过去时命题中,后件中的一个状语限定词应该不是加在主动词上,而是加在前件的动词的分词上。在这些过去时和将来时命题中也应该这样做。

　　以上所说表明，像"上帝过去不总是一个创造者；所以，一个现在创造者过去不总是上帝"这样的推论不是有效的。因为由于上帝在创世之前不是进行创造的，因而前件，即"上帝过去不总是一个创造者"，是真的；但是"一个现在创造者过去不总是上帝"这个命题是假的，因为这个现在创造者过去总是上帝。这是因为，正像即使"一个白东西是黑的"过去从来不是真的，而"一个白东西过去是黑的"却是真的一样，即使"一个创造者是上帝"过去不总是真的，"一个创造者过去总是上帝"却是真的。这样，上面提到的推论就不是有效的。实际上，有关命题应该如下换位："上帝过去不总是一个创造者；所以，任何过去总是一个现在创造者现在都不是上帝"，或者"所以任何过去总是一个现在创造者过去都不是上帝"。这个后件是真的，因为它的真有两个原因：要么任何东西过去总是不在进行创造，要么有的东西过去总是在进行创造而现在不是上帝。第一个原因是真的，尽管第二个是假的。与此相似，"任何有视力的人过去都不是盲的；所以，任何盲人过去都不是有视力的"这个推论不是有效的，如果前件的主项被看作是现在有视力的人。实际上，这个前件应该换位成"任何过去盲的人现在都不是有视力的"。因此当主项被看作是现在是如此如此的东西时，一个过去时命题以上面提到的方式换位成一个现在时命题。同样，当主项被看作过去是如此如此的东西时，这样一个命题换位成一个过去时命题，它的主项被看作是过去是如此如此的东西。

　　对于像"任何不可能的东西都将不是真的"这样的命题也是如此。如果主项被看作是不可能的东西，那么这个命题以如下方式换位成一个现在时命题："任何不可能的东西都将不是真的；所以，任何将是真的东西都不是不可能的。"如果主项被看作将是不可能的东西,那么这个命题换位成"所以,任何真东西都将不是不可能的"——这里后件的主项被看作将是真的东西。

　　还应该注意,如果这样一个过去时或将来时命题的主项是一个普通词项或包含一个带指示代词的普通词项,如果谓项是一个孤零零的指示代词或一个专名,那么如果主项被看作现在是如此如此的东西,则命题换位成一个没有其他变化的现在时命题。例如,"一个白东西将是苏格拉底;所以,苏格拉底是白的",但是如果可以把是的最后一刻指派到一个持续的实体,就得不出这个换位。与此相似,如果前件的主项指代现在是白的的东西,那么"有的白东西过去是苏格拉底;所以,苏格拉底现在是白的"是有效的。但是,如果可以把是的第一时刻指派到一个持续的实体,这个换位就不是有效的。另一方面,如果主项被看作将是或过去是如此如此的东西,那么这样一个命题毫无保留地换位成一个过去时或现在时命题——而且这样一个换位是相互的。

23. 论不是简单直言的命题的换位,
即排他命题、重叠命题、
例外命题等等的换位

　　以上两章的论述在某种程度上可以澄清重叠命题、排他命题、例外命题,以及那些含有动词"开始"或"停止"的命题的换位。因为一个命题若是有说明要素,则它的换位方式与这些说明要素的换位方式是一样的,而且如果所有说明要素都是以同样的方式换位,那么所解释的命题也以这种方式换位。另一方面,如果一个说明要素以一种方式换位,而另一种说明要素以另一种方式换位,即一个简单换位,另一个偶然换位,那么所解释的命题的换位将与一个说明要素的换位方式相同,而与另一个说明要素的换位方式不同。

然而,我们应该更加详细地探讨这些命题。因此应该注意,一个重叠命题不换位成一个重叠命题。相反,它换位成一个非重叠命题,这个非重叠命题的主项将有一部分是由前提的谓项、重叠表达式和处于重叠之下的词项构成的。这一部分将通过"which"这个代词与其余部分结合起来。例如,"一个动物,鉴于它是一个人,是能笑的"换位成"有的东西,它鉴于是一个人而是能笑的,是一个动物"。它不换位成"一个能笑的东西,鉴于它是一个人,是一个动物"。下面的推理是一个明显的反例:"苏格拉底,鉴于他是一个人,是能笑的;所以,一个能笑的东西,鉴于它是一个人,是苏格拉底。"因为前件是真的,而后件是假的。与此相似,"任何主动的东西,鉴于它是被动的,都不是主动的"换位成"所以,任何东西,它鉴于是被动的而是主动的,都不是主动的"。

与此相似,这里和上一章所说的内容经过适当修正,应该适用于过去时和将来时重叠命题的换位。

就排他命题的换位而言,应该注意,一个排他命题不换位成一个排他命题。因为得不出:"只有动物是人;所以,只有人是动物。"相反,一个排他命题换位成一个全称命题。例如,"只有动物是人;所以,每个人是动物。"与此相似,"只有人不在跑;所以,每个不在跑的东西是人。"

关于过去时和将来时命题的换位的论述也适用于过去时和将来时排他命题的换位。因此,如果前提的主项被看作是白的的东西,就得不出:"每个白东西过去是苏格拉底;所以,只有苏格拉底过去是白的。"假定除了苏格拉底没有东西现在是白的,并且许多其他东西过去是白的。在这种情况下,前提是真的,而结论是假的。所以,所说的这个命题不以上面提出的方式换位。相反,它如下换位:"每个白东西过去是苏格拉底;所以,只有苏格拉底现在是白的。"但是这个换位不是相互的。上一章的论述经过适当修正,应该以一直适用于这里讨论的排他命题的方式适用于其他排他命题。

关于例外命题的换位应该注意,一个例外命题不换位成一个例外命题。因为得不出:"除了苏格拉底,每个人在跑;所以,除了苏格拉底,有的在跑的东西是人"——因为结论不是恰当形成的。相反,一个例外命题换位成一个非例外命题,这个非例外命题的主项将由例外命题的谓项和被除外的词项通过"不是"这个短语如下构成的:"除了苏格拉底,每个人在跑;所以,有的不是苏格拉底而在跑的东西是人。"而且,"除了苏格拉底,没有人在跑"这个命题换位成"任何不是苏格拉底而在跑的东西都不是人"。

关于含有"开始"和"停止"这些动词的命题应该注意,它们不换位成同类命题。因为得不出:"有的人开始是白的了;所以,有的白东西开始是人了。"相反,这样的命题应该以下面的方式换位:"有的人开始是白的了;所以有的开始是白的的东西是人。"对于其他命题也是如此。

从以上所说可以确定任何非模态命题的换位模式,无论是现在时、过去时还是将来时,也无论是一个不等价于一个假言命题的直言命题,还是一个等价于一个假言命题的直言命题,都是如此。

24. 论必然命题的换位

我们已经看到非模态命题是如何换位的,现在我们应该考察模态命题的换位,而且首先考察必然命题的换位。

首先应该注意,正像我们前面指出的那样,当随着一种格式出现一个模式时,对有关命题的复合和划分必须作出区别。所以,首先我们应该处理在复合的意义上这样的命题和与它们等价的命题的换位;然后我们应该处理在划分的意义上这样的命题和与它们等价的命题的换位。

关于前者应该简明地注意,这样的命题换位就像它们相应的非模态命题换位一样,因为在这样的命题的换位中,人们进行论证总是根据以下规则:"如果两个可互换的命题中的一个是必然的,那么另一个也是必然的"——或者根据下面这条规则:"如果前提是必然的,那么结论是必然的。"因此,在一个不太严格理解的简单换位中,人们根据前一条规则进行论证,而在一个偶然的换位中,人们根据后一条规则进行论证。例如,当一个人如下论证时,他就是在根据第一条规则进行论证:"没有人是驴是必然的;所以,没有驴是人是必然的。"因为,正像前面指出的那样,"没有人是驴"和"没有驴是人"这两个命题是可以互换的,所以,如果"没有人是驴"是必然的,那么必然是:"没有人是驴"是必然的。关于这些命题已经作出的说明应该用来说明其他类似的命题。对于所有这样的命题，无论是重叠的、排他的或例外的，还是任何其他种类的直言命题，普遍都是如此。

还应该注意，在《前分析篇》第一卷中，哲学大师只证明在构成意义上的必然命题及其等价的命题的换位，而没有证明其他命题的换位。因为从该著作看得很清楚，前者的证明对后者不是有效的，后者的证明对前者也不是有效的。因此，"如果两个可互换的命题中的一个是可能的，那么另一个是可能的"这个命题仅仅对于在构成的意义上理解的可能命题才是有效的。对于下面这条规则也是如此："如果一种必然性与某种现实性是不相容的，那么这种必然性与那种现实作用的可能性是不相容的。"也就是说，如果一个必然命题与某个非模态命题是不相容的，那么这个必然命题与相应于那个非模态命题的可能命题是不相容的。因此，如果"有的人在跑"和"没有动物在跑是必然的"这两个命题是不相容的，那么"有的人在跑是可能的"和"没有动物在跑是必然的"这两个命题将是不相容的。当两个模态命题都在复合的意义上理解或等价于这样理解的命题时，这条规则总是真的。因为如果一个命题在划分的意义上理解，那么这条规则就不会是有效的——因为在这种情况下有许多反例。例如，"有的真东西是不可能的"和"必然是：任何真东西都不是不可能的"是不相容的。然而，"有的真东西可能是不可能的"和"必然是：任何真东西都是不可能的"是相容的，如果这个必然命题在复合的意义上理解。因为它们都是真的。因此在《前分析篇》中，除非在复合的意义上或在与此相等的意义上理解必然命题，否则，哲学大师不谈论必然命题的换位。

关于在划分的意义上理解的必然命题及其等价命题的换位，应该注意，这样的命题在换位时除词项易位以外还有语词的某种改变或变化。因为凭借换位的本质得不出"任何人都不必然是一头驴；所以，任何驴都不必然是一个人"。因为在使用其他命题时，在划分的意义上得不出这个推论。因此得不出："任何不可能的东西都不是必然真的；所以，任何真东西都不是必然不可能的。"因为这个前提是真的，而结论是假的。因为任何不可能的东西都不是可能真的，而有的真东西可能是不可能的。因为"我没有去过罗马"现在是真的，然而它可能是不可能的。因为如果我去罗马，那么这以后这个命题将是不可能的。

与此相似，得不出："一个创造者必然是上帝；所以，上帝必然是一个创造者。"因为前提是真的，而结论是假的。同样，得不出："一个人必然被上帝理解；所以，有的被上帝理解的东西必然是人。"因为前提是真的，而结论是假的。而且，依然得不出："一个白人必然是一个人；所以，一个人必然是一个白人。"

所以，这样的命题不能以上面说明的方式换位。相反，必须在结论的主项（这是前提的谓项）加上必然性模式和"某种是……的东西"这个短语。例如，"每个不可能的东西都必然不是真的"应该换位成"所以，某种必然不是真的的东西是不可能的"。与此相似，"一个创造者必然是上帝"这个命题应该换位成"所以，某种必然是上帝的东西是创造者"。而且，"一个人必然是被上帝理解的"这个命题应该换位成"所以，某种必然是被上帝理解的东西是人"，如此等等。

从这些论述可以看出，如果在严格的意义上解释"模态命题"和"非模态命题"，那么在划分的意义上理解的必然命题或与此等价的命题换位成非模态命题,而不是换位成必然命题。

从以上论述还可以看出,一个像"只有必然的东西是必然真的;所以,每个真的东西必然是必然的"这样的推论不是有效的。因为后面的全称命题与前面的排他命题不是可交换的。相反,这个全称命题与"每个必然是真的的东西是必然的"是可交换的。因为总是这样的情况:命题若有说明要素,那么,鉴于说明要素以不同方式换位,这些命题也以不同方式换位。这样,由于一个排他命题的说明要素的换位方式与另一个排他命题的说明要素的换位方式不同,因此这一个排他命题的换位方式与那另一个排他命题的换位方式是不同的。因此,仍然得不出:"只有创造者必然是上帝;所以,每个是上帝的是者必然是创造者。"相反,这里的前提换位成"所以,每个必然是上帝的是者是创造者"。

在前面的推论中,为什么前提是真的而结论是假的? 在解释谓项如何以与主项不同的方式命名其形式之前,我们已经阐述了这里的原因。所以,应该牢牢记住那里的论述,这样就可能会知道过去时和将来时命题的真所要求的条件,知道模态命题及其等价的命题的真所要求的条件。

25. 论可能命题的换位

关于可能命题的换位,首先应该注意,在这一章中,我们总是以这样一种方式解释"可能",即对于必然的东西,对于或然的和不必然的东西,它是共同的。这样,"可能"的意思与"一个不是不可能的命题"的意思是一样的。如果以这种方式理解"可能",那么应该承认,上帝可能是上帝并且一个人可能是一个动物。

现在,如果在这种意义上理解"可能",就应该注意,前面关于必然命题的换位给出的规则应该适用于可能命题的换位。因为一个在复合的意义上理解的可能命题或一个与此等价的命题进行换位的方式应该与和它相应的非模态命题进行换位的方式相同。因为在所有这样的换位中,人们根据"如果相互可交换的命题中的一个是可能的,那么另一个是可能的"这条规则或者根据"如果前提是可能的,那么结论是可能的"这条规则进行论证。而且这些规则总是真的。

然而,如果这样的命题是在划分的意义上理解的,或者等价于这样理解的命题,那么它们不以相同的方式换位。因此,得不出:"上帝可能是一个不创造者;所以,一个不创造者可能是上帝"。这里,前提的主项被看作这样一个东西,它实际上是一个不创造者。与此相似,得不出:"一个在地球上生活的人可能是要下地狱的;所以,某个要下地狱的人生活在地球上。"相反,得出"所以,某个可能要下地狱的人生活在地球上"这个结论。

尽管如此,为了说明这样的可能命题应该如何换位,仍然应该注意,当一个可能命题的主项是一个普通词项或包含一个普通词项时,必须区别这个命题。因为主项可以要么指代实际上是如此如此的东西,要么指代可能是如此如此的东西。应该把这条规则理解为与前面关于过去时和将来时命题的论述相类似。这里,如果前提的主项被看作是那些实际上是如此如此的东西,那么有关的命题换位成一个可能命题,这个可能命题的主项被看作是那些可能是如此如此的东西,而不是那些实际上是如此如此的东西。因此,"某个在地球上生活的人可能是要下地狱的;所以,某个可能要下地狱的人可能在地球上生活"是有效的。同样得出："上帝可能不是一个创造者；所以，一个可能不是创造者的是者可能是上帝。"（而且，不仅得出这个可能命题，而且也得出相应的附加了"可能是……"的非模态命题。例如得出："上帝可能不是一个创造者；所以，一个可能不是创造者的是者是上帝。"）另一方面，如果前提的主项被看作是那些可能是如此如此的东西，那么那个前提换位成一个可能命题，这个可能命题的主项被看作是那些可能是如此如此的东西——而且它不换位成一个非模态命题。例如，"一个创造者可能是上帝；所以，上帝可能是一个创造者。"无论前提的主项被看作是那些实际上是创造者的东西还是那些可能是创造者的东西，这个推论都是成立的。

从以上论述可以看出，下面这样的推论不是有效的："一个有视力的是者可能是盲的；所以，一个盲的是者可能有视力"、"有的真东西可能是不可能的；所以，有的不可能的东西可能是真的"、"任何必然的东西都不可能是假的；所以，任何假的东西都不可能是必然的"。它们不是有效的，也就是说，如果推论的主项被看作是那些实际上是如此如此的东西。否则，这些推论就是有效的。

26. 论不可能命题的换位

就**不可能**①命题的换位而言，应该注意，在复合的意义上理

---

①　这是一个含否定词头"im"的词，即"*impossibili*"，因而叫作否定词，但形式是肯定形式。为了区别，以黑体表示。——译者

解,不可能命题的换位恰如与它们相应的非模态命题的换位一样,只要这些相应的非模态命题是简单换位。因为在这样的情况下,人们根据"如果两个可以互换的命题中的一个是**不可能的**,那么另一个也是**不可能的**"这条规则进行论证。这条规则是真的。然而,如果相应的非模态命题仅仅是偶然地换位而不是简单地换位,那么一个复合意义上的不可能命题就不换位——任何与这样一个命题等价的命题也不换位。这是因为,除非根据"如果前提是**不可能的**,结论就是**不可能的**"这条规则,否则这样一个换位是不能成立的。但是这条规则是假的,因为前提是**不可能的**,并且结论是必然的。

这样,下面这样的推论是有效的:"所有人不是动物是**不可能的**;所以,所有动物不是人是**不可能的**","有的人是驴是**不可能的**;所以,有的驴是人是**不可能的**","上帝是一个肉体的是者是**不可能的**;所以,一个肉体是者是上帝是**不可能的**"。然而,下面这样的推论不是有效的:"每个动物是人是**不可能的**;所以,有的人是动物是**不可能的**","每个有行为或有潜能的是者是上帝是**不可能的**;所以,上帝是一个有行为或有潜能的是者是**不可能的**",如此等等。

另一方面,如果这样一个**不可能**命题在划分的意义上理解或等价于一个这样理解的命题,那么它的换位就像与它相应的必然命题的换位一样。因此,"有的白东西不可能是一个人;所以,有的人不可能是白的"这个推论不是有效的。因为这个前提是真的,而结论是假的。实际上,这个前提应该换位成"所以,有的不可能是人的东西是白的"。(与此相似,"所有白东西都不可能是人"这个命题不换位成"所以,所有人都不可能是白的"。相反,它换位成

"所以,有的不可能是人的东西是白的"。)

　　＜奥卡姆本人删去了下面一段。＞

　　现在应该注意,当一个否定在模式之前时,它以某种方式改变了这个模式,从而这个命题不应该叫作那个模式的命题。所以,"没有人可能是白的"这个命题是一个**不可能**命题,而不是一个可能命题。同样,"没有人必然是白的"这个命题恰当地和严格地说不是一个必然命题。相反,它是一个可能命题,因为它等价于"每个人可能不是白的"。这样,由于模式是否定的命题等价于其他模式的肯定命题,因此这样的命题只是偶然地换位,而不是简单地换位。因此,"任何是者都不必然进行创造"这个命题不换位成"所以,任何进行创造的是者都不必然是一个是者"。因为后者是假的,这是由于它的矛盾命题,即"有的进行创造的是者必然是一个是者",是真的。因为这个进行创造的是者,这里指上帝,必然是一个是者。我们所考虑的这个命题也不换位成"任何不必然进行创造的东西都不是一个是者"。由于前提是真的,而结论是假的,因此得不出这个推论。相反,这个命题换位成"所以,有的不必然进行创造的东西是一个是者"。

27. 论或然命题的换位

　　下面我们必须考察或然命题的换位。首先应该注意,在这一章应该总是把"或然"看作是在有关真假方面是或然的东西。这样,只有一个既不必然也不**不可能**的命题叫作或然的。由于这样一个命题有两种换位,一种是通过词项的换位,另一种是通过对立的质的换位，因此我们应该首先探讨前者，然后探讨后者。

　　首先应该注意，在复合的意义上理解的或然命题和与这样理解的等价的命题与和它们相应的非模态命题是一样换位的，只要这些相应的非模态命题是简单换位的。这是因为这样一个换位根据下面的规则是成立的：“如果两个相互可交换的命题中的一个是或然的，那么另一个是或然的。”这条规则总是真的。所以，“一个人是白的是或然的；所以，一个白东西是一个人是或然的”是有效的。与此相似，得出："上帝进行创造是或然的；所以，一个创造者是或然的。"因此，在复合的意义上理解的全称否定的或然命题以及特称肯定的或然命题都是简单换位。与此相似，下面的推论是有效的：“‘没有人是白的’是或然的；所以，‘没有白东西是人’是或然的”，如此等等。

　　然而，如果与一个在复合意义上的或然命题相应的非模态命题只是偶然地换位，而不是简单地换位，那么这个或然命题就不是词项换位。因为这样一个换位只有在与“如果前提是或然的，那么结论是或然的”这个支配命题相一致时才是有效的。但是这不过是假的，因为从或然的东西得出了必然的东西。所以，得不出“每个人是白的是或然的；所以，某个白东西是人是或然的”，正像得不出“每个实际上存在的实体是上帝是或然的；所以，上帝是实际上存在的实体是或然的”①一样。因为在后一种情况下，前提是真

―――――――――――――――

　　①　原文是："*Omnem substantiam exsistentem in actu esse Deum est contingens, igitur Deum esse substantiam exsistentem in actu est contingens*"。——译者

的,而结论是假的。这是因为,"每个实际上存在的实体是上帝"这个命题可以是真的,也可以是假的,因而是或然的。然而"上帝是实际上存在的实体"这个命题是必然的。

另一方面,如果一个或然命题在划分的意义上理解或等价于一个这样理解的命题,那么如果那个命题以一个普通词项或某个包含普通词项的表达式(例如,"这个白东西"、"这个人"、"这头驴")作主项,或者如果它以一个分词或某个类似于分词的词作主项,则必须区别这个命题。因为这个主项可以指代那些是如此如此的东西或那些或然是如此如此的东西。如果这样一个命题的主项是以第一种方式理解的,那么即使这个主项是一个专名或指示代词,这个命题也不换位成同样类型的或然命题。相反,它换位成一个非模态命题并且换位成一个可能命题,这里结论的主项带有"或然是……"这个附加的短语。

第一点很明显,就是说,它不换位成相同类型的或然命题。因为得不出:"上帝或然是一个创造者;所以,一个创造者或然是上帝";也得不出:"所以,某个或然是创造者的东西或然是上帝"。因为这后一个命题与"某个或然进行创造的东西必然是上帝"这个真命题是不相容的,因而它不或然是上帝。

第二点是显然的,也就是说,这样一个命题以前面说明的方式换位成一个非模态命题。因为下面的推论是有效的:"上帝或然是一个创造者;所以,有的或然是创造者的东西是上帝。"

这个换位能够被证明。因为如果"上帝或然是创造者"是真的,那么显然下面两个命题都是真的:"这是上帝",这里指这个或然命题的主项所指代的那个东西;"这或然是创造者"。但是在这种情况下，通过一个说明三段论就得出："这是上帝；这或然是创造者；所以，有的或然是创造者的东西是上帝。"结果，"上帝或然是创造者"这个命题与"有的或然是创造者的东西是上帝"这个命题的对立命题是不相容的。结果，从前者得出后者。因此借助一个说明三段论证明了这个换位。而且正像这个换位借助一个说明三段论得到证明一样，前面许多省略了证明的换位都以这种方式证明。

这样一个证明是充分的，因为一个说明三段论本身是显然的，不要求任何进一步的证明。这样，那些否认这样一个三段论的人犯了一个严重的错误，除非他们可以说明在这样一个三段论中有一个歧义谬误，或言语模糊的谬误，或构成和划分的谬误，或重音谬误，或修辞格的谬误，或混淆相对的和绝对的谬误，或者这里存在着转移论题或预期理由。但是正像许多人坚持认为的那样，在这样一个三段论中不可能有偶性谬误。

说明三段论本身是显然的。由于它们常常被现代神学家否认（而且这样人们就不应该与这样的人辩论，因为他们否认自明的东西），因此我要有些偏离我想做的事情，提供一些例子，在这些例子中，一个三段论不是说明的，即使它看上去是说明的。

因此，"这个动物是一条狗（犬座）；这个动物不是一个天上的星座；所以，一个天上的星座不是犬座"不是一个说明三段论。这是因为，大前提和结论都有歧义，必须进行区别。

与此相似，"*iste vellet se accipere pugnantes；iste vellet vincere；igitur qui vellet vincere，vellet seaccipere pugnantes*"不是一个说明三段论。这是因为，正像在其他地方说明的那样，这里

的大前提是模棱两可的,必须进行区别。①

同样,"'你是一头驴'是假的;如果'你是一头驴'是必然的,那么就是真的;所以,有的真东西,如果是必然的,就是假的"不是一个说明三段论。因为考虑到复合和划分,就必须区别小前提和结论。

而且,"*iste vult pendere*;*iste non vult pendere*;*igitur qui vult pendere*,*non vult pendere*"也不是一个说明三段论。因为这些命题在重音方面必须进行区别。②

与此相似,"*Sortes est albus*;*Sortes est animal*;*igitur animal est albus*"不是一个说明三段论。相反,在这种情况下有一个修辞格谬误。由于同样的原因,"*iste homo est sanus*;*iste homo est substantia*;*igitur aliqua substantia est sanus*"也不是一个说明三段论。③

与此相似,"苏格拉底不是柏拉图的儿子;苏格拉底是一个父亲;所以,有的父亲不是儿子"不是一个说明三段论。相反,在这种

---

①　在这个三段论中,从拉丁文句法看,大前提是有歧义的,可以表示"他应该想抓住武士"或"他应该想被武士抓住";小前提是"他应该想获胜";结论也是有歧义的,可以表示"想获胜的他应该想抓住武士"或"想获胜的他应该想被武士抓住"。——译者

②　"*pendere*"这个拉丁文词的重音不同,意义则不同。如果重音放在第一个音节,它意谓"评价或估价";如果重音放在第二个音节,它意谓"悬挂或绞死",因此这个三段论是有歧义的。——译者

③　这两个三段论翻译成中文是有效的。第一个是:"苏格拉底是白的,苏格拉底是动物,所以有的动物是白的。"第二个是:"这个人是健康的,这个人是一个实体,所以有的实体是健康的。"但是在拉丁文中,这两个三段论的结论在语法格上是不合适的。在第一个结论中,"*animal*"是中性的,而"*albus*"是阳性的;在第二个结论中,"*substantia*"是阴性的,而"*sanus*"是阳性的。这样是不匹配的。——译者

情况下有转移论题。

同样,"苏格拉底就其牙齿来说是白的;苏格拉底是黑的;所以,有的黑东西是白的"不是一个说明三段论。这里有混淆了相对的和绝对的东西的谬误。

"苏格拉底是热的;苏格拉底是产生热量的;所以,一个产生热量的东西是热的"同样不是一个说明三段论。因为在这种情况下有预期理由。因此这个论证不证明这个结论,尽管它的形式是有效的。

这些例子看上去是说明三段论,但并不是说明三段论。正像这些例子含有某种不同于偶性谬误的明显缺陷一样,其他例子也是如此。

因此应该注意,如果涉及的命题恰恰是现在时非模态命题,如果它们以一个三段论的格排列起来,主项和谓项没有任何增加或减少,那么在这样一个论证中绝不会有一个偶性谬误——就像在以第一格第一式排列的论证中绝不会有偶性谬误一样。这是一条一般规则。下面将说明这一点。同样,如果一个论证可以化归为这样一个说明三段论(要么通过换位或归谬法,要么使用等价的命题),那么就没有偶性谬误。

然而,应该注意,对一个三段论来说,为了成为说明的,用一个指示代词或某个单个事物的专名作中项进行论证是不够的。相反,除了这一点以外,有这样一个专名所指或所表示的东西必须实际上不多于一个独特的东西。为此,"这个本质(指神圣本质)是圣父;这个本质是圣子;所以,圣子是圣父"不是一个说明三段论。这是因为所说的本质多于一个独特的东西。因此,在这样一个不合逻辑的推论中有一个结论谬误,尽管在这种情况下也有一个偶性谬误。

现在,在"这是上帝;这或然是一个创造者;所以,一个或然是创造者的是者是上帝"这个三段论中,无法指明任何缺陷。因此,显然这是一个自明的说明三段论。结果就充分证明了"上帝或然进行创造"换位成"有的或然进行创造的东西是上帝"。由此也可以看出,这里的这个命题换位成"有的或然进行创造的东西可能是上帝"这个可能命题。因为一个非模态命题总是形式上隐含着与它相应的可能命题。

现在,如果这样一个或然命题的主项是一个指示代词或专名,那么这个命题恰恰如上换位,即换位成一个非模态命题,并且是换位成一个可能命题。然而,如果这样一个或然命题的主项被看作是那些或然如此如此的东西,那么这个命题换位成相同类型的或然命题,这里结论的主项被看作是那个或然如此如此的东西。因此,下面的推论是有效的:"有的人或然在跑;所以,有的在跑的东西或然是人"——只要各个命题的主项被看作是或然如此如此的东西。因为这样一来,结论就有下面的意思:"有的或然在跑的东西或然是一个人。"这个换位是有效的,因为结论的对立面与前提是不相容的,也就是说,"所有或然在跑的东西都不或然是人"与前提不是相容的。原因如下:如果"有的或然是一个人的东西或然在跑"是真的,那么令这个东西是 A。在这种情况下,"A 或然是一个人"和"A 或然在跑"都是真的。我从这些命题作如下论证:"A 或然是一个人;A 或然在跑;所以,有的或然在跑的东西或然是一个人。"这个结论是前面提到的那个命题的矛盾命题。所以那个命题不能成立。因此显然得出："有的或然是一个人的东西或然在跑；所以，有的或然在跑的东西或然是一个人。"因此下面的推论是有效的："有的人或然在跑；所以，有的在跑的东西或然是一个人"——只要各个命题的主项被看作是或然是如此如此的东西。

现在有人可能会反对说，如果是这样，那么下面的推论就会是有效的："上帝或然进行创造；所以，有的进行创造的东西或然是上帝。"因为得出："A 或然是上帝；A 或然进行创造；所以，有的或然进行创造的东西或然是上帝"，正像在上面的例子中论证的那样。

应该回答说，最后这个三段论是有效的，但是它仍然不证明有关的这个换位。原因在于，"上帝或然进行创造"这个命题得不出"A 或然是上帝"和"A 或然进行创造"这两个命题。因为对于这个有关命题的真而言，并不要求这两个命题，不像"有的人或然在跑"这个命题的真要求两个这样的命题，如果主项被理解为或然是人的东西。所以，一个换位被一个说明三段论证明了，而另一个换位没有被另一个三段论证明。因此，如果一个或然命题的主项是一个指示代词或专名，那么这个命题不换位成相同类型的或然命题。我们也不能以那种方式理解它的主项，也就是说，不能把它理解为或然是如此如此的东西。

然而应该注意，对上面关于或然、可能、过去时和将来时命题的区别应该作如下理解：要么主项被看作是如此如此的东西等等，要么断定：主项被看作是如此如此的东西，或者被看作是或然是如此如此的东西，或者被看作是过去是如此如此的东西，等等。因此，如果没有东西是白的，那么在"一个白东西可能是一个人"这个命题中，主项不能被看作是白的的东西，因为没有东西是白的。所以,如果没有东西是白的,那么这个命题就是假的,因为借助它断定了某种假的东西。因为借助那个命题,在有关的意义上断定了有的东西是白的,即使没有东西是白的。

28. 论或然命题通过对立的质的换位

下面我们将考察或然命题通过对立的质进行的换位。应该注意,每个含有与真假有关的或然性模式的命题,如果在划分的意义上理解,都通过对立的质进行换位。这就是说,一个肯定命题换位成一个否定命题,而一个否定命题换位成一个肯定命题。例如,"B 或然是 A;所以,B 或然不是 A。"同样,"每个人或然跑;所以,每个人或然不跑。"

应该注意,如果一个含有与真假有关的或然性模式的命题通过对立的质进行换位,那么在这两个命题中,或然性模式应该被肯定,而不被否定。所以得不出:"每个人或然跑;所以,没有人或然跑。"也得不出:"没有人或然跑;所以,每个人或然跑。"相反却得出:"每个人或然跑;所以,每个人或然不跑。"与此相似,"每个人或然不跑;所以,每个人或然跑。"

刚刚提到的换位是显然的。因为形式地得出:"一个人或然跑;所以,一个人可能跑。"同样得出:"每个人或然跑;所以,不必然每个人跑"。由此得出:"有的人可能不跑"。但是在这种情况下,从"有的人可能不跑"和"他可能跑"这两个命题得出有的人或然不跑。所以,根据"凡从结论得出的东西都从前提得出"这条规则,从上面暗含的第一个命题得出最后这个命题。这条规则总是真的。

现在,为了一些怪人的缘故,应该注意,每当我使用一个像"一个人或然跑"或"一个人或然不跑"这样的命题时,我的意思是说,"一个人跑是或然的"和"一个人不跑是或然的"。我提到这一点,免得有人轻率地反驳我说,"一个人或然跑;所以,一个人跑"是有效的。

这样就十分明显,这样一个在划分的意义上的或然命题或一个与此等价的命题是如何通过对立的质进行换位的。但是这样一个在复合意义上的命题不是通过对立的质进行换位的。因为在一种情况下,人们就会根据以下规则中的一条进行论证:"两个反对命题中的一个是或然的;所以,另一个是或然的",或者"两个下反对命题中的一个是或然的;所以,另一个是或然的"。但是这些规则是假的。这样就得不出:"任何存在物都不是人是或然的;所以,每个存在物是人是或然的。"①也得不出:"每个存在物是上帝是或然的;所以,所有存在物都不是上帝是或然的。"②与此相似,得不出:"有的存在物是人是或然的;所以,有的存在物不是人是或然的。"因为在所有这些例子中,如果在复合意义上理解所有这些命题,则前提是真的,而结论是假的。

29. 论并非被每个人都承认是模态的
模态命题的换位

我们已经探讨了那些被每个人承认是模态命题的模态命题的

---

① 原文是"*nullum exsistens esse hominem est contingens,igiture omne exsistens esse hominen est contingens*"。——译者

② 原文是"*omne exsistens esse Deum est congtingens,igitur nullum exsistens esse Deum est contingens*"。——译者

换位,剩下的就是论述那些并非被每个人都承认是模态命题——即使它们确实是模态命题——的模态命题的换位。由于这样的命题实际上不可枚举,因此我不想详细地全部探讨它们。相反,我要给出一些一般规则。

现在应该注意,如果一个给定的模态词项可以真谓述两个相互可交换的命题中的一个,同时不真谓述另一个,那么这样一个在复合意义上理解的模态命题或一个与此等价的命题就不是简单换位,即使与它相应的非模态命题可能是简单换位。而且,如果这样一个模式可以真谓述前提,同时不真谓述结论,那么这样一个在复合意义上理解的命题或一个与此等价的命题既不简单换位,也不偶然换位,即使与它相应的非模态命题可能是偶然换位。另一方面,如果这样一个模式只有与两个相互可交换的命题中的一个相一致,才能属于另一个,那么这样一个在复合意义上的命题或一个与它等价的命题在与它相应的非模态命题是简单换位的情况下总是简单换位,简言之,与它相应的非模态命题以什么方式换位,它就以什么方式换位。而且,如果这样一个模式只有属于结论,才能属于前提,那么有关命题就像与它相应的非模态命题一样是偶然换位。

从这条规则可以看出,下面的换位是有效的:"一个人在跑是真的;所以,一个在跑的东西是人是真的。"对于"每个人在跑是真的;所以,有的在跑的东西是人是真的"这个换位也是如此。因为前一个换位符合"如果两个相互可交换的命题中的一个是真的,那么另一个也是真的"这条规则;而后一个换位符合"如果前提是真的,那么结论也是真的"这条规则。这两条规则都是真的。与此相似,下面的换位是有效的:"所有人都不在跑是假的;所以,所有在跑的东西都不是人是假的。"因为它符合"如果两个相互可交换的命题中的一个是假的,那么另一个也是假的"这条规则。但是,"每个人在跑是假的;所以,有的在跑的东西是人是假的"这个换位不是有效的。因为它是根据"如果前提是假的,那么结论也是假的"这条规则进行的,而这条规则是假的。

从这些论述可以看出,如果一个这类全称肯定命题不是偶然换位,那么相应的特称肯定和特称否定命题常常是根据下面的规则偶然换位:"结论是假的,所以前提也是假的。"

从以上论述还可以看出,一个像"所有人不在跑是被知道的;所以,所有在跑的东西都不是人是被知道的"这样的推论不是有效的。因为下面这条规则不总是真的:"两个相互可交换的命题中的一个是被知道的;所以,另一个也是被知道的。"因为对于两个相互可交换的命题而言,即使其中一个不被知道,实际上,即使其中一个不被思考,另一个也可以被知道。与此相似,像下面这样的推论不是有效的:"每个人是动物是依自身处于第一种模式的;所以,有的动物是人是依自身处于第一种模式的。"因为,"前提是依自身处于第一种模式的;所以结论也是依自身处于第一种模式的"是得不出来的。"每个人是能笑的是依自身处于第二种模式的;所以,有的能笑的东西是人也是依自身处于第二种模式的"也不是有效的。因此,在这样的情况下,人们必须总是仔细地检验具有以下形式的命题:"两个相互可交换的命题中的一个是如此如此的;所以,另一个也是如此如此"、"前提是如此如此的;所以结论也是如此如此的"。借助这些命题,人们可以确定,哪些在复合意义上的命题和与它们等价的命题是像与它们相应的非模态命题那样换位的,哪些这样的命题不是这样换位的。

另一方面,关于这样的在划分意义上的命题和与它们等价的命题的换位,应该注意,它们总是或常常是像已经详细探讨的一些模态命题那样换位的。例如,"一个白东西被知道是一个人"不换位成"所以,有的人被知道是白的"。因为,假定我知道苏格拉底是一个人,还假定他是白的,但我不知道这一点,在这种情况下,"有的白东西被我知道是一个人"是真的。因为下面的说明三段论是有效的:"苏格拉底被我知道是一个人;苏格拉底是白的;所以,有的白东西被我知道是一个人。"然而,"有的人被我知道是白的"是假的——假定我不知道有的人是白的。所以,前一个命题换位成"所以,有的被知道是一个人的东西是白的"。与此相似,下面这个换位不是有效的:"是三和一的上帝被哲学家们知道是不死的;所以,有的不死的东西被哲学家们知道是是三和一的上帝。"实际上,这个前提换位成"所以,有的被哲学家们知道是不死的东西乃是是三和一的上帝"。

现在有人可能会说,"是三和一的上帝被哲学家们知道是不死的"是假的。因为哲学家们不可能自然地知道"是三和一的上帝是不死的"这个命题。所以,"是三和一的上帝被哲学家们知道是不死的"这个命题是假的。

应该回答说,"是三和一的上帝被哲学家们知道是不死的"是真的,然而那些人并不知道那个命题。确实,他们会否定它并且说它是假的。因为他们会说它隐含了某种假东西,即上帝是三和一。然而,那个命题是真的,因为用它断定的不过是:关于那个是三和一的是者——尽管人们不知道他是三和一——哲学家们知道他是不死的。因此,借助"是三和一的上帝被哲学家们知道是不死的"只不过仅仅断定了这样一个合取命题:"上帝是三和一,并且关于他,哲学家们知道他是不死的。"而且这是真的,因为这个合取命题的两个部分都是真的。

与此相似,显然这个结论是真的。这就是说,"有的被哲学家们知道是不死的东西是那个是三和一的上帝"这个命题是真的。因为被哲学家们知道是不死的上帝是那个是三和一的上帝。但是如果是这样,我就借助一个说明三段论进行论证:"上帝是那个是三和一的上帝;上帝是某种被哲学家们知道是不死的东西;所以,有的被哲学家们知道是不死的东西是那个是三和一的上帝。"这两个前提是真的,所以这个结论也是真的。此外还得出:"上帝被哲学家们知道是不死的;上帝是三和一;所以,那个是三和一的上帝被哲学家们知道是不死的。"这样,以这种方式,所讨论的这些命题的真和换位的有效性都是十分显然的。

同样,"一个有才智的人被知道是一个智慧心灵"不换位成"所以,一个智慧心灵被知道是一个有才智的人"。相反,它换位成"所以,有的被知道是一个智慧心灵的东西是一个有才智的人"。

与此相似,"有的就要来的人被你知道是科里斯库"这个命题不换位成"所以,科里斯库被你知道就要来了",而换位成"有的被你知道是科里斯库的人就要来了"。

与此相似,"有的人依自身是动物"不换位成"有的动物本质上是人",而是换位成"有的依自身是动物的东西是人"。而且,"一个白东西依自身是建筑物"这个命题换位成"有的依自身是建筑物的东西是白的"。

而且,"上帝偶然地是一个创造者"这个命题不换位成"有的进行创造的东西偶然地是上帝",而是换位成"有的偶然地是创造者的东西是上帝"。

正像关于这些命题已经说过的那样,关于其他命题也应该说,这样一个命题就像一个必然命题或一个可能命题或一个**不可能**命题或一个或然命题那样换位。

哲学大师没有专门撰写论著探讨这样的命题,以及它们的性质和换位,也许这是因为,从关于必然、或然、可能和不可能命题(还有少数其他几种命题)应该知道的东西可以很容易了解关于其他模态命题及其性质应该说什么。然而,忽视这些东西,就像忽视其他命题及其性质一样,使许多现代思想家犯错误并且陷入神学和其他特殊科学的混乱之中。

此外,为了澄清所有模态命题的换位,应该注意,在划分的意义上的模态命题及其等价的命题就像一些在动词上加上某种副词限定的非模态命题那样进行普通换位。因为在这些非模态命题中,副词限定或与其等价的东西不应该像在要被换位的命题中和在被换位而成的命题中那样加在复合构成上。实际上,正像已经指出的那样,在结论中,这样一个限定只应该放在主项的位置。同样,在结论中,正像通过例子说明的那样,模式应该完全放在主项的位置。

30. 论假言命题及其性质

既然已经简要地探讨了直言命题及其性质,关于假言命题及其性质就应该论述几点。

首先应该注意,当一个命题是由某种副词或联结词联结两个或多个直言命题构成的时候,它就叫作假言命题。不仅一个副词或一个联结词可以联结直言命题而形成一个假言命题,而且几个联结词和副词也可以这样做,而且有时候,一个或多个副词加上一个或多个联结词可以结合起来形成一个假言命题。因此,"苏格拉底在跑或柏拉图在跑或约翰在跑"是一个假言命题。"如果一个人在跑,那么一个动物在跑,并且柏拉图在辩论"也是一个假言命题。相应地,有些假言命题是由两个以上的直言命题构成的。

然而,可能会很容易规定,当一个命题含有通常形成不同类型的假言命题的一个副词和一个联结词或两个联结词时,这个命题不是假言的。而且对副词也可以这样说。

其次应该注意,假言命题有五类,即条件的、合取的、析取的、原因的和时间的。

除了这些假言命题,似乎还有其他假言命题。因为每个由两个直言命题构成的命题,无论真假,都是一个假言命题。但是除了上面提到的那些命题外,还有许多这类命题,如此等等。大前提是充分明显的。小前提是清楚的,因为"苏格拉底在跑而柏拉图在辩论"这个命题具有要求的形式。

然而应该注意,尽管除了上面提到的这些假言命题外,还有许多假言命题,仍然有许多假言命题,它们似乎与上面提到的这些不同,但是应该化归为它们。例如,"苏格拉底进行哲学研究,免得他是无知的"是一个原因命题。因为它等价于"由于苏格拉底不想是无知的,苏格拉底就进行哲学研究"。其他许多命题也是这样。

31. 论条件命题

下面我们要专门考察这些命题。然而，既然一个条件命题等价于一个推论——这样，当前提推出结论而不是结论推出前提的时候，一个条件命题就是真的——那么就等到论述推论时再进行这样的讨论。

然而应该注意，如果一个假言命题是由"如果，那么"这个连接词或某个与此等价的词联结两个直言命题构成的，这个假言命题就叫作条件的。因此应该说，"苏格拉底不教书，除非他是一个老师"是一个条件命题。因为它等价于"如果苏格拉底不是一个老师，那么苏格拉底不教书"。而且，每当两个命题由某个联结词联结起来，而整个命题等价于一个条件命题时，这个命题总是被称为假言的和条件的。

还应该注意，一个条件命题的真既不要求前件是真的，也不要求后件是真的。实际上，有时候，即使一个条件命题的各部分是不可能的，这个条件命题也是必然的，例如，"如果苏格拉底是一头驴，那么苏格拉底能够发出驴叫声。"

32. 论合取命题

一个合取命题是一个由"并且"这个联结词或由某个与这个联结词等价的虚词联结两个或多个直言命题而构成的命题。例如，"苏格拉底在跑并且柏拉图在辩论"是一个合取命题。与此相似，

"苏格拉底既不是白的也不是黑的"这个命题是合取的；"苏格拉底既是白的又是热的"这个命题也是合取的。因为前者等价于"苏格拉底不是白的并且苏格拉底不是黑的"，而后者等价于"苏格拉底是白的并且苏格拉底是热的"。

现在对于一个是真的合取命题来说，要求它的两个部分都是真的。所以，一个合取命题的任何一部分是假的，那么这个合取命题本身就是假的。与此相似，对于一个是必然的合取命题而言，要求它的各个部分是必然的。而且对于一个是可能的合取命题而言，要求它的两个部分都是可能的。然而，对于一个是不可能的合取命题而言，并不要求它的两个部分都是不可能的。因为"苏格拉底在坐着并且不在坐着"是不可能的。然而它的各个部分是可能的。实际上，对于一个是不可能的合取命题而言，要求要么一部分是不可能的，要么一部分与另一部分是不可共存的。例如，"苏格拉底是白的并且苏格拉底是一头驴"是不可能的，因为"苏格拉底是一头驴"是不可能的。"苏格拉底在坐着并且不在坐着"是不可能的，因为这两个部分不是可共存的。

还应该注意，一个合取命题对立的矛盾命题是一个由这个合取命题的诸部分的矛盾命题所构成的析取命题。这样，一个合取命题的对立命题的真的必要和充分的条件就是一个析取命题的真的必要和充分的条件。因此，"苏格拉底是白的并且柏拉图是黑的"和"苏格拉底不是白的并且柏拉图不是黑的"不是矛盾命题。实际上，前一个合取命题的矛盾命题是："苏格拉底不是白的或者柏拉图不是黑的。"

必须注意，从一个合取命题总有一个到其任一个部分的有效推论。例如,"苏格拉底不在跑并且柏拉图在辩论,所以,柏拉图在辩论。"但是逆推含有一个推论谬误。尽管如此,仍然应该注意,有时候,由于实质因素,从一个合取命题的一部分可以有一个到这个合取命题的有效推论。例如,如果一个合取命题的一部分隐含另一部分,那么就有一个从那个部分到整个合取命题的有效推论。

33. 论析取命题

一个析取命题是一个由"或者"这个联结词或某个与此等价的词联结两个或多个直言命题而构成的命题。例如,"你是一个人或者一头驴"是一个析取命题。"你是一个人或者苏格拉底在辩论"也是一个析取命题。

对于一个是真的析取命题而言,要求一个部分是真的。而且应该把这一点理解为适用于命题是现在时而不是将来时或等价于将来时的情况。这就是哲学大师会要说的东西。然而事实是,对于一个是真的析取命题而言,要求有一个部分是真的。因为实际上,一个将来时命题要么是真的,要么是假的,尽管这不是确定的。

但是,对于一个是必然的析取命题而言,不要求它的诸部分之一是必然的。例如,为了"苏格拉底在坐着或不在坐着"是必然的,不要求它的哪个部分是必然的。相反,对于一个是必然的析取命题而言,要求要么一部分是必然的,要么它的部分相互是矛盾的——要么它们等价于矛盾命题,要么它们与矛盾命题是可交换的。因此,"苏格拉底在跑或者上帝是"是必然的。因为第二部分是必然的。另一方面,"上帝进行创造或者不进行创造"是必然的,因为其诸部分是相互矛盾的。

对于一个是可能的析取命题而言,它的一个部分是可能的就足够了。但是,对于一个是不可能的析取命题而言,要求它的两个部分都是不可能的。

还应该注意,一个析取命题对立的矛盾命题是一个由这个析取命题诸部分的矛盾命题所构成的合取命题。这样,一个析取命题的对立命题的真的必要和充分的条件就是一个合取命题的真的必然和充分的条件。

还应该注意,从一个析取命题的一部分到整个析取命题的论证是有效的。但是,它的逆推含有一个推论谬误——除非有时候有某种特殊的原因阻碍了这种推论谬误。

与此相似,从一个析取命题以及它的一部分的否定到另一部分的推论是有效的。例如,"苏格拉底是一个人或者一头驴;苏格拉底不是一头驴;所以,苏格拉底是一个人。"

34. 论原因命题

一个原因命题是一个由"由于"这个联结词或由某个与此等价的词联结两个或多个直言命题所构成的命题。因此,"由于苏格拉底是一个人,苏格拉底就是一个动物"是一个原因命题。"苏格拉底在工作,这样他可以是健康的"也是一个原因命题。因为它等价于"苏格拉底在工作,由于他想是健康的"。"苏格拉底饭后散步,免得他生病"同样是一个是原因命题。因为它等价于"由于苏格拉底不想生病,(所以)他饭后散步"。与此相似,"鉴于苏格拉底运动,他变得暖和起来"是一个原因命题。因为它等价于"由于苏格拉底运动,(所以)他变得缓和起来"。

现在对于一个是真的原因命题而言,要求它的各部分是真的,此外,前提是结论的原因。所以,"苏格拉底是白的,由于柏拉图是白的"不是真的。因为尽管它的各部分是真的,但是"由于柏拉图是白的这一事实,苏格拉底是白的"这个命题仍然不是真的。所以,所说的这个命题是假的。

应该注意,这里"原因"是在一种宽泛的意义上而不是在一种严格的意义上使用的。因为这里一个原因命题的真并不要求一个命题是另一个命题出现的原因。相反,它表达了另一个命题是真的所要求的一个原因就足够了,比如,"由于火出现在这块木头上,这块木头变热了"。因为借助"火出现在这块木头上"这个前提表达了一个原因,没有这个原因,"这块木头变热了"就不会是真的。所以,这个原因命题是真的。或者,一个原因命题的真要求一个命题以某种方式先于另一个命题,从而使前提的谓项谓述其主项要先于结论的谓项谓述其主项。相应地,"由于一个三角形有三个角,(所以)一个等腰形有三个角,等等"可以是真的。

应该注意,"原因"在这里被不严格地用来表示一种依自身的原因或一种偶然的原因,或者表示一种自愿的原因或一种自然的原因。

从这些说明可以看出,所有像下面这样的命题都是假的:"由于一头驴是一个人,因而它是能笑的","由于每个人都有自由意志,因而每个人是有罪的",如此等等。

因此,对于一个是必然的原因命题而言,要求它的两部分都是必然的。但是,对于一个是不可能的原因命题来说,既不要求它的一部分是不可能的,也不要求它的一部分是假的。相反,前提不能是结论的原因(以上面提到的方式理解"原因")就足够了。

而且应该注意,这里"前提"不表示词序上在先的东西。相反,前提是紧跟在"由于"这个联结词后面的命题。

与此相似,对于一个是可能的原因命题而言,要求它的各部分是可能的。但是,这不是充分的,正像它的各部分的必然性对于整个命题的必然性并不是充分的一样。从以上论述可以看出,从一个原因命题有一个到其一部分的有效推论——但是逆推不行。与此相似,从一个原因命题有一个到一个合取命题的有效推论——但是逆推不行。因此,"由于每个人都有自由意志,因而每个人是有罪的;所以,每个人是有罪的并且每个人都有自由意志"是有效的。但是它的换位不是有效的。

35. 论时间命题

一个时间命题是一个由某个时间副词联结两个或多个直言命题所构成的命题。例如,"柏拉图在辩论时,苏格拉底在跑"是一个时间命题。"当柏拉图是黑的时,苏格拉底是白的"和"当柏拉图不在跑时,苏格拉底是白的"这些命题也是时间命题。

对于一个是真的时间命题而言,要求它的两部分在相同的时间或不同的时间都是真的。例如,有一些副词表明,它们联结的命题在相同的时间是真的,还有另一些副词表明,它们联结的命题在不同的时间是真的。因此,对于"当一个创造物做出行为时,上帝做出行为"的真而言,要求这两部分是真的,并且是同时真的。与此相似,对于"在耶稣基督讲道时,这些使徒讲道"的真而言,要求它的两部分都是真的,并且如果它们是成立的,它们就是同时真的。但是,对于"在耶稣基督受难以后,保罗改变了信仰"的真而言,要求这两个命题在不同时间是真的。同样,对于"在耶稣基督受难以前,他讲道"的真而言,要求这两部分在不同时间是真的。然而,应该注意,对于一个是真的时间命题而言,并不要求它的两部分绝不是同时真的,也不要求它们绝不是在不同时间真的。相反却要求它们有时候是同时真的,或者有时候是在不同时间真的。因此,"在耶稣基督讲道时,这些使徒讲道"和"在耶稣基督讲道以后,这些使徒讲道"这两个命题是相容的。

同样,对于一个是必然的时间命题而言,要求它的各部分是必然的。因此,所有像下面这样的命题都不是必然的:"在火被挪近木头时,木头变热","当上帝进行创造时,一个创造物被创造出来","当一头驴是一个人时,它是能笑的"。现在,如果在某个作家的著作中发现这样的命题,并且他断定它们是必然的,那么就应该对它们进行解释。因为这位作家不是在字面的意义上论述的。相反,他把一个时间命题当作一个条件命题,因而一个像"当上帝进行创造时,一个创造物被创造出来"这样的命题的意思是:"如果上帝进行创造,那么一个创造物被创造出来。"

因此,"在苏格拉底是时,苏格拉底是"这个命题或"在苏格拉底跑时,苏格拉底在运动"这个命题不是必然的,但可以是假的。然而,一些人把这样的时间命题看作是条件命题——而这些条件命题是真的。

与此相似,对于一个是不可能的时间命题而言,不要求它的某个部分是不可能的。相反,它的两部分不是共存的就足够了。例如,"当上帝不进行创造时,上帝进行创造"是不可能的。因为它的两个部分不是共存的。然而,如果这个时间命题意谓这两个命题是在不同时间真的,那么对于它是不可能的而言,它的两部分是可交换的就足够了——因而一个若不是真的,另一个就不能是真的,并且反之亦然。

从以上论述可以看出,对于一个是可能的或或然的时间命题而言,所要求的条件是什么。从以上论述还可以看出,从一个时间命题到其一部分有一个有效的推论——但是逆推不成立。与此相似,从一个时间命题得出一个合取命题——但是逆推不成立。因为得不出:"亚当是并且诺亚是;所以,当诺亚是时,亚当是。"也得不出:"雅各是并且伊索是;所以,当伊索是时,雅各是。"

36. 论地点命题

一个假言命题如果是由一个地点副词或某个与此等价的词联结两个或多个直言命题而构成的,就可以被称为是一个地点命题。比如,"一种偶性的主体是在哪里,这种偶性就是在哪里","耶稣基督在他讲道的地方受难"。

对于这样一个假言命题而言,要求各部分对于相同的地点或对于不同的地点是真的。在这一点上,它与时间命题不同。因为对于一个是真的时间命题而言,要求两部分要么对于相同的时间是真的,要么对于不同的时间是真的。而对于一个是真的地点命题而言,要求两部分对于相同的地点或对于不同的地点是真的。

　　然而应该注意，这里，"时间"被不严格地看作恰当表达的时间，被看作永恒或时间的否定。在其他地方，即在《物理学》第 IV 卷和《论辩集》第 II 卷的评注中，有应该如何理解这一点的解释。我提到这一点，因为有像"在世界过去是之前，上帝已是"[①]等等这样的命题。

　　从以上关于时间命题的论述可以看出关于地点命题应该说什么。因为关于时间命题所说的所有东西，或几乎所有东西，经过适当修正，都可以适用于地点命题。

　　而且，从关于以上列举的假言命题的论述，可以很容易确定，关于其他假言命题应该说什么，如果有任何其他假言命题的话。也许下面的命题属于这一类："白是在苏格拉底中，在他中是没有黑的"，"上帝是，所有东西由他而是"[②]，等等。然而，这样的命题可以化归为一个合取命题。

37. 论联结词或副词置于两个词项之间的命题

　　对于已经作出的说明应该补充说，如果上述任何一个联结词或副词位于两个词项之间——这样，直言命题没有得到完整的表达——那么关于有关命题的复合和划分必须进行区别。因为它可以是一个直言命题或是一个假言命题。既然它可以是直言的或假

---

　　① 原文是"*Deus fuit, antequam mundus fuit*"。——译者
　　② 原文是"*Deus est a quo sunt omnia*"。——译者

言的,那么必须区别它,因为它是模棱两可的。也许这后一种区别更清楚,也更恰当。然而,无论是区别这样一个命题的构成和划分还是区别它的模棱两可,问题仍然是一样的。因此,当"或者"这个联结词出现在这样一个命题中时,必须区别这个命题,因为它可以是一个析取命题或是一个带有一个析取端项的命题。例如,应该区别"每个人将被拯救或毁灭"这个命题,因为要么它可以是一个析取命题,在这种情况下,它等价于"每个人将被拯救或每个人将被毁灭"——这是假的;要么它可以是一个带有一个析取端项的命题,在这种情况下,它等价于"'将被拯救或毁灭'这整个短语真谓述'人'下所包含的所有东西"——这是真的,因此最初的那个命题是真的。

应该注意,如果这样一个命题是单称的,那么这个析取命题和这个带有一个析取端项的命题就是意义相等的。但是如果这个命题是全称的,情况就不是这样,从上面的例子可以看出这一点。

与此相似,当"并且"这个联结词在这样一个命题中出现的时候,必须区别这个命题。因为它可以要么是一个合取命题,要么是一个带有一个合取端项的命题。例如,必须区别"三加二等于五"("三和二是五")这个命题。如果它是一个带有一个合取端项的命题,它就是真的。如果它是一个合取命题,它就是假的。

当一个命题含有"如果,那么"这个联结词时,情况也是如此。必须区别这样一个命题,因为它可以要么是一个条件命题,要么是一个带有一个条件端项的命题。例如,"每个可能的东西,如果它是必然的,是真的"这个命题必须被区别。因为它可以是一个条件命题,在这种情况下,它有这样的意思:"如果每个可能的东西是必然的,那么每个可能的东西是真的"——而这是假的。如果它是一个带有一个条件主项的命题,那么它等价于这个命题:"'真的'这个谓项真谓述'可能的,如果它是必然的'这整个短语所真谓述的每个东西。"而且这是假的。因为"可能的,如果它是必然的"这整个短语真谓述"一头驴是人"这个命题。因为"你是一头驴是可能的,如果这是必然的"这个命题是真的——无论它是一个条件命题还是一个带有一个条件主项的命题。然而,"你是一头驴是真的"不是真的。

对于一个原因联结词也是如此。一个含有原因联结词的命题必须被区别。因为它可以要么是一个原因命题,要么是一个带有一个原因端项的命题。例如,"由于每个人都有理性心灵,因而每个人都尊重上帝"这个命题必须被区别,因为它可以要么是一个原因命题,要么是一个带有一个原因谓项的命题。然而,这两种意义总是或常常是可交换的。

与此相似,当出现一个时间副词的时候,有关的命题必须被区别。因为它可以要么是一个时间命题,要么是一个带有一个时间端项的命题。例如,"每个被诅咒的人,当他是在地球上时,都是有罪的"这个命题必须被区别,因为它可以要么是一个时间命题,要么是一个带有一个时间谓项的命题。如果它是一个时间命题,它就等价于"当每个被诅咒的人是在地球上时,每个被诅咒的人是有罪的",这是假的,因为这两部分从不是同时真的。如果它是一个带有一个时间端项的命题,它就等价于这样一个命题:"'有罪的,当他是在地球上时'这整个短语真谓述每个被诅咒的人。"这是真的,因为它的单称命题各个是真的。

　　对于一个地点副词也是如此。从"每个人在他辩论的地方跑步"这个命题可以看出这一点。因为假定每个人在他辩论的同一个地方跑步，但是不同的人在不同的地方，那么显然，如果这是一个带有一个地点谓项的命题，它就是真的，而如果这是一个地点命题，它就是假的。

　　还应该注意，这里的区别不仅可以适用于上面提到的情况。实际上，当"谁"和"哪一个"这些代词位于两个词项之间时，恰恰也可以作出这种区别。例如，这种区别适用于"每个是白的的人在跑"这个命题。因为在划分的意义上，它等价于一个合取命题，即"每个人在跑并且他是白的"。在复合的意义上，它断定的是：谓项"跑"真谓述"是白的的人"这整个短语所真谓述的所有东西。

　　关于命题，以上这些论述在目前应该是足够了。

出 版 后 记

十几年前研究中世纪逻辑,开始断断续续翻译奥卡姆的《逻辑大全》。后来整理成书,交给商务印书馆。

20世纪90年代后期,我开始正式发表关于"是"与"真"的看法。从商务印书馆要回书稿,重新校阅一遍,统一了关于"是"的翻译,并加了一些注释,写了"译者序"。

如今又有很多年过去了。经过考虑,还是用98年写的那个序。

感谢徐奕春先生十分细致的编辑加工以及诸多劳作!

感谢商务印书馆所有为本书的出版付出辛劳的同志!

2005年7月于清华大学哲学系

图书在版编目(CIP)数据

逻辑大全/(英)奥卡姆著;王路译.—北京:商务印书馆,
2024

(中外哲学典籍大全.外国哲学典籍卷)

ISBN 978 - 7 - 100 - 22948 - 7

Ⅰ.①逻… Ⅱ.①奥… ②王… Ⅲ.①逻辑 Ⅳ.①B81

中国国家版本馆 CIP 数据核字(2023)第 170237 号

中外哲学典籍大全 · 外国哲学典籍卷

逻辑大全

〔英〕奥卡姆 著

王路 译

商 务 印 书 馆 出 版
(北京王府井大街 36 号 邮政编码 100710)
商 务 印 书 馆 发 行
北京通州皇家印刷厂印刷
ISBN 978 - 7 - 100 - 22948 - 7

2024 年 3 月第 1 版 开本 710×1000 1/16
2024 年 3 月北京第 1 次印刷 印张 26

定价:130.00 元